本书编委会

主　编　翟　瑞　赵　文　陈幼平

副主编　左果果　雷于佳

编　委（以姓氏笔画为序）

左果果　陈幼平　陈　君　吴丘云

张成秀　周　欣　赵　文　高雪梅

雷于佳　翟　瑞

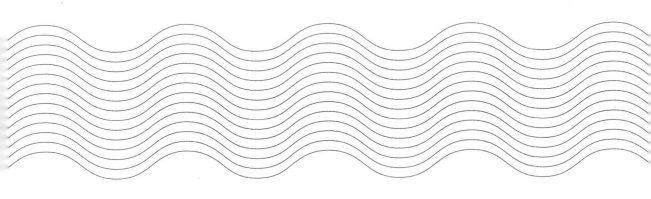

青少年心理教育

研究与辅导探索

翟 瑞 赵 文 陈幼平◎主编

四川大学出版社
SICHUAN UNIVERSITY PRESS

图书在版编目（CIP）数据

青少年心理教育研究与辅导探索 / 翟瑞，赵文，陈幼平主编 . -- 成都：四川大学出版社，2025. 3.
ISBN 978-7-5690-7476-5

Ⅰ . G444

中国国家版本馆 CIP 数据核字第 2024A1C668 号

书　　名：青少年心理教育研究与辅导探索
　　　　　Qing-shaonian Xinli Jiaoyu Yanjiu yu Fudao Tansuo
主　　编：翟　瑞　赵　文　陈幼平

选题策划：唐　飞
责任编辑：唐　飞
责任校对：刘柳序
装帧设计：墨创文化
责任印制：李金兰

出版发行：四川大学出版社有限责任公司
　　　　　地址：成都市一环路南一段 24 号（610065）
　　　　　电话：（028）85408311（发行部）、85400276（总编室）
　　　　　电子邮箱：scupress@vip. 163. com
　　　　　网址：https://press. scu. edu. cn
印前制作：四川胜翔数码印务设计有限公司
印刷装订：四川煤田地质制图印务有限责任公司

成品尺寸：185mm×260mm
印　　张：16. 5
字　　数：398 千字

版　　次：2025 年 3 月 第 1 版
印　　次：2025 年 3 月 第 1 次印刷
定　　价：78. 00 元

本社图书如有印装质量问题，请联系发行部调换

扫码获取数字资源

四川大学出版社
微信公众号

前　言

2019 年 7 月，国务院正式发布《关于实施健康中国行动的意见》，国务院办公厅印发《关于印发健康中国行动组织实施和考核方案的通知》，国家层面成立健康中国行动推进委员会并印发《健康中国行动（2019—2030 年）》。一个以"健康中国战略"为顶层设计，以《"健康中国 2030"规划纲要》为行动纲领，以"健康中国行动"为推进抓手的大国国民健康保护体系全面形成。《健康中国行动（2019—2030 年）》指出，鼓励单位党团、工会、人力资源部门和卫生室等设立心理健康辅导室，建立心理健康服务团队，或者通过购买服务的方式为学生或员工提供健康宣传、心理评估、咨询辅导等服务。

在四川绵阳，早在 2014 年就已经全面开启了针对未成年人心理健康和心理辅导的指导与研究工作。2014 年 12 月，经绵阳市精神文明建设委员会审定，绵阳市未成年人心理成长指导（研究）中心（以下简称"中心"）成立，履行未成年人心理健康知识普及与社会服务等职责。2015 年 6 月，经绵阳市社会科学界联合会实地评估与专项审定，中心以"四川绵阳未成年人心理成长指导与研究中心"挂牌，成为绵阳市社会科学研究重点基地。2019 年 6 月，经四川省精神文明办批复成立"四川省未成年人心理健康研究与辅导中心"，挂靠西南科技大学法学院，在西南科技大学的领导和管理下开展工作。

在四川省精神文明建设办公室、绵阳市精神文明建设办公室和西南科技大学的领导和关怀下，中心致力于未成年人心理的指导和研究工作，并为绵阳市心理健康工作者提供学习平台。5 年来，中心在未成年人心理辅导骨干队伍技能培训、心理健康知识普及、科学研究、学术交流以及线上线下心理咨询等方面充分发挥作用，积极开展未成年人心理成长的指导和研究工作。在未成年人心理辅导骨干队伍技能培训方面，中心聘请国内外知名心理学专家为未成年人心理辅导骨干队伍开展专题培训共计 12 场，受益教师人数达 1200 余人。在心理健康知识普及方面，中心通过"请进来"和"走出去"两种方式积极开展工作，邀请未成年人团体走进中心参观体验心理健康辅导设备与活动，累计接待学校 9 所共 1600 余名师生。同时，中心选派优秀"心老师"专家与"心志愿者"团队前往中小学校、社区开展心理健康知识普及体验活动与讲座，活动效果显著。在科学研究方面，中心累计发布科研课题 9 次，立项 130 项，发表论文和研究报告等研究成果近百篇。在学术交流方面，中心累计承办各类型学术会议 12 场，学术报告 56 场次。其中，国际学术会议 2 场，参会人数总计 800 余人；全国学术会议 1 场，参会人数 300 余人；全省会议 1 场，参会人数 200 余人。此外，中心根据业务开展情况，不定期举办专题学术研讨会 8 场次，参会人数总计 1000 余人次。

心理咨询作为心理辅导工作的一个重要板块，同样也是中心的主要工作之一。与其他机构不同的是，中心的心理咨询队伍不仅包括机构内部特聘的咨询专家，还是以"点—线—面"形成囊括辐射全市 9 个县级地市区。以中心为点，与全市各县市区中小学校、社区心理辅导站连线，实现对全市未成年人心理辅导工作全覆盖。其成员包含在绵各高校心理学专家学者、医疗卫生系统的心理咨询专家、教育系统与文明系统心理健康辅导骨干人员、各中小学校心理辅导老师以及社区心理辅导服务站点一线工作人员。在心理咨询方式上，不仅包括现场咨询，还有面向全国的电话咨询热线、微博、QQ、网站、微信公众号等多渠道的线上咨询。自 2015 年正式运行以来，中心指导接待个体心理咨询 1000 余例，结合课程开展团体心理辅导活动数 160 多场，受益者 3400 多人，社会反馈良好。中心先后得到四川省精神文明建设委员会、绵阳市社科联的表彰。

2018 年，受绵阳市精神文明建设办公室委托，中心在全市心理咨询骨干队伍中，甄选具有专业学科背景和丰富咨询经验的心理咨询专家、学者以及一线工作者，联合编写了第一本面向学校、家长和未成年人的心理健康辅导手册《创造改变——青少年心理成长辅导手记》，之后又组织编写了第二本科普读本《做最好的自己——小学生心理成长手记》。在前期工作和研究积累的基础上，2024 年，瞿瑞教授再次带领中心骨干研究人员，编写了《青少年心理教育研究与辅导探索》，以期与社会各界交流分享青少年心理教育的意义、价值和具体理论及技术，为家校社共同维护青少年身心健康做出积极贡献。

本书分为上、中、下三个篇章。其中，上篇是中心近几年关于青少年心理健康方面的调查研究报告。中篇是来自青少年心理成长的辅导个案编写，包括自我探索、青少年性心理健康、积极人际关系、情绪管理、创伤性成长经历、学习压力调节、人格障碍和校园心理危机管理 8 个章节，每个章节在基本概念科普的基础上，选取 2~3 例针对青少年在个体咨询过程中遇到的典型案例，以故事的方式，从案例背景、来访诉求、心理辅导过程三方面对辅导中用到的心理咨询技术进行科普性介绍，并反思咨询历程及来访者的成长变化。同时基于个案的情况，从家庭、学校、社区和青少年本身的角度提出积极养育、促进青少年心理成长与改变的建议。下篇是青少年心理成长活动设计，设有积极自我提升、积极情绪训练、积极教育设计、幸福感提升、积极人格训练、积极应对训练、自我探索训练、积极环境适应训练、积极治疗辅导、坚持不懈与团队合作 10 个主题的心理成长活动。该板块有理论支撑、详细的活动操作过程以及活动过程的要点与注意事项。

无论是对家庭、学校、社区还是青少年本人来说，本书都可以作为青少年心理成长辅导的普及性读本。

编　者
2024 年 7 月

目　录

上篇
青少年心理健康状况调查

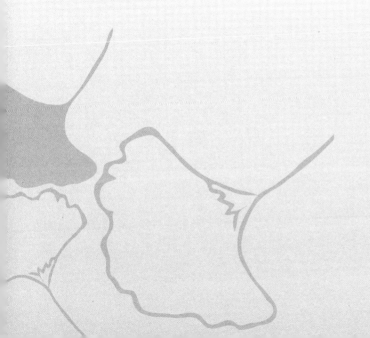

研究报告一
四川省未成年人心理健康状况摸底调查报告[①]

　　人类社会步入 21 世纪，知识经济、信息时代特有的快节奏、高科技、高风险和激烈竞争不仅给人们带来了成功的机遇，也带来了无法避免的心理负重与挑战。随着社会的飞速发展，成长中的未成年人面临的社会心理压力与日俱增，他们在学习生活和社会适应方面遇到的困难和挫折越来越多，心理健康问题也日益突显。未成年人的心理健康状况如何，直接关系到中华民族的整体素质，关系到国家前途和民族命运。2019 年，任其平等人在一项关于全国未成年人心理健康状况的调查报告中指出，84.3% 的未成年人心理健康状况良好，但有 15.7% 的未成年人存在不同程度的心理健康问题。同年，姚立新在关于浙江省中学生的心理健康状况调查中发现，约有 15.5% 的中学生存在各种心理卫生问题。2019 年 11 月，北京师范大学校长董奇在第五届中国教博会上倡导建立我国中小学心理健康监测评估体系，并坦言："现阶段中小学生从健康的角度，无论是身体健康还是心理健康方面，都存在很多令人担忧的问题。"尽管专家学者的调查中采用的量表和问卷各不相同，得到的数据也有较大差异，但我们可以从中看出，未成年人存在着较明显的心理行为问题是客观事实。

　　2020 年初波及全球的新冠疫情，是新中国成立以来发生的传播速度最快、感染范围最广、防控难度最大的一次重大突发公共卫生事件。从这场疫情中我们也不难发现，心理服务很快上升至一种国家行为，不论是在隔离状态下群众的心理调节，还是身处一线的医护人员和病人的心理防护工作，以及基层干部与居民的心理防线上，都发挥了不可估计的作用。在当前严峻的形势下，未成年群体的心理健康问题更应引起足够的重视，如果没有对未成年人的心理问题进行及时的关注与干预，会引起其严重的心理和精神障碍，影响其适应社会的能力、人际交往能力和学业成绩，给家庭和社会带来负担。未成年人心理健康状况的变化也是本课题调研后

[①] 本研究报告系四川省精神文明建设办公室"未成年人思想道德建设"专题重点委托项目，项目完成人：翟瑞（负责人）、赵文、左果果。

期重点关注的一个问题。

2019 年末，受四川省未成年人心理成长指导与研究中心委托，"四川省未成年人心理健康状况摸底调查研究"项目课题组启动了全四川省范围内的中小学生心理健康抽样调查。课题组甄选了部分信效度较高、符合中小学心理发展规律的心理健康测试问卷，并结合基本信息、社会支持量表等，对四川省各类各级中小学校进行抽样调查。

1. 研究对象及工具

1.1 研究对象

本研究对四川省各类各级中小学校进行了抽样调查。调查共回收 18 个地区共 189378 份问卷，包括纸质问卷 11262 份，网上问卷 178116 份，经排除多选、漏选、空白、乱选等无效问卷后，得到有效问卷 175989 份，有效率为 92.93%。其中，在 2019 年 12 月，疫情发生前，通过线下的方式，收集了乐山、德阳等 6 个地区的 10934 份有效问卷，疫情发生后，受其影响，改为线上收集问卷，在 2020 年 3—5 月期间总计收集来自四川省 18 个地区的 189378 份有效问卷。采用随机法抽取地区总样本数据 60190 份问卷，包括小学样本 25698 份，初中样本 26318 份，高中样本 8174 份；男生 29044 人，女生 31146 人。抽样学校覆盖了小学、初中、高中，涉及各地区、郊县的职中、普通中学、省重点中学、国家重点中学，具体见表 1。

表 1 抽样学校

地区（份数）	抽样学校
南充（4352）	阆中中学、南充高级中学、高坪区第七小学、江东中小学、南部中学、蓬安县实验小学、仪陇二中、蓬安中学、多维外国语学校、顺庆实验小学、永乐二小等
乐山（4164）	实验小学、实验中学、外国语学校等
广元（2666）	东城实验学校、嘉陵小学、万达中学、黄冈中学、宝轮中学、嘉陵利州区荣山初级中学、北街小学等
遂宁（2119）	遂宁高级实验学校、遂宁二中、河东小学、仁里小学、遂宁高级外国语学校等
资阳（4083）	资阳中学实验学校、雁江一中、雁江二小、资阳中学、雁江一小、资阳八小等
眉山（4069）	眉山第一中学、东坡中学、东坡小学、苏南小学、苏辙小学、苏辙中学、眉山师范附属小学、永寿高中、永寿中学、田家炳中学等

地区（份数）	抽样学校
阿坝（4961）	阿坝城关一小、城关二小、凤仪镇学校、阿坝州藏文中学、营盘街小学、松潘县川主寺镇第一小学、东方小学、阿坝县中学、金川中学、马尔康中学、茂县中学、映秀中学、汶川县第一中学、理县薛城中学、七一中学、美兴中学小学、九寨沟小学、勒乌二小、若尔盖民族学校、达扎寺小学等
雅安（3817）	雨城六小、实小北二路校区、太平实验小学、雨城区第二中学、兴贤小学、田家炳中学等
自贡（3501）	自贡职业技术学校、荣县一中、汇东实验学校等
宜宾（1184）	翠屏区行知中学、叙州区行知中学、宜宾市第三中学等
泸州（4237）	枫叶佳德学校、白马中学、弥陀小学、况场实验学校、江阳西路学校、泸师附小习之学校、石寨学校宜定小学、泸州外国语学校、镇江九年一贯制学校等
甘孜（2448）	康定第三中学、姑咱寄宿制学校、康定实验小学、康定民族小学、营官小学、康定市回民小学等
德阳（1917）	德阳六中、德阳二中、德阳五中、泰山路小学、德阳实验小学、金沙江路小学、淮河路小学等
巴中（1663）	巴中市第三中学、巴中第一小学、巴州区第四小学、巴州区七小等
成都（4001）	新都区锦门小学、温江区光华实验小学、温江中学、武侯高级中学、盐道街中学、李冰中学等
绵阳（4764）	富临实验小学、高新区实验中学、火炬三小、火炬中学、永兴中学等
广安（3300）	代市小学、前锋小学、前锋中学、思源实验学校、桂兴镇初级中学、小井小学等
凉山（2944）	城关小学、德昌一小、德昌二小、航天学校、和文中学、会理实验小学、南阁中学、五星小学、礼州中学、盐井小学等

1.2 研究工具

1.2.1 一般情况调查表

自编一般情况调查表，内容包括性别、民族、年龄、学校、年级、生源地、父亲职业、母亲职业、家庭类型和是否有兄弟姐妹等。

1.2.2 心理健康量表

心理健康量表采用王极盛编制的中学生心理健康量表（MSSMHS），量表的重测信度在 0.716～0.905 之间，同质信度在 0.6501～0.8577 之间，分半信度在 0.6341～0.8400 之间，表明该量表有较好的信度，量表总分和各分量表的相关在 0.7652～0.8726 之间，各分量表的相关在 0.4027～0.7587 之间，表明该量表有较好的结构效度。该量表由 60 个条目组成，共有 10 个分量表，分别为强迫、偏执、敌对、人际关系紧张与敏感、抑郁、焦虑、学习压力、适应不良、情绪不平衡、心理不平衡。该量表实行 5 级评分制。计分规则是先计算研究对象在 10 个因子的平均分和总均分，根据总均分来衡量心理健康水平，即：总均分小于 2，表现出良好或正常的心理健康问题；介于 2~2.99 之间，表现出轻度的心理健康问题；介于 3~3.99 之间，表现出中度的心理健康问题；介于 4~5 之间，表现出较严重的心理健康问题。各个分量表的得分越高，说明在该因子的问题越严重；总分越低，说明心理问题越轻，心理健康水平越高，反之心理问题越严重，心理健康水平越低。

1.2.3　社会支持量表

社会支持量表采用由戴晓阳、叶悦妹等人（2008）编制的青少年社会支持量表。该量表包含主观支持、客观支持和支持利用度 3 个维度，共 17 道题目，采用 5 点记分，从"符合"记 5 分到"不符合"记 1 分。其中，主观支持维度包含 5 道题目，反映被测者主观感觉到的自身拥有社会支持方面的资源情况；客观支持维度包含 6 道题目，反映被测者觉得自己实际获得的社会支持情况；支持利用度维度包含 6 道题目，反映被测者自主地利用社会支持的情况。根据被测试对象的总分的得分情况来衡量其社会支持水平，分数越高，说明整体的社会支持水平越高。本研究的各维度的内部一致性系数（Cronbach's α 系数）分别为 0.87、0.81、0.82，总体内部一致性系数（Cronbach's α 系数）为 0.91。

1.3　数据处理

采用 SPSS19.0 对数据进行分析和处理。

2.　四川省未成年人心理健康状况调查

2.1　四川省未成年人心理健康及各因子总体得分情况

四川省未成年人心理健康总均分为（1.66±0.62），各因子得分见表 2。

表 2　四川省未成年人心理健康量表各因子得分（$x \pm s$）（$N=60190$）

强迫	偏执	敌对	人际关系紧张与敏感	抑郁	焦虑	学习压力	适应不良	情绪不平衡	心理不平衡
1.91± 0.67	1.58± 0.69	1.58± 0.74	1.64± 0.69	1.65± 0.78	1.70± 0.85	1.77± 0.80	1.49± 0.62	1.82± 0.75	1.44± 0.56

2.2　四川省未成年人心理健康检出情况

按照心理健康问卷评分标准总均分在 2~5 分之间，表示存在轻度心理健康问题；3~3.99 分之间，表示存在中等程度心理健康问题；4~4.99 分之间，表示存在较严重心理健康问题。不同程度的心理健康问题检出情况见图 1。小学、初中、高中心理健康问题检出情况分别见图 2～图 4。各因子以 2 分为临界点，检出情况见图 5。经常有自杀念头检出情况见图 6。

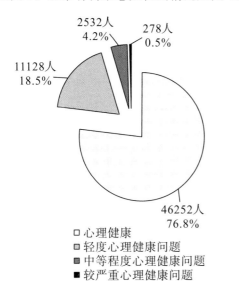

图 1　四川省未成年人心理健康问题检出情况

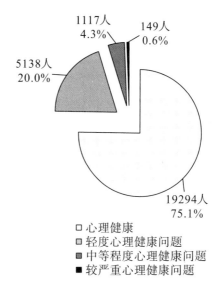

图 2　四川省小学生心理健康问题检出情况

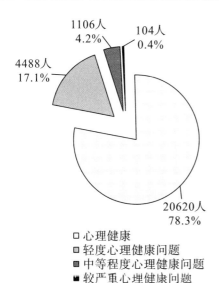

图 3　四川省初中生心理健康问题检出情况

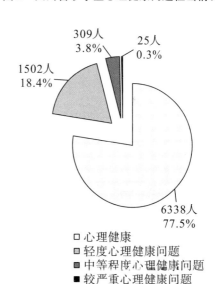

图 4　四川省高中生心理健康问题检出情况

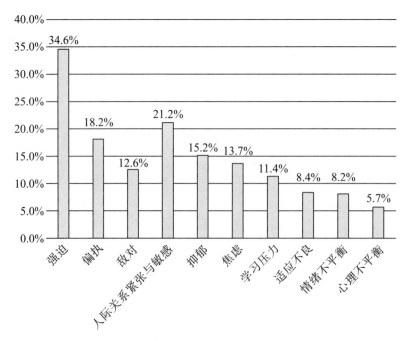

图5　四川省未成年人心理健康各因子检出情况

以 2 分为临界点，四川省未成年人心理健康问题检出率为 22.4%，各因子检出率以强迫、偏执、人际关系紧张与敏感较为突出。

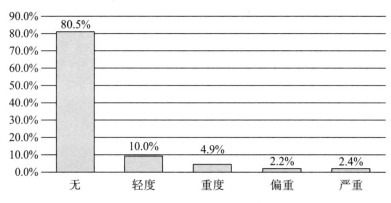

图 6　经常有自杀念头检出情况

四川省未成年人中经常有自杀念头的检出率为 19.5%，无自杀念头的占 80.5%。

2.3　四川省未成年人心理健康的性别差异比较

本次调查中男生 29044 人，女生 31033 人，采用独立样本 t 检验结果显示男女生心理健康问题差异显著，见表3。

表3　四川省未成年人心理健康的性别差异比较

性别（人数）	$M \pm SD$	t	P
男生（$n=29044$）	1.61 ± 0.58	-19.94	0.00
女生（$n=31146$）	1.70 ± 0.65		

由表3可见，女生的心理健康得分显著高于男生，女生的心理健康问题明显多于男生。

2.4　四川省小学、初中、高中学生心理健康差异比较

采用单因素方差分析法比较小学、初中、高中学生的心理健康问题，见表4。

表4　四川省小学、初中、高中学生的心理健康问题差异比较

年级（人数）	$M \pm SD$	F	P
小学（$n=25698$）	1.49 ± 0.50	1907.40	0.00
初中（$n=26318$）	1.74 ± 0.66		
高中（$n=8174$）	1.90 ± 0.69		

由表4可见，四川省小学、初中、高中学生的心理健康问题存在显著差异，其中，高中生的心理问题在三者之间最为严重，初中其次，小学最低。将不同年级之间进一步对比发现，小学与初中、高中学生的心理健康问题及各因子之间均差异显著（$P<0.01$），初中与高中学生的心理健康问题及各因子之间均差异显著（$P<0.01$）。

2.5　四川省未成年人心理健康问题的城乡差异比较

采用单因素方差分析法比较城市、县镇、农村学生的心理健康问题，见表5。

表5　四川省城市、县镇、农村学生的心理健康问题差异比较

家庭来源（人数）	城市（$n=31853$）	县镇（$n=10585$）	农村（$n=17752$）	F	P
心理健康得分	1.64 ± 0.61	1.70 ± 0.64	1.66 ± 0.62	35.99	0.00

由表5可见，四川省城市、县镇、农村学生的心理健康问题存在显著差异，其他因子均存在差异显著（$P<0.01$）。其中，县镇学生的心理问题在三者之间最为严重，农村其次，城市最低。将不同家庭来源之间进行对比发现，城市与农村、县镇学生的心理健康问题及各因子之间均差异显著（$P<0.01$），农村与县镇学生的心理健康问题及各因子之间均差异显著（$P<0.01$）。

2.6 四川省不同家庭环境的未成年人心理健康问题差异比较

2.6.1 不同父母抚养情况的未成年人心理健康问题差异比较

采用独立样本 t 检验方法比较一直由抚养与主要抚养人不是父母的未成年人心理健康问题差异显著（$P<0.05$），在其他 10 个因子上差异也均显著（$P<0.01$），见表 6。

表 6 不同父母抚养情况未成年人心理健康问题的差异比较

分量	一直由父母抚养 （$n=45883$）$M\pm SD$	主要抚养人非父母 （$n=14307$）$M\pm SD$	t	P
强迫	1.89±0.66	1.98±0.69	−14.54	0.00
偏执	1.55±0.67	1.70±0.75	−17.86	0.00
敌对	1.55±0.72	1.67±0.80	−16.00	0.00
人际关系紧张与敏感	1.60±0.67	1.73±0.74	−19.88	0.00
抑郁	1.61±0.75	1.78±0.86	−22.38	0.00
焦虑	1.66±0.82	1.81±0.93	−18.83	0.00
学习压力	1.74±0.79	1.86±0.86	−15.72	0.00
适应不良	1.46±0.60	1.57±0.68	−18.40	0.00
情绪不平衡	1.78±0.73	1.92±0.80	−20.14	0.00
心理不平衡	1.42±0.55	1.48±0.60	−11.96	0.00
心理健康总得分	1.63±0.60	1.75±0.67	−20.52	0.00

由表 6 可见，在不同父母抚养情况这一方面，一直由父母抚养的研究对象的分数低于主要抚养人不是父母的未成年人，可知，主要抚养人是父母的未成年人的心理健康问题比主要抚养人不是父母的少。

2.6.2 是否独生的心理健康问题差异比较

采用独立样本 t 检验比较是否独生的心理健康问题差异显著（$P<0.01$），除在学习压力上不显著外，在其他 9 个因子上差异均存在显著性差异（$P<0.05$），见表 7。

表 7 是否独生的未成年人心理健康问题的差异比较

分量	非独生 （$n=41311$）$M\pm SD$	独生 （$n=18879$）$M\pm SD$	t	P
强迫	1.92±0.67	1.87±0.68	9.55	0.00
偏执	1.59±0.69	1.56±0.69	4.57	0.00
敌对	1.58±0.74	1.57±0.74	2.27	0.00

分量	非独生 （$n=41311$）$M\pm SD$	独生 （$n=18879$）$M\pm SD$	t	P
人际关系紧张与敏感	1.65 ± 0.70	1.61 ± 0.67	6.34	0.00
抑郁	1.67 ± 0.79	1.62 ± 0.77	5.98	0.00
焦虑	1.70 ± 0.82	1.68 ± 0.86	2.35	0.00
学习压力	1.76 ± 0.80	1.78 ± 0.82	-1.90	0.06
适应不良	1.49 ± 0.62	1.47 ± 0.60	4.54	0.00
情绪不平衡	1.82 ± 0.74	1.81 ± 0.75	2.00	0.00
心理不平衡	1.44 ± 0.56	1.42 ± 0.55	3.60	0.00
心理健康总得分	1.66 ± 0.62	1.64 ± 0.61	4.37	0.00

由表7可见，在是否独生这一方面，除在学习压力方面，独生子女的研究对象的分数均低于非独生子女，可知，独生子女的心理健康问题比非独生子女的少。

2.7 小结

通过对上述数据分析结果进行归纳，我们总结如下：

（1）大部分的未成年人心理健康状况良好（76.8%），但也有近23.2%的未成年人存在轻度及以上的心理健康问题。

（2）未成年人的强迫症状、偏执症状、敌对和焦虑症状尤为突出，经常有自杀念头的人占比19.5%，占较大比例。

（3）小学、初中、高中学生的心理健康问题检出率分别为24.9%、21.7%、22.5%，面临心理问题困扰的小学生比重最多。

（4）男生心理健康得分低于女生，女生在一定程度上比男生面临着更多的心理问题。

（5）从心理健康总得分以及各项因子得分来看，城市未成年人心理健康水平高于县镇、乡村的未成年人。

（6）主要抚养人是否为父母、独生与否均会对未成年人的心理健康状况产生一定的影响。

3. 四川省未成年人社会支持状况调查

3.1 四川省未成年人社会支持的性别差异比较

采用独立样本t检验男女生社会支持的性别差异，结果见表8。

表8 四川省未成年人社会支持的性别差异比较

维度	男生 ($n=29044$) $M\pm SD$	女生 ($n=31146$) $M\pm SD$	t	P
主观支持	3.74 ± 1.13	3.83 ± 1.07	-10.48	0.00
客观支持	4.08 ± 1.04	4.12 ± 0.99	-5.95	0.00
支持利用度	3.68 ± 1.16	3.78 ± 1.11	-10.77	0.00
支持总得分	3.83 ± 1.02	3.91 ± 0.97	-10.01	0.00

由表8可见，男生在主观支持、客观支持、支持利用度三个方面均显著低于女生（$P<0.01$），可知，女生的社会支持明显比男生高。

3.2 四川省小学、初中、高中社会支持差异比较

采用单因素方差分析法比较小学、初中、高中社会支持的差异，结果见表9。

表9 四川省小学、初中、高中的社会支持差异比较

维度	小学 ($n=25698$) $M\pm SD$	初中 ($n=26318$) $M\pm SD$	高中 ($n=8174$) $M\pm SD$	F	P
主观支持	3.92 ± 1.09	3.72 ± 1.10	3.60 ± 1.07	352.84	0.00
客观支持	4.23 ± 0.98	4.03 ± 1.03	3.93 ± 1.02	382.82	0.00
支持利用度	3.94 ± 1.09	3.62 ± 1.16	3.47 ± 1.13	787.69	0.00
支持总得分	4.03 ± 0.96	3.79 ± 1.00	3.67 ± 0.98	591.32	0.00

进一步将不同学历类型的中小学生对比，发现在支持总得分上，小学显著高于初中、高中（$P<0.01$），初中显著高于高中（$P<0.01$），可知，小学生得到的社会支持比初中生、高中生高，初中生得到的社会支持比高中生高。

3.3 四川省未成年人社会支持的城乡差异比较

采用单因素方差分析法比较城市、县镇、农村学生社会支持的差异，结果见表10。

表10 城市、县镇、农村学生的社会支持差异比较

维度	城市 ($n=31853$) $M\pm SD$	县镇 ($n=10585$) $M\pm SD$	农村 ($n=17752$) $M\pm SD$	F	P
主观支持	3.82 ± 1.10	3.72 ± 1.11	3.77 ± 1.09	38.82	0.00
客观支持	4.13 ± 1.00	4.04 ± 1.04	4.08 ± 1.02	43.19	0.00
支持利用度	3.75 ± 1.14	3.65 ± 1.15	3.76 ± 1.13	38.57	0.00
支持总得分	3.90 ± 0.98	3.80 ± 1.01	3.87 ± 1.00	42.24	0.00

进一步将不同生源地的中小学生对比发现，在支持总得分上，城市显著高于县镇、农村（$P < 0.01$），可知，生源地为城市的中小学生得到的社会支持比县镇、农村的高；县镇显著低于农村（$P < 0.01$），可知，生源地为县镇的中小学生得到的社会支持比农村的低。

3.4 四川省不同家庭环境的未成年人社会支持差异比较

3.4.1 不同父母抚养情况的未成年人社会支持差异比较

采用独立样本 t 检验方法比较一直由父母抚养与主要抚养人不是父母的未成年人社会支持差异，结果见表11。

表11 不同父母抚养情况未成年人社会支持的差异比较

维度	一直由父母抚养 （$n=45888$）$M \pm SD$	主要抚养人不是父母 （$n=14302$）$M \pm SD$	t	P
主观支持	3.84±1.08	3.61±1.34	22.03	0.00
客观支持	4.16±0.98	3.91±1.09	25.90	0.00
支持利用度	3.79±1.12	3.55±1.17	22.81	0.00
支持总得分	3.93±0.97	3.69±1.04	25.67	0.00

由表11可见，一直由父母抚养的未成年人在主观支持、客观支持、支持利用度以及支持总得分上均显著高于主要抚养人不是父母的未成年人（$P < 0.01$）。

3.4.2 是否独生的社会支持差异比较

采用单因素方差分析比较是否独生的社会支持差异，结果见表12。

表12 是否独生未成年人社会支持的差异比较

维度	非独生 （$n=41311$）$M \pm SD$	独生 （$n=18879$）$M \pm SD$	F	P
主观支持	3.77±1.10	3.81±1.08	15.49	0.00
客观支持	4.06±1.03	4.18±0.97	88.49	0.00
支持利用度	3.72±1.14	3.75±1.13	19.76	0.00
支持总得分	3.85±1.01	3.92±0.97	51.18	0.00

由表12可见，在主观支持、客观支持、支持利用度以及支持总得分上，独生子女均显著高于非独生子女，可知，独生子女得到的社会支持比非独生子女的多。

3.5 小结

通过对上述数据分析结果进行归纳，我们总结如下：

（1）不同性别的未成年人社会支持状况不同，女生的社会支持状况优于男生。

（2）小学生各方面的社会支持状况最好，其次是初中生和高中生。

（3）城市未成年人的主观支持、客观支持状况更好，农村未成年人对社会支持的利用度更高。

（4）由父母抚养的未成年人各项社会支持状况更好。

4. 四川省未成年人心理健康与社会支持的关系研究

4.1 四川省未成年人心理健康与社会支持的相关分析

将社会支持各因子与四川省未成年人心理健康各因子做相关分析，结果见表 13。

表 13　社会支持各因子与四川省未成年人心理健康各因子的相关系数 r

维度	强迫	偏执	敌对	人际关系紧张与敏感	抑郁	焦虑	学习压力	适应不良	情绪不平衡	心理不平衡	心理健康总得分
主观支持	−0.238**	−0.399**	−0.346**	−0.414**	−0.387**	−0.375**	−0.350**	−0.373**	−0.390**	−0.306**	−0.416**
客观支持	−0.260**	−0.385**	−0.351**	−0.385**	−0.413**	−0.391**	−0.322**	−0.373**	−0.377**	−0.323**	−0.416**
支持利用度	−0.268**	−0.400**	−0.374**	−0.417**	−0.425**	−0.419**	−0.374**	−0.389**	−0.429**	−0.307**	−0.444**
支持总得分	−0.278**	−0.431**	−0.390**	−0.443**	−0.446**	−0.432**	−0.382**	−0.413**	−0.436**	−0.340**	−0.465**

注：* 表示在 0.05 水平显著，** 表示在 0.01 水平显著，下同。

4.2 四川省未成年人心理健康得分高低组与社会支持的相关分析

将心理健康量表总分从高到低排序，得分最高的 27% 为高分组，其心理健康水平较低；得分最低的 27% 为低分组，其心理健康水平较高；对心理健康量表高分组和低分组做独立样本 t 检验，其结果见表 14。结果显示，高分组被试即心理健康水平较低的未成年人，其社会支持中主观支持、客观支持、支持利用度以及支持总得分上均显著低于低分组被试即心理健康水平较高的未成年人（$P<0.01$）。

表 14　心理健康高分组和低分组被试在社会支持上的独立样本 t 检验

维度	低分组（$M±SD$）	高分组（$M±SD$）	t
主观支持	4.32±1.00	3.15±1.05	102.39**
客观支持	4.52±0.91	3.50±1.03	95.31**
支持利用度	4.34±1.00	3.03±1.07	114.53**
支持总得分	4.39±0.91	3.22±0.92	114.95**

4.3 四川省未成年人心理健康问题与社会支持的回归分析

为进一步探索社会支持对四川省未成年人心理健康的预测作用，以心理健康问题总分及各维度为因变量，以社会支持的 3 个因子（主观支持、客观支持、支持利用度）及支持总均分为自变量，进行多元回归分析，回归模型的方差分析结果见表15。结果显示，支持总均分和支持利用度对四川省未成年人的心理健康问题具有显著预测作用，能解释其 22％ 的变异量。

表15　四川省未成年人社会支持对心理健康的回归分析

因变量	自变量	R	R^2	ΔR^2	B	β	t
心理健康总得分	支持总均分	0.47	0.22	0.22	−0.29	−0.46	−38.85**
	支持利用度	0.47	0.22	0.22	−0.05	−0.08	−7.13**
	客观支持	0.47	0.22	0.22	−0.02	−0.03	−3.69**
强迫	支持总均分	0.28	0.08	0.08	−0.26	−0.38	−38.88**
	主观支持	0.28	0.08	0.08	0.07	0.11	11.63**
偏执	支持总均分	0.43	0.19	0.19	−0.29	−0.41	−44.27**
	主观支持	0.43	0.19	0.19	−0.01	−0.02	−2.32**
敌对	支持总均分	0.39	0.15	0.15	−0.29	−0.39	−21.58**
	支持利用度	0.39	0.15	0.15	−0.04	−0.05	−4.88**
	主观支持	0.39	0.15	0.15	−0.04	−0.06	4.94**
人际关系紧张与敏感	支持总均分	0.44	0.19	0.19	−0.35	−0.50	−60.52**
	客观支持	0.44	0.19	0.19	−0.04	0.07	8.27**
抑郁	支持总均分	0.44	0.20	0.20	−0.45	−0.58	−62.46**
	主观支持	0.45	0.20	0.20	0.10	0.14	15.22**
焦虑	支持总均分	0.43	0.19	0.19	−0.38	−0.45	−25.46**
	支持利用度	0.44	0.19	0.19	−0.06	−0.08	−7.18**
	主观支持	0.44	0.19	0.19	0.07	0.09	9.38**
学习压力	支持总均分	0.38	0.15	0.14	−0.12	−0.14	−21.30**
	主观支持	0.38	0.15	0.15	−0.05	−0.08	−6.98**
	支持利用度	0.38	0.15	0.15	−0.13	−0.18	−15.78**
适应不良	支持总均分	0.41	0.17	0.17	−0.28	−0.45	−47.85**
	主观支持	0.41	0.17	0.17	0.02	0.04	4.12**
情绪不平衡	支持总均分	0.44	0.19	0.19	−0.20	−0.27	−27.31**
	支持利用度	0.44	0.19	0.19	−0.11	−0.18	−17.70**
心理不平衡	支持总均分	0.34	0.12	0.12	−0.15	−0.26	−29.49**
	客观支持	0.34	0.12	0.12	−0.05	−0.09	−10.43**

由以上分析可以看到，社会支持与心理健康总得分及各因子得分均呈现出较大的相关。心理健康状况良好的未成年人，其主观支持、客观支持、支持利用度 3 个因子得分更高。进一步的回归分析发现，支持总均分和支持利用度的因子得分能更

好地预测未成年人的心理健康状况。

4.4 小结

通过对上述数据分析结果进行归纳，我们总结如下：

（1）未成年人社会支持和心理健康状况之间存在相关关系，心理健康状况良好的未成年人，其各方面社会支持状况也相对较好。

（2）回归分析表明，支持总均分和支持利用度能够更好地解释未成年人心理健康状况的变化情况。

5. 四川省未成年人心理健康与社会支持在疫情前后的对比研究

为了更好地了解四川省未成年人在疫情期间心理健康水平和社会支持是否存在差异，我们将疫情前后广元（疫情前1929，疫情后737），乐山（疫情前1856，疫情后2308），雅安（疫情前1792，疫情后2025），资阳（疫情前1775，疫情后2308）4个地区的数据进行对比研究，结果见表16。

表16　四川省未成年人心理健康和社会支持在疫情前后的对比分析

分量	疫情前 ($n=7352$)（$M \pm SD$)	疫情后 ($n=7378$)（$M \pm SD$)	t
强迫	2.16±0.72	1.92±0.63	21.70**
偏执	1.92±0.83	1.56±0.64	29.28**
敌对	1.97±0.89	1.59±0.70	29.32**
人际关系紧张与敏感	1.98±0.81	1.63±0.65	29.68**
抑郁	2.09±0.95	1.64±0.69	32.88**
焦虑	2.14±1.01	1.68±0.80	30.65**
学习压力	2.12±0.93	1.76±0.77	26.33**
适应不良	1.76±0.75	1.49±0.58	23.95**
情绪不平衡	2.19±0.85	1.80±0.71	29.62**
心理不平衡	1.67±0.70	1.43±0.52	23.10**
心理健康问题	2.00±0.72	1.65±0.58	32.58**
主观支持	3.61±1.15	3.77±1.10	−8.25**
客观支持	3.92±1.00	4.12±1.01	−12.00**
支持利用度	3.51±1.17	3.72±1.15	−10.65**
社会支持	3.69±0.98	3.88±0.99	−11.48**

由表 16 可见，疫情前后未成年人的心理健康状况及社会支持状况存在着非常显著的差异。疫情前未成年人的心理健康及各因子问题得分显著高于疫情后的，说明疫情后未成年人的心理健康水平有所上升；疫情后未成年人的社会支持及各因子得分显著升高，可知相较于疫情前，未成年人在疫情期间获得了更多的社会支持。

6. 主要结果的原因分析

6.1 小学生心理健康问题凸显

小学生处于身心快速成长与自我意识建立的关键时期，由于学业竞争的加剧与优质教育资源的紧缺，父母给予了孩子更大的期望，也施加给孩子更大的压力。同时，社会的高速发展与信息摄入的多样化，让孩子心智成熟较早，亲子关系、同伴关系、情绪情感等方面出现的冲突与矛盾较为凸显。心理问题的原因往往并不直接来自学业压力，还来自学业以外的其他方面，这是小学生心理健康问题检出率高于初、高中生的重要原因。这一结果提示我们小学生的心理关怀与健康的原生家庭环境创设尤为重要，不能因为孩子年龄小、学业压力相对较小就心存侥幸，错过了孩子健全人格与心理素质培养的关键时期。

6.2 强迫、偏执、敌对、焦虑等症状凸显

受到来自学校、家庭、社会等各方面高标准、高期待的影响，未成年人群体"想赢怕输"的心理较为突出，不愿意经受失败和打击。为了满足家长、教师的期待，就容易出现强迫性的思维与行为，从而表现得比较偏执。为了在竞争中占据有利的位置，与人相处时表现得比较敌对，对自己往往也有相对严苛的要求，因此易于引发焦虑的情绪，严重时就容易产生"不想活"的念头，破坏心理的稳定性。

6.3 心理健康水平的性别差异

男生心理健康得分低于女生，说明女生在一定程度上比男生面临着更多的心理问题，这与女生情绪情感比较丰富、内心较为敏感有关；同时，同年龄女生的心理成熟度往往高于男生，在处理各种生活事件时，主观性较大、投入的情感较多，因此引发的情绪波动和困扰常常大于男生。

6.4 心理健康水平的城乡差异

城市出生的未成年人心理健康水平总体高于乡镇的未成年人，主要是因为城市成长的未成年人处于相对较好的物质生活条件之下，父母自身的受教育程度和对孩子的教育水平都相对较高，陪伴孩子的条件和意识总体上也高于乡镇的父母，这些都有助于促进孩子心理的健康发展。

6.5　心理健康水平在抚养状况上的差异

由父母抚养的未成年人在依恋关系和安全感的建立方面往往优于主要抚养人为非父母的未成年人，心理健康水平相对较高；同时，作为独生子女的未成年人受到父母的关注和关爱往往更多，父母将更多的时间和精力倾注在家里唯一的孩子身上，这对孩子的心理成长能够产生一定的帮助和支持。独生子女往往比非独生子女表现出相对更高的心理健康水平。

7.　教育对策与政策建议

本调查结果显示四川省未成年人心理健康问题检出率为 23.2%，近 1/5 的未成年学生存在不同程度的心理健康问题。而在以 2 为临界点的心理健康各因子检出率中，存在心理健康问题的未成年人的强迫症状、偏执症状、敌对症状、焦虑症状尤为突出，19.5% 的未成年人曾出现自杀念头。有鉴于此，我们认为四川省未成年人的心理健康问题十分突出，在当前及今后一个时期，要重点抓好以下工作。

7.1　建立和完善心理健康教育管理体制与教研体系

（1）心理健康教育管理体制。学校心理健康教育是德育工作的重要组成部分，应把未成年人心理健康教育纳入学校德育工作管理体系，由主管学校德育工作的教育行政部门和学校负责人、职能部门组织实施。

（2）成立中小学心理健康教育专家指导委员会。参照教育部的做法，在教育厅和各市（州）教育局成立中小学心理健康教育专家指导委员会，为心理健康教育提供专业指导和督导。

（3）完善心理健康教育教研体系。省教科院要进一步加强心理健康教育教研队伍建设。市、县教研部门要有专门机构或专人负责心理健康教育教研，并成立相应的心理健康教育中心组。学校可按片区成立联合教研组，定期开展教育教学研究活动。

7.2　建立和完善心理健康教育教学与咨询体系

（1）开足开好心理健康教育课。学校要严格按照《四川省教育厅关于印发〈四川省中小学心理危机"三预"工作指导意见〉的通知》（川教函〔2018〕274 号）文件要求，通过开设必修课、选修课或专题讲座等途径，开足开好心理健康教育课，帮助学生掌握一般心理保健知识和心理调适方法，培养良好心理素质。

（2）开展班级团体辅导。学校要根据班级学生特点和实际，设计、开发班级团体辅导主题和活动方案，开展多种形式、体验性强的活动，促进学生在参与和互动中对自我的了解，体验支持和被支持，增强安全感和自信心。

（3）开展个别咨询与辅导。学校要按要求开设心理咨询室（或心理辅导室），由受过专业心理咨询训练的教师对学生进行一对一心理诊断、咨询、辅导和矫治工作。对有严重心理疾病的学生，要及时鉴别并转介到医学心理诊治部门。

（4）把心理健康教育贯穿于学校日常教育教学活动之中。要挖掘各学科中隐性的心理健康教育内容，与显性的心理辅导教育内容有机结合，对学生进行心理健康教育。要创设符合心理健康教育要求的物质环境、人际环境、心理环境。要充分利用班团队活动、网络、墙报、板报开展心理健康教育与辅导。

（5）开通家庭与学校配合开展心理健康教育的渠道。通过家长学校、家访等形式，指导家长转变教育观念，了解心理健康知识，掌握心理健康教育方法，注重自身良好心理素质养成，以家长的正确理想、追求和良好品格、行为影响孩子。

7.3　建立和完善疫情期间心理危机预警与干预体系

有鉴于调查中疫情对未成年人心理健康的影响，以及今后对类似事件的应对，应建立从班级、部门到学校的心理危机预警机制，建立从学校到专业精神卫生机构心理危机干预通道，努力做到心理问题及早发现、及时预防、有效干预，努力避免因严重心理障碍引发自杀或伤害他人事件的发生。

各班主任要定期开展学生心理健康状况摸排工作，发现学生出现心理危机，要做出力所能及的保护和干预，并及时向学校心理健康教育管理机构汇报。学校心理健康教育机构要对班主任反映的学生情况进行评估鉴别，在此基础上为有心理问题的学生建立心理档案，开展心理辅导，并及时向学校汇报。学校要高度重视心理问题高危学生的预防和干预工作，对有严重心理问题的学生，要及时做好转介工作。学校所在地精神卫生机构应积极协助学校做好甄别和接收转介学生。

7.4　加大心理健康教育专兼职队伍建设力度

为了更好地提高心理健康教育实效，实现心理健康教育工作目标，应着重建设好一支以专职教师为骨干，专兼结合、相对稳定、素质较高的心理健康教育与咨询队伍。

（1）按照少量、精干的原则，建设一支专职队伍。学校开展心理健康教育的队伍包括三方面人员：心理健康教育专（兼）职教师；班主任、共青团和少先队辅导员、德育处（政教处）教师等；其他教职工。心理健康教育专职教师是学校开展心理健康教育的骨干力量，要具有心理学专业背景或经过系统的专业培训，主要承担学校心理健康教育教学、咨询和组织工作。专职教师纳入德育工作队伍序列。专职教师配备原则上应以县为单位统筹安排。

（2）加强和改进教师培训工作。进一步明确省市县三级教育行政部门的培训职责和培训对象。省级培训要重点放在专职教师、教研员队伍，并实行滚动培训，着力为各市县培养骨干力量，通过他们去指导学校和带领兼职教师开展工作。

（3）实行心理健康教育教师"资格认证制度"。实行"四川省中小学心理健康教育教师岗位资格认证制度"。岗位资格分为 A、B、C 三级。经过专业心理培训并考核合格的教师，根据不同情况获得相应级别资格证书，逐步实现教师持证上岗。按照认证制度开展"心理健康教育骨干教师和教研员培训项目"，推进心理健康教育教师专业化建设。2020—2022 年，力争实现每个市区持 B 级以上证书的教师占80%，持 C 级以上证书的教师占 90%；到 2025 年，实现所有地区心理健康教育教师全部持证上岗。

7.5 完善心理健康教育保障机制

（1）加强组织领导。教育厅要把学校师生心理健康建设纳入学校发展总体部署，在政策指导、人才培养、资源整合、督导检查等方面发挥重要作用；要进一步明确厅内相关部处工作职责，确保各司其职、各尽其责。要制定《四川省未成年人心理健康教育工作规范》，并从 2020 年起至 2023 年，每年召开一次省未成年人心理健康教育工作会，组织一次专项督导，推动各项工作要求和措施落到实处。

（2）加强基本建设。一是规范心理咨询室建设，确保心理咨询室有专用场地、办公设施、专业设备。二是加强规章制度建设。从实际出发，建立定期研究心理健康教育制度、定期举行心理健康教育教学研究活动制度、定期分析师生心理动态制度和心理咨询室工作制度等。三是加大经费投入。要在教育经费中增列心理健康教育经费项目，主要用于开展心理健康教育教学活动、师资培训、理论研究。学校心理健康教育日常工作经费应按生均不低于 20 元标准执行。四是定期组织或委托中小学心理健康教育专家指导委员会对各地和学校开展心理健康教育情况进行督导。督导内容包括学校重视和支持程度、机构设置、队伍建设、教育教学、辅导咨询、工作实效等情况。五是加强特大公共事件后师生心理重建理论研究，为加强和改进心理健康教育提供理论支持和决策依据。

参考文献

［1］姚立新. 浙江省中学生心理健康状况调查报告［J］. 浙江教育科学，2019，000（003）：3—6.

［2］李智聪. 未成年人心理健康服务状况调查及体系建构［D］. 苏州：苏州大学，2010.

"四川省未成年人心理健康研究与辅导中心"课题组
2020 年 10 月

研究报告二
四川省校园欺凌情况调查报告[①]

1. 调研背景

校园欺凌是一种严重影响未成年人身心健康的行为，其表现形式多样，包括语言欺凌、身体欺凌、社交排斥和网络欺凌等。欺凌不仅会对受害者的心理健康产生长期的负面影响，如焦虑、抑郁、低自尊和社会退缩，还可能导致学业成绩下降和社交功能障碍。施害者也可能由于其攻击性行为而发展出反社会人格，面临更高的违法犯罪风险。旁观者在目睹欺凌事件时，若未能及时得到正确引导和干预，也可能在心理上产生负面影响，甚至模仿欺凌行为。

为了贯彻习近平新时代中国特色社会主义思想，积极落实《中华人民共和国未成年人保护法》的有关精神，四川省未成年人心理健康研究与辅导中心联合四川大学刘传军副教授课题组共同组织了本次调查，旨在科学评估四川省未成年人校园欺凌的现状，找出发生校园欺凌问题的风险性因素和保护性因素，形成科学有效的应对方案，以预防和减少校园欺凌事件的发生。

本次调查主要目标有二：一是对四川省中小学校园欺凌的整体发生情况进行评估；二是从学生和家长两个方面尝试找出对校园欺凌行为具有前因作用的影响因素，从而为校园欺凌预防工作提供实践依据。

调查组经过研讨和文献搜集，从旁观者（旁观行为）、受害者（被欺凌行为）和施害者（欺凌行为）三个角度分别编制校园欺凌问卷，该问卷在各年龄段中小学生中均具有良好的信效度指标。在影响因素设计方面，调查组针对不同年龄段的学生分别予以详细考虑。

就小学阶段而言，该阶段是个体学习和培养情绪管理能力的关键时期，前额叶皮层迅速发育，积极的情绪自我调节能促进其发展，从而在社会环境中表现出良好

---

① 本研究报告项目完成人：刘传军（负责人）、陈代莉、蒲涵、谭玉洁、满文意、王天骄、谢忠桔。

的适应性行为。家庭是孩子成长中最重要的社会单位，对孩子成长有长期和持续的影响。在此阶段，孩子虽然开始有自我意识，但仍依赖成人的指导和关怀。如果父母采用心理控制的教养方式，特别是父母自身在儿童期遭受不良教养方式，可能会抑制孩子的自主需求，导致不良情绪和行为，发展成内外化问题。学校也是小学生成长和学习的重要场所，家长和学校教育方式的一致性对孩子的身心健康发展有重要影响。研究表明，亲子沟通、儿童情绪控制能力能负向预测攻击行为，家校合作可以改善儿童的攻击行为。因此，小学阶段主要考虑了学生对欺凌的态度、情绪调节能力、家校协同共育水平、父母心理控制、父母儿童期虐待、父母与孩子相处时间、主观幸福感和主观社会阶层等因素。

就初中阶段而言，处于青春期早期的初中生在身心发展尚未成熟的情况下面临着学业和人际关系等压力和挑战。由于学业是青少年时期的主要任务，学业上带来的压力也就成了他们最主要的压力，这些压力可能会引发一些心理或行为问题。虽然上网可以实现压力的即性缓解或者达到逃避压力的目的，但是从长远来看这却增加了网络成瘾的倾向。已有研究表明个体的压力水平越高，发展成网络成瘾倾向的危险就越高。另外，网络成瘾会分散初中生的注意力，削弱其学习动力，影响学生的学业，从而加重其学业压力。学业压力和网络成瘾往往容易引发校园欺凌。根据挫折攻击理论显示，挫折导致攻击行为，青少年往往通过攻击他人释放沉重的学习压力，从而导致校园欺凌。社会学习理论认为，初中生由于心智发育尚未成熟，容易在现实生活中模仿在网络中学习到的暴力行为，从而导致对他人实行欺凌行为。因此，初中阶段主要考虑了学业压力、网络成瘾、父母情绪调节能力、家校协同共育水平、父母心理控制、父母儿童期虐待、父母与班主任沟通频率、父母与孩子相处时间、主观幸福感和主观社会阶层等因素。

高中阶段的青少年正处于价值观形成的重要时期，其思想和行为的各个方面都会受到价值观的深刻影响。因此，将价值观作为高中生校园欺凌的关键指标具有重要意义。在这一阶段，青少年的世界观、人生观和价值观正逐渐成形，这些观念不仅影响他们的学业和未来发展方向，还会对他们的人际交往方式和行为选择产生直接影响。具体来说，研究不同类型的价值观对高中生的校园欺凌行为、被欺凌行为和旁观者行为的影响，可以帮助我们更好地理解价值观在校园欺凌中的作用。例如，功利主义价值观可能会使一些学生更倾向于通过欺凌他人来获得地位或权力，而非功利主义价值观则可能促使学生更加关注公平和他人感受，从而减少欺凌行为。因此，高中阶段主要考虑了功利主义价值观、非功利主义价值观、代际互动、父母情绪调节能力、父母与班主任沟通频率、父母儿童期虐待、主观幸福感和主观社会阶层等因素。

2. 研究对象及方法

2.1 研究对象

本次调查规模巨大，因此样本具有较好的代表性，能够反映四川省中小学校园欺凌的发生情况。共计 6371 名小学生及家长，6921 名初中生及家长，以及 2780 名高中生及家长参与了本次调查，合计参与调查的人数为 16072 名学生及其家长。根据四川省统计年鉴，2022 年中小学在校学生总数为 10773124 人，本次调查学生数占总学生人数约 1.5‰，对全省学生的代表性较好。

2.2 研究工具

2.2.1 校园欺凌量表（全阶段）

为了科学评估未成年人校园欺凌的现状，课题组召开集体讨论会，就《未成年人学校保护规定》中有关校园欺凌的内容进行深入详细讨论。经过研讨和文献搜集，从旁观者（旁观行为）、受害者（被欺凌行为）和施害者（欺凌行为）3 个角度分别编制校园欺凌问卷。

对于校园欺凌水平的测量，本研究从旁观者、施害者和受害者 3 种角度出发。其中，从旁观者的视角出发，共计 6 个条目（见表 1），涉及欺凌行为中的言语欺凌、身体欺凌、关系欺凌、财物欺凌、网络欺凌、性欺凌六个维度，例如"取笑 ta/当众说 ta 坏话/咒骂 ta"，以考察不同类型的欺凌行为的发生频率，欺凌发生评分取条目均值；在受害者和施害者的视角，则分别询问"从上一学期到现在，'你对其他同学/其他同学对你'做出上述任意一种行为的频率"，从而获得不同视角下的校园欺凌现状。该量表采用五点计分法，1＝从未发生过，2＝发生过一两次，3＝一个月两三次，4＝一周一次，5＝一周几次。在本次调查中，信度指标 $\alpha=0.827$，说明该部分内容具有较高内部一致性，数据较为可信。

表 1 校园欺凌条目

校园欺凌——旁观者行为
1. 取笑 ta/当众说 ta 坏话/咒骂 ta
2. 打 ta/伤害 ta/故意绊倒 ta
3. 故意不带 ta 玩/让其他人不要和 ta 做朋友
4. 故意破坏 ta 的物品/强迫 ta 交出财物
5. 在网上给 ta 发威胁 ta 的信息/在网上散播有关 ta 的谣言或者恶意评论
6. 假装不小心触碰 ta 的隐私部位/明目张胆抚摸 ta 的隐私部位/拉扯 ta 的衣服（如撩起裙子或内衣、拉扯短裤等）

2.2.2　父母心理控制（小学阶段）

父母心理控制使用 Wang 等人（2010）翻译并修订的《中文版父母心理控制问卷》，该问卷有 3 个维度，共 18 道题目：题目 1～10 是引发子女内疚感维度，11～15 是爱的撤回维度，16～18 题是权力专断维度。量表采用李克特五点计分法，“完全不符合”计 1 分，“非常符合”计 5 分，在问卷中被试得分越高表示其感知到的父母心理控制程度越高。在本次调查中，该量表的内部一致性指标 $\alpha=0.913$，说明数据较为可信。

2.2.3　学生情绪调节（小学阶段）

情绪调节是指学生对情绪的管理和调适能力，学生情绪调节水平的测量使用陈亮等（2016）修订的《小学生情绪调节量表》，在语言上更易于小学生理解，经检验在 9～12 岁小学生群体中具有较好的信效度。该量表分为认知重评和表达抑制两个维度，共计 10 个条目。量表采用李克特五点计分法，“完全不同意”计 1 分，“完全同意”计 5 分。在本次调查中，该量表的内部一致性信度 $\alpha=0.780$，说明数据基本可信，可用于后续探索。

2.2.4　父母情绪调节（小学和初中阶段）

父母情绪调节得分反映父母对自身情绪的调节能力，通过 Gross（2003）编制的情绪调节量表（Emotion Regulation Questionnaire，ERQ）进行测量。原量表共计 10 个条目，经过 CFA 分析删去因子载荷较低的一个条目，最后使用 9 项条目进行测量，删减后其效度符合研究标准。量表采用李克特七点计分法，“强烈不同意”计 1 分，“非常同意”计 7 分。在本次调查中，该量表的内部一致性信度 $\alpha=0.774$，说明数据基本可信，可用于后续探索。

2.2.5　家校协同共育（小学和初中阶段）

家校协同共育主要是指家长与教师共同协作，一起促进未成年人的成长。采用 Vickers 和 Minke（1995）编制的家长—教师关系量表（Parent－Teacher Relationship Scale，PTRS），该量表总共 12 个条目，例如，“在孩子的教育上，我们之间彼此信任，相互合作”。其中，第 2，4，6，8，10 条为反向计分条目。对反向计分条目进行重新编码后求平均，即得到家校协同共育水平得分。量表采用李克特五点计分法，1 表示“几乎从不”，5 表示“几乎总是”，得分越高表明家校协调共育程度越高。在本次调查中，该量表的内部一致性信度 $\alpha=0.790$，说明数据基本可信。该量表用于探究家长与教师协同共育度是否也会影响未成年人的欺凌行为。

2.2.6　学习压力问卷（初中阶段）

初中生学习压力问卷采用徐嘉骏等人（2010）编制的《中学生学习压力问卷》，调查四川省初中生的学习压力现状。该问卷共含 21 个条目，包括父母学习压力、自我学习压力、教师学习压力、社交学习压力4个维度，采用5级评分，1=从未如此，2=很少如此，3=有些时候，4=常常如此，5=一直如此，分数越高，表明学习压力越大。在本次调查中，该量表的 α 系数为0.870，信度较高。

2.2.7 网络成瘾诊断量表（初中阶段）

网络成瘾诊断量表（Internet Addiction Test，IAT）是 Young 和 de Abreu（2011）在 YDQ 量表的基础上又发展出的一个包含20个条目的评估工具，每个条目根据符合程度按1～5评分。1=从来没有发生，2=很少发生，3=偶尔发生，4=较常发生，5=经常发生。总分在40分以下者为正常网络使用者，40～60分是轻度网络成瘾，60～80分是中度网络成瘾，80～100分是重度网络成瘾。在本次调查中，该量表的 α 系数为0.940，信度较高。

2.2.8 价值观问卷（高中阶段）

采用金盛华等人（2009）编制的《中国人价值观问卷》调查四川省高中生的价值观发展现状。该问卷共含32个条目（见表1），分为品格自律、才能务实、公共利益、人伦情感、名望成就、家庭本位、守法从众、金钱权力8个维度，采用6级评分，其中1=非常不同意，2=不同意，3=比较不同意，4=比较同意，5=同意，6=非常同意。在本次调查中，该量表的 α 系数为0.860，信度较高。由于问卷中的"名望成就"（对应条目："做人就是要出人头地""光宗耀祖对一个人的人生很重要""选择工作应主要看能否干出一番成绩"）、"金钱权力"（对应条目："人活着就是为了挣更多的钱""选择工作最重要的因素是工资待遇""金钱是最重要的衡量个人价值的标准""有权就有一切""地位显赫的人令人羡慕""金钱使人们的生活变得更幸福""有物质享乐生命才有意义"）两个维度较为符合追求名利的功利主义思想，所以本研究将这两个维度作为衡量功利主义价值观的指标，其他6个维度则作为非功利主义价值观指标。通过计算每个指标所含维度的条目均值，分别生成功利主义/非功利主义价值观指数，指数越大，表明功利主义/非功利主义思想倾向越大。

2.2.9 代际互动问卷（高中阶段）

代际互动采用自编代际互动问卷进行测量。自编问卷包括父亲/母亲的教育参与度、父亲/母亲对孩子道德观念形成的影响程度、听父母话的程度以及与父母相处的时间4个维度，在孩子版和父母版问卷中都设置了同样4个维度的题项。孩子版问卷中设置了"您认为在您的成长过程中，父亲对您的教育参与度是多少？""您认为在您的成长过程中，母亲对您的教育参与度是多少？""您觉得，父亲对您道德观念的形成有多大影响？""您觉得，母亲对您道德观念的形成有多大影响？""总的来说，在家庭生活中，你有多听父母的话？""请问您离家求学以前，与父母相处的时间如何？"6个题，父母版问卷中设置了"您认为在您孩子的成长过程中，您对她/他的教育参与度是多少？""您觉得，您对她/他的道德观念的形成有多大影响？"

"总的来说，在家庭生活中，您的孩子有多听您的话?""请问您孩子离家求学以前，与父母相处的时间如何?"4个题，共计10题。将每题所得分值进行标准化处理（$\alpha=0.84$），再取平均值后得到代际互动指数，指数越大，表明亲子间代际互动的强度越大。

2.2.10　父母儿童期虐待（全阶段）

父母儿童期虐待是指父母在16岁以前的成长经历中所遭受的情感虐待、躯体虐待、性虐待、情感忽视和躯体忽视，使用Bernstein等人（1998）编制的儿童期虐待问卷（Childhood Trauma Questionnaire, CTQ）进行测量，该量表用于探究父母儿童期的成长经历是否会影响学生的校园欺凌水平。该量表采用5级评分，1表示"从不"，5表示"总是"，分数越高，表明父母在儿童期曾遭受的虐待越多。在本次调查中，该量表的内部一致性信度$\alpha=0.848$，说明数据较为可信。

2.2.11　其他变量（全阶段）

除了以上用于评估未成年人校园欺凌情况及其影响因素的量表之外，本研究还对3个学段的学生及父母进行了主观社会阶层、主观幸福感以及父母与班主任沟通频率的测量。其中，主观社会阶层通过直观的社会地位梯图（见图1）进行测量，10分代表最顶层，1分代表最底层，让学生根据自身的家庭状况选择"自己的家庭位于梯子的哪一级"，并圈答数字表示其社会阶层。主观幸福感采用单题项进行调查，即"总的来说，你觉得你的生活是否幸福"，1表示非常不幸福，5表示非常幸福。与班主任沟通频率也采用单题项进行调查，即"过去一学期内，您与孩子班主任的沟通频率（包括但不限于线上交流、线下见面、家长会、家访等）"，用于了解父母与班主任的沟通交流情况，1代表非常不频繁，4代表非常频繁。

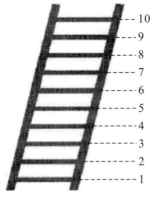

图1　主观社会阶层梯图

2.3　数据处理

采用SPSS 26.0对数据进行分析和处理。

3. 四川省中小学校园欺凌情况调查

3.1 四川省小学校园欺凌得分情况

如表 2 所示，在小学生当中，自上一学期至今，有 20.2% 的学生（1290 人）报告曾经对他人施加过以上任意一种欺凌行为，30.5% 的学生（1940 人）报告曾在过去一学期内遭受他人对自己的欺凌。一方面，施害者在进行自我报告时，出于社会赞许性的考虑，可能存在有所隐瞒的情形，导致报告值偏低；另一方面，较低的受害者报告水平可能源于学生对欺凌行为的认知和识别存在不足。言语欺凌相对其他欺凌形式而言，后果并非直观可见，且行动成本较低，其发生频率也最高，有 46.9% 的同学（2986 人）报告在过去的一学期内，曾目睹他人被"取笑/当众说坏话/咒骂"。关系欺凌和身体欺凌也是常见的欺凌形式，分别有 29.3%（1869 人）和 24.9%（1585 人）的学生旁观他人遭受关系孤立和身体伤害。其他几类欺凌形式在小学生群体中发生率较低。

表 2　四川省小学生校园欺凌各水平频率分布（$N = 6371$）

条目	1	2	3	4	5
1. 取笑 ta/当众说 ta 坏话/咒骂 ta	3385 (53.1%)	1852 (29.1%)	467 (7.3%)	183 (2.9%)	484 (7.6%)
2. 打 ta/伤害 ta/故意绊倒 ta	4786 (75.1%)	1058 (16.6%)	237 (3.7%)	123 (1.9%)	167 (2.6%)
3. 故意不带 ta 玩/让其他人不要和 ta 做朋友	4502 (70.7%)	1276 (20.0%)	286 (4.5%)	122 (1.9%)	185 (2.9%)
4. 故意破坏 ta 的物品/强迫 ta 交出财物	5704 (89.5%)	456 (7.2%)	101 (1.6%)	47 (0.7%)	63 (1.0%)
5. 在网上给 ta 发威胁 ta 的信息/在网上散播有关 ta 的谣言或者恶意评论	6105 (95.8%)	135 (2.1%)	63 (1.0%)	36 (0.6%)	32 (0.5%)
6. 假装不小心触碰 ta 的隐私部位/明日张胆抚摸 ta 的隐私部位/拉扯 ta 的衣服（如撩起裙子或内衣、拉扯短裤等）	5066 (93.6%)	237 (3.7%)	71 (1.1%)	41 (0.6%)	56 (0.9%)
施害者	5081 (79.8%)	1034 (16.2%)	134 (2.1%)	49 (0.8%)	73 (1.1%)
受害者	4431 (69.5%)	1449 (22.7%)	226 (3.5%)	86 (1.3%)	179 (2.8%)

注：1=从未发生过；2=发生过一两次；3=一个月两三次；4=一周一次；5=一周几次。

3.2 四川省初中校园欺凌得分情况

如表3所示，在初中生中，有15％的初中生（1041人）报告曾经对他人施加过以上任意一种欺凌行为，22.8％的初中生（1578人）报告曾在过去一学期内遭受他人对自己的欺凌。有45.5％的同学（3146人）报告在过去的一学期内，曾目睹他人被"取笑/当众说坏话/咒骂"。关系欺凌和身体欺凌也是常见的欺凌形式，分别有21.5％（1485人）和17.8％（1235人）的学生旁观他人遭受关系孤立和身体伤害。其他几类欺凌形式在初中生群体中发生率较低。

表3　四川省初中生校园欺凌各水平频率分布（N＝6921）

条目	1	2	3	4	5
1. 取笑 ta/当众说 ta 坏话/咒骂 ta	3775（54.5％）	1917（27.7％）	419（6.1％）	230（3.3％）	580（8.4％）
2. 打 ta/伤害 ta/故意绊倒 ta	5686（82.2％）	891（12.9％）	142（2.1％）	75（1.1％）	127（1.8％）
3. 故意不带 ta 玩/让其他人不要和 ta 做朋友	5436（78.5％）	1011（14.6％）	210（3.0％）	98（1.4％）	166（2.4％）
4. 故意破坏 ta 的物品/强迫 ta 交出财物	6514（94.1％）	293（4.2％）	47（0.7％）	23（0.3％）	44（0.6％）
5. 在网上给 ta 发威胁 ta 的信息/在网上散播有关 ta 的谣言或者恶意评论	6443（93.1％）	332（4.8％）	69（1.0％）	24（0.3％）	53（0.8％）
6. 假装不小心触碰 ta 的隐私部位/明目张胆抚摸 ta 的隐私部位/拉扯 ta 的衣服（如撩起裙子或内衣、拉扯短裤等）	6604（95.4％）	215（3.1％）	39（0.6％）	18（0.3％）	45（0.7％）
施害者	5880（85.0％）	871（12.6％）	94（1.4％）	27（0.4％）	49（0.7％）
受害者	5343（77.2％）	1177（17.0％）	206（3％）	54（0.8％）	141（2.0％）

注：1＝从未发生过；2＝发生过一两次；3＝一个月两三次；4＝一周一次；5＝一周几次。

3.3 四川省高中校园欺凌得分情况

如表4所示，在高中生中，有11.22％的学生（312人）报告曾经对他人施加过以上任意一种欺凌行为，16.37％的学生（455人）报告曾在过去一学期内遭受他人对自己的欺凌。有46.8％的同学（1301人）报告在过去的一学期内，曾目睹他人被"取笑/当众说坏话/咒骂"。关系欺凌和身体欺凌也是常见的欺凌形式，分别有20.2％（561人）和11.2％（311人）的学生旁观他人遭受关系孤立和身体伤害。其他几类欺凌形式在高中生群体中发生率较低。

表 4　四川省高中生校园欺凌各水平频率分布（*N* = 2780）

条目	1	2	3	4	5
1. 取笑 ta/当众说 ta 坏话/咒骂 ta	1479 (53.2%)	779 (28.0%)	201 (7.2%)	97 (3.5%)	224 (8.1%)
2. 打 ta/伤害 ta/故意绊倒 ta	2469 (88.8%)	251 (9.0%)	27 (1.0%)	12 (0.4%)	21 (0.8%)
3. 故意不带 ta 玩/让其他人不要和 ta 做朋友	2219 (79.8%)	406 (14.6%)	68 (2.4%)	35 (1.3%)	52 (1.9%)
4. 故意破坏 ta 的物品/强迫 ta 交出财物	2683 (96.5%)	69 (2.5%)	11 (0.4%)	8 (0.3%)	9 (0.3%)
5. 在网上给 ta 发威胁 ta 的信息/在网上散播有关 ta 的谣言或者恶意评论	2578 (92.7%)	150 (5.4%)	14 (0.5%)	15 (0.5%)	23 (0.8%)
6. 假装不小心触碰 ta 的隐私部位/明目张胆抚摸 ta 的隐私部位/拉扯 ta 的衣服（如撩起裙子或内衣、拉扯短裤等）	2695 (96.9%)	61 (2.2%)	13 (0.5%)	3 (0.1%)	8 (0.3%)
施害者	2468 (88.8%)	260 (9.4%)	26 (0.9%)	5 (0.2%)	21 (0.8%)
受害者	2325 (83.6%)	346 (12.4%)	50 (1.8%)	8 (0.3%)	51 (1.8%)

注：1=从未发生过；2=发生过一两次；3=一个月两三次；4=一周一次；5=一周几次。

基于以上调查统计数据，可知四川省高中生群体中欺凌行为的发生率整体而言偏低，欺凌行为的类型主要集中在言语欺凌、关系欺凌与身体欺凌，这也意味着欺凌防治的工作重点在于教育学生识别与反对这几类欺凌行为。

3.4　四川省中小学校园欺凌总体情况

四川省中小学校园欺凌总体情况如图 2 所示，四川省中小学生欺凌行为发生率较低。综合旁观、施害和受害视角，平均而言，在近半年内小学生、初中生和高中生中至少发生过一两次欺凌行为的，分别占 23.69%、19.89% 和 14.32%。总体上呈现出随着学段提升，欺凌行为发生率逐步下降的趋势。在六大类欺凌行为中，在各个阶段均以言语欺凌、关系欺凌与身体欺凌这 3 种行为较为普遍，在教育中应予以重点关注。在自主报告中，各学段均呈现出欺凌受害报告率最高、施害报告率最低、旁观率介于中间的特点，这可能与学生对欺凌行为与一般人际冲突的区分不明有关，也与学生在报告时受到社会赞许性影响而低报施害行为有关。

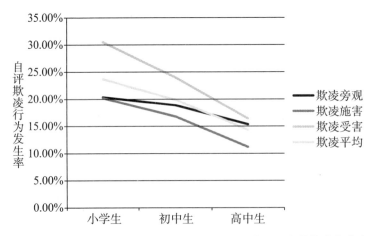

图 2　自上学期至调查时（约半年）发生过一两次及以上的欺凌发生率

3.5　小结

通过对上述数据的分析结果进行归纳，可以得到以下结论：

（1）四川省中小学校园欺凌行为在各学段中发生率均呈现较低水平。

（2）四川省中小学校园欺凌行为的类型在各学段中均主要集中在言语欺凌、关系欺凌与身体欺凌 3 个方面。

（3）在自主报告中，各学段均呈现出欺凌受害报告率最高、施害报告率最低、旁观率介于中间的特点。

4.　四川省中小学校园欺凌行为的原因探索

4.1　四川省小学校园欺凌行为的回归分析

本次调查对不同学段进行了不同的欺凌原因探索。在小学阶段（见表 5），就欺凌施害行为而言，对欺凌的态度和父母心理控制是风险因素，两者的得分每提高 1 分，施害行为发生频率得分就会分别提高 0.19 和 0.12 分；学生情绪调节是保护因素，其得分每提高 1 分，出现施暴行为的频率得分就会下降 0.03 分。而对于受害者而言，对欺凌的态度和父母心理控制也会正向预测受害行为的发生，学生情绪调节与学生主观幸福感则具有保护效果，会减少欺凌受害。性别也能解释 4% 的欺凌施害与受害变化量，男生比女生更容易发生欺凌行为。

表5　小学生报告校园欺凌水平的影响因素回归分析表（$N=6371$）

影响因素	旁观者		施害者		受害者	
	t	B	t	B	t	B
对欺凌的态度	0.31	25.67***	0.19	15.33***	0.16	12.79***
父母心理控制	0.16	12.28***	0.12	8.83***	0.13	10.16***
学生情绪调节	−0.06	−5.02***	−0.03	−2.54*	−0.06	−4.77***
学生主观幸福感	−0.05	−4.19***	−0.02	−1.28	−0.04	−3.29**
性别a	−0.02	−1.91	−0.04	−3.58***	−0.04	−3.56***
学生主观社会阶层	0.01	0.91	0.01	0.78	0.01	0.81
F	192.00***		74.31***		72.01***	
R^2	0.15		0.07		0.06	

a. 性别：1＝男生，2＝女生。

注：* $P<0.05$，** $P<0.01$，*** $P<0.001$，下同。

在小学生层面，为减少校园欺凌行为的发生，应教育学生了解欺凌的危害性，端正其抵制欺凌的态度，并培养学生的情绪调节能力，重视其在家庭中感受到的心理控制，赋予自主权，努力提升其幸福感。

从小学生家长的角度（见表6），父母主观社会阶层、父母在儿童期受虐待的经历和学历能够正向预测欺凌旁观的频率，而父母情绪调节、家校协同共育和与班主任沟通频率则是其负向预测因素。其中，预测效果最强的自变量是父母在儿童期受虐待的经历，其得分每提高1分，欺凌旁观的频率得分就会提高0.19分。

对于欺凌施害和欺凌受害行为而言，以上自变量分别能解释其2%和3%的变化量。父母主观社会阶层、父母在儿童期受虐待的经历和与孩子相处时间是正向预测因素，家校协同共育和与班主任沟通频率则对施害和被害行为有一定抑制作用。父母主观社会阶层越高，父母在儿童期受虐待的经历越多，则孩子越容易卷入欺凌行为中；家校协同共育水平越高，与班主任沟通频率越多，则欺凌施害和受害的发生率就越低。因此，为减少欺凌行为的发生，应注重学生培养中的家校共育，打通老师与家长沟通交流的渠道，并呼吁家长以更加合理的教养方式对待孩子。

表6　小学生家长报告校园欺凌水平的影响因素回归分析表（$N=6371$）

影响因素	旁观者		施害者		受害者	
	t	B	t	B	t	B
父母主观社会阶层	0.03	2.27*	0.03	1.98*	0.03	2.02*
父母情绪调节	−0.03	−2.68**	0.003	0.21	0.01	0.38
家校协同共育	−0.06	−4.37***	−0.05	−3.51***	−0.05	−3.19**

影响因素	旁观者		施害者		受害者	
	t	B	t	B	t	B
父母在儿童期受虐待的经历	0.19	13.26***	0.11	7.63***	0.11	7.81***
与班主任沟通频率	−0.03	−2.24*	−0.01	−0.42	−0.04	−2.86**
与孩子相处时间	0.01	0.54	0.04	3.02**	0.03	2.44*
父母主观幸福感	−0.03	−1.89	−0.02	−1.41	−0.03	−1.92
与孩子的关系	−0.004	−0.36	−0.002	−1.19	0.01	0.49
学历a	0.05	3.71***	−0.002	−1.13	0.01	1.00
F	43.71***		17.26***		19.65***	
R^2	0.06		0.02		0.03	

a. 学历: 1＝没有受过任何教育, 2＝小学, 3＝初中, 4＝高中或中专, 5＝专科, 6＝本科, 7＝硕士, 8＝博士, 下同。

4.2 四川省初中校园欺凌行为的回归分析

在初中阶段（见表7），就旁观行为而言，学习压力、网络成瘾和主观社会阶层是风险因素，三者的得分每提高1分，旁观行为发生频率得分就会分别提高0.21分、0.2分、0.03分；学生主观幸福感负向预测旁观行为，其得分提升1分，旁观行为发生频率得分就会降低0.09分。就欺凌施害行为而言，学习压力和网络成瘾是风险因素，两者的得分每提高1分，施害行为发生频率得分就会分别提高0.07分和0.18分；而学生主观幸福感是保护因素，学生主观幸福感每提高1分，出现施暴行为的频率得分就会下降0.04分。对于受害者而言，学业压力和网络成瘾正向预测受害行为的发生，两者的得分每提高1分，受害行为发生频率得分就会分别提高0.15分和0.14分；而学生主观幸福感则具有保护效果，其得分每提高1分，出现受害行为的频率得分就会下降0.06分。性别也能解释8％的欺凌施害与4％的受害变化量，男生比女生更容易发生欺凌行为和遭受欺凌。

在初中阶段，为减少校园欺凌的行为发生，学校应该帮助学生了解到网络成瘾的危害性以及科学合理上网的重要性，教育学生抵制网络谣言、语言暴力、身体暴力等不良行为的影响，增强他们辨别是非的能力，预防学生模仿学习网络上的不良行为。学校可开展体育运动或者心理疏导等帮助学生缓解学历压力的课外活动，帮助学生缓解压力和不满情绪，以减少校园欺凌和被欺凌行为。

表 7 初中生报告校园欺凌水平的影响因素回归分析表（N = 6921）

影响因素	旁观者		施害者		受害者	
	t	B	t	B	t	B
学业压力	0.21	15.62***	0.07	4.71***	0.15	10.66***
网络成瘾	0.20	15.36***	0.18	12.94***	0.14	10.09***
性别[a]	−0.01	−0.49	−0.08	−6.43***	−0.04	−3.26**
学生主观社会阶层	0.03	2.55*	0.00	0.18	0.01	0.47
学生主观幸福感	−0.09	−6.80***	−0.04	−2.85**	−0.06	−4.41***
F	251.17***		88.38***		114.66***	
R^2	0.15		0.06		0.08	

从初中生家长的角度（见表 8），父母在儿童期受虐待的经历和学历能够正向预测欺凌旁观的频率，而父母情绪调节、与班主任沟通频率和父母主观幸福感则是其负向预测因素。其中，预测效果最强的自变量是父母主观幸福感，其得分每提高1分，欺凌旁观行为发生频率得分就会下降 0.11 分。对于欺凌施害行为而言，父母主观社会阶层和父母主观幸福感负向预测欺凌施害行为发生频率得分，两者的得分每提高 1 分，欺凌施害行为发生频率得分就会分别降低 0.04 分和 0.05 分。在欺凌受害行为中，与班主任沟通频率和父母主观幸福感负向预测欺凌受害行为发生频率得分，两者的得分每提高 1 分，欺凌受害行为发生频率得分就会分别降低 0.03 分和 0.07 分。

因此，为减少欺凌行为的发生，父母应该注重自身行为和经历对孩子的影响，父母的低阶层感知和低幸福感知会通过教育传递给孩子，导致孩子产生较低的幸福感和阶层感，从而做出欺凌行为或者遭受欺凌行为。父母应营造良好的家庭氛围，增加亲子沟通、亲子活动等亲子互动，提升孩子的幸福感。另外，父母应该注重家校共育，与班主任的联系沟通，及时了解孩子在学校的身体心理健康情况以及学习情况。

表 8 初中生家长报告校园欺凌水平的影响因素回归分析表（N = 6921）

影响因素	旁观者		施害者		受害者	
	t	B	t	B	t	B
父母主观社会阶层	−0.01	−0.65	−0.04	−2.90**	−0.02	−1.40
父母情绪调节	−0.03	−2.09*	−0.01	−1.14	−0.02	−1.77
家校协同共育	0.00	0.08	−0.01	−0.82	−0.01	−0.64
父母任儿童期受虐待的经历	0.05	4.21***	0.01	0.66	0.02	1.18
与班主任沟通频率	−0.04	−2.96**	−0.02	−1.47	−0.03	−2.15*

影响因素	旁观者		施害者		受害者	
	t	B	t	B	t	B
与孩子相处时间	0.01	0.47	0.00	0.01	0.02	1.64
父母主观幸福感	−0.11	−8.20***	−0.05	−3.92***	−0.07	−5.24***
学历	0.02	1.28	−0.01	−0.68	−0.002	−0.16
F	14.14***		5.98***		7.98***	
R^2	0.02		0.01		0.01	

4.3 四川省高中校园欺凌行为的回归分析

在高中阶段（见表9），学生的金钱权力、名望成就等功利主义价值观显著正向预测欺凌行为，而品格自律、才能务实、公共利益、人伦情感、家庭本位、守法从众等非功利主义价值观以及代际互动则显著负向预测欺凌行为。具体而言，学生功利主义价值观是欺凌行为的风险因素，其得分每提高1分，施害行为发生频率得分就会提高0.04分；学生非功利主义价值观和代际互动是保护因素，前者得分每提高1分，出现施暴行为的频率得分就会下降0.06分，后者在欺凌的3个维度上均呈现出显著的抑制作用。对于受害者而言，学生功利主义价值观会正向预测受害行为的发生，学生非功利主义价值观和得分主观幸福感则具有保护效果，会减少欺凌受害。性别也能解释10%左右的欺凌施害与受害变化量，男生比女生更容易发生欺凌行为。

在高中生层面，如果要减少四川省高中学段的校园欺凌，应当引导青少年价值观"去功利化"，培养青少年自律、务实的良好价值观，并鼓励父母和孩子进行更多的交流和互动，提高学生的幸福感。

表9　高中生报告校园欺凌水平的影响因素回归分析表（$N=2780$）

影响因素	旁观者		施害者		受害者	
	t	B	t	B	t	B
学生功利主义价值观	0.13	6.33***	0.04	3.44**	0.04	2.43*
学生非功利主义价值观	−0.06	−2.69**	−0.06	−2.76**	−0.03	−1.17
代际互动	−0.07	−3.19**	0.00	−2.52*	−0.01	−3.70***
学生主观幸福感	−0.11	−5.08***	−0.02	−1.16	−0.06	−3.52**
性别[a]	−0.03	−1.76	−0.10	−5.48***	−0.08	−3.04
学生主观社会阶层	0.02	1.02	0.01	1.53	0.01	1.18
F	20.87***		10.02***		11.16***	

续表

影响因素	旁观者		施害者		受害者	
	t	B	t	B	t	B
R^2	0.04		0.02		0.02	

从高中生家长的角度（见表 10），父母在儿童期受虐待的经历能够正向预测欺凌旁观和欺凌施害的频率，而代际互动能够负向预测欺凌旁观、欺凌施害和欺凌受害 3 个维度。其中，父母在儿童期受虐待的经历有较强的预测作用，其得分每提高 1 分，欺凌旁观和欺凌施害的频率得分均就会提高 0.14 分。这一结果表明家长应该在家庭生活中增强和孩子的互动关系，更多地关心孩子、陪伴孩子，主动参与到孩子的教育中去，以减少欺凌行为的发生。同时，家长也应该关注自己的情绪和行为，避免将自己在儿童期受到的虐待经历转化为对孩子的负面影响。

表 10　高中生家长报告校园欺凌水平的影响因素回归分析表（$N=2780$）

影响因素	旁观者		施害者		受害者	
	t	B	t	B	t	B
父母功利主义价值观	0.00	0.32	0.00	−0.26	0.00	−0.07
父母非功利主义价值观	0.01	0.74	0.00	0.21	0.00	0.03
代际互动	−0.01	−5.87***	−0.01	−3.41**	−0.01	−5.72***
父母在儿童期受虐待的经历	0.14	5.02***	0.14	4.34***	0.06	1.36
与班主任沟通频率	0.00	0.39	−0.01	−0.64	0.03	1.56
父母主观幸福感	−0.02	−1.95	−0.01	−0.41	0.00	−0.14
父母主观社会阶层	0.00	−0.46	0.00	0.48	0.00	−0.65
学历[a]	0.00	−0.28	−0.01	−1.21	0.00	−0.40
F	10.05***		4.51***		5.30***	
R^2	0.03		0.01		0.02	

4.4　小结

通过对上述回归结果进行总结，可以得到以下结论：

（1）本次调查中识别出的欺凌行为风险因素有：对欺凌的态度、父母心理控制、父母在儿童期受虐待的经历、功利主义价值观、学习压力、网络成瘾、学历、主观社会阶层，这些因素会增加欺凌行为发生的可能性。

（2）本次调查中识别出的欺凌行为保护因素有：学生情绪调节、父母情绪调节、家校协同共育、与班主任沟通频率、非功利主义价值观、代际互动、主观幸福感，这些因素会减少欺凌行为发生的可能性。

5. 四川省中小学校园欺凌行为防控的综合建议

本次调研工作对四川省校园欺凌的现状进行了较为全面的统计，通过对未成年人的父母以及小学、初中、高中各年龄段未成年人的全面调查，了解了其对当前的校园欺凌水平的认知以及所处的家庭环境情况。从数据整体结果来看，四川省中小学校园欺凌行为在各学段中发生率均呈现较低水平，均介于"从未发生过"和"发生过一两次"之间，且相较于财物欺凌、网络欺凌和性欺凌，各学段欺凌行为的类型均主要集中在言语欺凌、关系欺凌与身体欺凌 3 个方面。除此之外，本次调研还识别出了部分可能影响校园欺凌的因子，其中风险因子包括对欺凌的态度、父母心理控制、父母在儿童期受虐待的经历、学习压力、网络成瘾、功利主义价值观等；保护因子包括学生情绪调节、主观幸福感、父母情绪调节、家校协同共育、与班主任沟通频率、代际互动等。在人口学变量上，孩子的性别、父母的学历、主观社会阶层都与欺凌行为的发生有关。针对以上调研结果，提出如下建议。

5.1 促进家校合作，构建和谐教育环境

父母、学校、教师三方应加强合作来减少父母心理控制对孩子的情绪控制。家庭和教育环境中的亲密关系建立以及孩子的依恋风格对于预防和解决青少年攻击行为问题具有重要意义。家长和学校可以通过加强亲密关系、培养安全的依恋风格和提供适当的支持与指导，帮助孩子更好地处理情绪和与他人的关系，从而减少欺凌行为的发生。

在父母层面，首先应以平等的态度对待孩子，摒弃家长权威式的表达，尊重孩子作为独立个体所拥有的平等权利；其次，要给予孩子自主的空间，相信其有能力为自己的行为负责，不过度干涉其生活的方方面面，促进其独立思考能力的发展，使孩子在面对欺凌行为时不随波逐流，做出正确的选择；再次，父母应帮助孩子建立正确的边界意识，树立必要的规则，避免将工作或家庭中的焦虑情绪转嫁到孩子身上，有意识地减少负面情绪宣泄和语言表达；最后，父母应言传身教，身体力行地教给孩子减压疏导、合理宣泄等控制和调节情绪的方法。

在学校层面，应注重与家长间的沟通协作，为家长搭建家校协同教育的桥梁。比如，可以开设家长课堂进行线上教育，将科学的教育理念传达至学生家长；同时通过网络平台为家长和教师提供沟通的渠道，并通过学校开放日、家长互助协会等形式为家长提供彼此沟通的机会。教师也要注意观察识别学生的心理问题与欺凌情况，有针对性地进行主动干预，并及时将情况通过线上联系或家访等方式向家长反馈沟通。

5.2 完善学生学业压力的社会和情感支持机制

政府可以开设专门的学生心理辅导热线帮助学生缓解压力。通过举办专家座谈会、教师座谈会、优秀家长分享会等教育形式引起学校以及家长对孩子的学习压力和心理状态的重视。学校方面，心理健康教师可以利用心育课程、心育活动、个体与团体心理辅导等教育途径给予帮助。家庭方面，父母可以采用恰当的交流方式了解孩子的学习情况，增加亲子互动的时间。

5.3 重点提升德育水平，坚持教育"去功利化"

学校和家庭都应积极帮助青少年树立尊重他人、平等互助、自律务实等良好价值观，培养青少年的利他精神，降低其金钱、名利等功利性追求，特别是对于家庭社会阶层较低的青少年，更应该加大素质教育的投入力度，避免"唯成绩""唯升学"等功利性教育理念渗透到青少年成长环境之中。重视家长价值观的"去功利化"引导，阻滞青少年习得功利主义。政府可以通过建立家庭教育网络学习平台、发放家庭教育宣传材料等方式促进家庭教育良性发展。

5.4 促进亲子代际互动，关注青少年发展差异

举各方力量促进亲子间的代际互动，关注青少年发展过程中的性别和年龄差异。政府可以开展亲子主题的社区活动，或是在网络平台中大力宣传亲子互动的重要性和必要性，让家长更多地参与到孩子的教育活动中，为孩子化解学习和生活中的困难。学校方面，教师可开展相应的校园欺凌的主题班会，告知言语欺凌等校园欺凌的伤害性，尤其是对于年级较大的学生进行尊重平等教育。家庭方面，男孩家庭需更多地关注孩子的情感需求，而女孩家庭需更多地关注孩子的负面情绪。

5.5 强化知识普及，预防欺凌行为发生

加强对防范校园欺凌知识的宣传和普及，提高孩子的自我防范和应对策略。司法上加大对校园暴力违法犯罪案事件的打击力度，对施暴者给予应有的震慑，同时设立对未达刑事责任年龄者的专门教育机构，对其进行强制矫治教育。推动反欺凌课程走进小学校园，帮助学生准确识别欺凌行为，明确其危害性，树立对欺凌行为的抵制心态，并了解欺凌行为发生时更有效的应对方法。在学校的心理课程中，可以将情绪调节、幸福感提升、积极应对作为核心的教学目标，提升孩子应对不良事件的能力，促进其身心健康，避免负性事件和负面情绪对其造成连锁影响。

参考文献

［1］陈亮，刘文，张雪. 儿童青少年情绪调节问卷在中高年级小学生中的初步修订［J］. 中国临床心理学杂志，2016，24（2），259－263.

［2］金盛华，郑建君，辛志勇. 当代中国人价值观的结构与特点［J］. 心理学报，2009，41（10）：1000－1014.

［3］徐嘉骏，曹静芳，崔立中，等. 中学生学习压力问卷的初步编制［J］. 中国学校卫生，2010，31（1）：68－69.

［4］Bernstein D P，Fink L. Childhood Trauma Questionnaire：A Retrospective Self-report Manual［M］. San Antonio：The Psychological Corporation，1998.

［5］Gross J J. Emotion regulation：affective，cognitive，and social consequences［J］. Psychophysiology，2002（39）：281－291.

［6］Vickers H S，Minke K M. Exploring parent－teacher relationships：Joining and communication to others［J］. School Psychology Quarterly，1995，10（2）：133－150.

［7］Wang Q，Pomerantz E M，Chen H. The role of parents' control in early adolescents' psychological functioning：A longitudinal investigation in the United States and China［J］. Child development，2007，78（5）：1592－1610.

［8］Young K S，de Abreu C N. Internet Addiction：A Handbook and Guide to Evaluation and Treatment［M］. New York：John Wiley&Sons，Inc，2011.

中篇
青少年心理教育研究与辅导探索

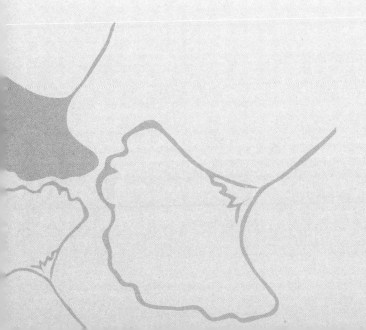

第一章　寻找积极自我

在发展心理学中，我们将成年初显期（18~25 岁）个人所遭遇的各种自我认知的迷茫与困惑称为"危机"，而将克服这种危机的过程称作"自我认同"。自我认同，又称自我同一性，其概念是由心理学家埃里克森提出的，具体是指一个人在不同时期对自己各方面稳定的总体觉知和接纳，包括一个人的个体感、唯一感、完整感以及过去与未来的连续性，是个体根据个人的经历反思性理解而形成的自我认知。它包括"自我了解"和"自我实现"两部分，是青少年心理发展过程中需要解决的主要问题。也就是个体关于"我是谁""要朝哪个方向发展"的认识，是对过去、现在、未来的一个自我整合。美国心理学家艾里克森认为 12~18 岁的青少年在发展中面临的核心任务就是建立自我同一性和防止同一性混乱。同一性混乱的青少年通常不能形成较为统一的自我意识，表现为：无法确定自己是谁，无法确定自己的价值以及生活方向；不能客观和适当地进行自我评价，对自己的能力感到怀疑，对未来有一种深深的无力感；面对外界，较难找到自己合适的位置，较难融入群体，人际关系较为混乱。国内外的许多研究发现，一个人自我同一性的建立与其心理健康水平密切相关。心理学家詹姆斯·玛西娅发展了埃里克森的理论，提出自我认同模型。她根据个体探索和承诺程度把自我认同分为 4 种同一性状态：同一性扩散、早闭、延缓和获得。其中，同一性扩散是指个体对未来缺乏明确方向，未选择价值观和目标，也未进行探索，不清楚何去何从。处于这一状态的个体一旦面临失败，容易陷入自我怀疑和自我否定中。同一性早闭是指个体过早确立了同一性，但所选的价值观和目标并非个人探索和选择的结果。这种早闭的同一性实际上是一种"虚假"的同一性，固定而刻板，不利于个体解决未来生活中遇到的危机。同一性延缓是指个体未做出明确选择，仍处在探索、收集信息、尝试各种活动的阶段，其目的是寻找能够指引自身生活的价值观和目标。处于这一状态的个体容易表现出较高的焦虑，经常难以调节紧张的情绪，令自己处于压力之中。同一性获得是指个体经过探索，已确定清晰、明确的价值观和目标，对未来的发展有所规划。处于这一状态的个体具有较高的共情能力和创造力，能够较好地调节情绪，建立良好的人际关系。总之，自我认同能带给人积极的情绪体验，让个体在过程中获得自我价值和满足。当一个人形成"自我认同"时，也就意味着他/她对自己是谁、何去何从以及个人与社会的关系有了一种相对稳定且持续的认知。

▎案例一　慕白的烦恼

"高二了，学习越来越忙，但我却常常被头脑中冒出的各种想法绑得死死的，睡眠变得很差，脑袋也晕晕的，看着其他同学都在很有规划地备战高考，我心里很慌，我告诉自己不要被这些乱七八糟的想法左右，也不要被抑郁情绪拖住，但我走不出，真的好难……"

个案故事

前来求助的男孩名叫慕白（化名），听闻他非常担忧自己的形象，尤其是过早窜出的白发。为此，他经常东想西想，以致上课分心、学习效率很低。在我的脑海中，这应该是一个其貌不扬、心不在焉还有些焦虑无助的青春期男孩。然而，当时尚、帅气的慕白彬彬有礼地出现在咨询室时，我多少有些意外，看来所闻与真实可能相去甚远。

"自从进入高中后，我感到前所未有的学习压力，晚上入睡困难，总担心睡不好会影响自己的精神状态，脸色不好、面容憔悴，这样就不帅了，而朋友们也会因为我的形象不佳而不愿和我交往。"慕白说着说着，下意识地摸了摸额前的头发。

他说自己尤其介意过早窜出的白发，总觉得会令个人形象大打折扣，为此才将头发染成了栗黄色，但焦虑依然存在。这使他夜间的睡眠质量越来越差，那些在头脑中"大闹天宫"的各种想法就好像孙悟空的分身，将他东扯西绊得异常疲惫。到了白天，精神萎靡的他也无心学习，只想补睡眠。

"您知道吗？这样的感觉就好像每晚在重复做噩梦，我内心是抗拒而焦虑的，但是无论如何也挣脱不了。我也知道，如果长期这样，身体健康会受影响，可是我没有办法。"他说这话时肩膀一沉，显得很绝望。

我把茶杯顺势递过去时，关切地问他："去看过医生了吗？"

他说有一次请假去医院问诊，却错过了学校医务室统一组织的肺结核排查。巧合的是，隔壁寝室的一个同学真的查出了肺结核，于是他非常担心，去学校医务室要求补查，但医务室认为他患病风险极小，无须补查。

"那后来呢？"我又问。

"后来我坚持去医院拍片检查，结果没问题，可是我又开始担心医院的检查是否准确。在医院张贴的宣传栏里，我看到有关狂犬病的科普知识，想起自己小时候也被狗咬过，当时没打狂犬疫苗，我开始担心自己会不会发病，又跑去咨询防疫站，要求补打疫苗。"

"防疫站怎么说？"我凝视着他的面孔。

"防疫站的医生认为十年后发病的概率几乎为 0，但为了求安心，我还是要求补打疫苗，一共 5 针，在打完 3 针后，我感觉自己的左右臂的痛感有些不一样，怀疑会不会有什么问题，于是要求医生停打。可之后，我又后悔了，怕疫苗没打完实际没效果。唉，就是这些想法让我又陷入了痛苦之中。"

慕白说着说着，手指已不自觉地开始来回搅动。从那以后，他头脑中始终盘旋着一个声音："狂犬病一旦发病就可能致命，可是我现在不能确定有无患病的可能。如果活不了多久了，那还学习干什么，可是万一不会患病，每天这样无心学习、一事无成，又该怎么办？"

慕白的这种焦虑起起伏伏，始终难以摆脱，并且这种情绪非常容易被一些小事激发。比如：他周末去一个亲戚家，被家养的鼠类小动物轻轻咬了一下，没有任何大碍，但他又开始浮想联翩，怕患上鼠疫；他又去补打了未接完的狂犬疫苗，从防疫站出来回家后，担心衣服上是否携带了病菌，接连换了几次衣服才敢出门；因为挤痘痘时不小心弄破了脸，他就开始担心是否会感染，患上破伤风。类似这样夸张的想法接二连三地冒出，他感到非常困扰。

慕白回忆起自己的成长历程：从他 8 个月大开始，父母就一直在外地打工，他和爷爷奶奶以及姐姐生活在一起。慢慢的，他越来越关注自己的外貌和身体，怕因为这些原因影响交友和正常的生活。每当在这些方面出现一些小问题，他就会忍不住地多想，导致什么事情都不想做。学习方面也会过度焦虑，比如高考前就总担心准考证会不会丢失。后来，各种想法对慕白的困扰愈演愈烈，他感觉自己的生活过得很复杂。

沉吟了片刻，他又接着说："我从学校的浴室洗完澡回寝室时，如果路上踩了点水，就一定要去冲冲脚；洗手时，如果摸了水龙头，我也要再冲一冲，或者用手臂去开关水龙头，如果不这样做，总觉得会有细菌；还有走路时，我常常默数数字，如果发现和行走的步数不一致，就会退回去重走；我还特别在意自己说过的某一句话、某一个想法会不会对别人不好，如果觉得不好，就要再想一遍，好把之前那个想法抵消掉。"

他说现在初中同学约他出去玩，他基本都会拒绝，因为觉得自己在初中时很帅，可是现在因为睡眠不好，变得不帅了，这会破坏他在老同学心中的印象，所以他不愿意跟他们见面；他和现在班上的同学关系实际还不错，但他总觉得自己状态还不够好，只有等一切都有所好转之后才能跟大家相处愉快。

随着咨询进度的持续推进，慕白在情绪的起起伏伏中逐步朝着积极方向迈进。慢慢的，他发现脑海中那些稀奇古怪的想法出现的频次越来越低了，因为当他了解了这些想法的共性以及缘何而来时，他不再主动地停留在情绪的旋涡里，而是主动用一些方法去转移注意力，比如坐起来看会儿书，和同学去打篮球等。

他发现当自己积极行动之后，那些无意义甚至是荒唐的想法就会离他远一些，他像其他同学一样该做什么就做什么，不再纠结于各种莫须有的小事，也不再那么痛苦。同时，他发现自己的人际关系还不错，身边一直都不缺朋友，努力投入真实的生活环境中给他带来了前所未有的充实感与自信。

辅导过程

1. 澄清感受：为焦虑命名

慕白在咨询过程中提到了大量令他焦虑的信息，其中对健康状况的担忧占有很大的比重，同时也是引发持续焦虑并将焦虑辐射到生活其他方面的核心部分，这种难以摆脱的心理痛苦是慕白在咨询的初始阶段最需要进行表达和宣泄的。咨询的初始阶段在于倾听慕白讲述他的心情，帮助他从焦虑情绪复杂多样的表现形式中理清线索，看到各种循环往复的想法其实是来自对健康的过度担忧。于是，咨询师用叙事治疗的方法，让慕白尝试着为"焦虑"命名，帮助慕白将内心混杂的感受外化出来，使之变得清晰、完整，并让慕白回忆什么时候这种焦虑离他比较远，什么时候又离他比较近，让他看到焦虑并非如影随形，自己有能力选择与焦虑保持距离。

2. 焦虑之源：对健康的焦虑与成长经历、个人特质的关系

慕白主动谈起姐姐也曾有过与他类似的对健康的焦虑，但姐姐通过自己的努力走了出来。因此，咨询师接着向慕白了解他的成长经历，发现这种焦虑有一部分来自留守经历带来的安全感不足，这让他希望被肯定、被关注，还有一部分原因是慕白自身的敏感性。咨询师认为应帮助慕白看到自己的一系列焦虑基本聚焦在对健康、外表的过度关注，进而发展到对死亡的焦虑：身体的高敏感性将他的注意力完全禁锢于此，其他方面很难引起他的注意，进而将一些负面的感受逐渐演变成消极的思维、行为模式，极端地认为如果生命不保，学习或者其他的行为就没有意义了，这使慕白在行动方面变得非常纠结和回避。

3. 隔离无关想法："夸大危险"并非自我保护

由于儿童时期留守经历带来的安全感缺失，让慕白开始以尽量排除一切潜在威胁因素的方式确保自己处于安全之中。他习惯于对眼前的事物进行联想，比如什么是有细菌的，什么是危险的，什么是可能带来患病风险的等，但这种联想不一定是真实的，并且任何人都不可能排除所有潜在的危险，这只是漫无边际地想象。慕白对健康、外表的担忧看似在确保自己不受威胁、获得接纳，其实缺少现实意义，由此辐射出去的负性思维反而使他始终处于一种恶性循环之中，阻碍了他对现实做出积极的反应。

因此，当这些想法出现时，慕白可以告诉自己："你的头脑又开始讲故事了"（比如"万一……怎么办？"），将自己从这些想法中抽离出来，做一个观察者，以不卷入的方式向这些想法叫停，及时阻断负性思维，将注意力转移到当下有意义的行动中来（比如和同学一起出去运动，失眠时坐起来看书等），减少无关想法对生命能量的消耗。辨别无意义想法的方法（是否对当下的生活具有建设性），就是来访者练习将"自我"抽离出来，对自己的想法和行为进行及时的觉察与监控，打破这一恶性循环。

4. 接纳生命的未知与不完美：摒弃非理性信念

慕白对安全感的过度寻求逐渐演变成一系列非理性的信念，比如即使形象已经不错，仍然担心自己因外表不佳在人际交往中遭受冷遇，苛求自己在他人心中树立完美的形象，并且将自己在他人心中的形象仅仅局限在外表的完美方面，忽略了自信、有活力、勤奋学习等更为重要的特质；对于疾病、意外、生活的变故等过分担心，不允许任何不确定性的存在，耗费大量精力控制患病、细菌感染等极小概率的潜在威胁……通过和慕白一起总结各种想法具有的共性，让他看到这些想法的背后存在着"等我……了，我才……"的非理性核心信念。这种对确定性的过分要求和完美主义的思维模式是慕白诸多问题的症结所在，并表现为强迫性的想法和行为。因此，接下来咨询师与慕白一起探讨了强迫性想法和行为的发生过程：通过不断确认、检查，他的焦虑情绪在当下得到缓解，但从长期来看慕白却始终处在焦虑、纠结的状态中，并且行动效率降低、行动范围变窄（不愿交往、无心学习等），由此陷入恶性循环。于是，咨询师建议慕白采用认知行为治疗的方式进行自我训练：记录下带来困扰的情境、想法、情绪、行为，再以具有建设性的行动（积极应对当下）作为切入点进行替代，看看自己的想法和情绪又会发生怎样的改变，从而打破原来的恶性循环。

5. 承诺行动：小改变、大不同

在咨询的过程中，咨询师对慕白出现的进步给予了及时的肯定，同时对改变过程中出现的状态波动予以正常化引导，让慕白看到任何负性的经历和体验也都只是生命周期中的一段，让他接纳无法改变的部分，并肯定其对我们生命的价值，然后才有更多的能量投入不断改变那些可以改变的部分。除了和慕白谈论他做出的改变，也和他一起澄清了小改变后的情绪体验（轻松、踏实），和他一起肯定了这一积极的情绪体验所带来的生命活力和行动力。因此，咨询师与慕白一同制订了长期和短期的行动目标，并将当前的学习目标进行了细化，鼓励慕白聚焦于一个个小目标展开行动并及时给予反馈，帮助他看到并利用自己的人际支持系统（家人、教师、同学、朋友等），尤其从姐姐改变的成功经验中获得支持，以促进其持续的改变。

个案点评

还记得初次见到慕白时，他青春洋溢的外表和焦虑不安的内心形成的巨大反差。心理学的研究表明，针对个体，不同颜色有不同的心理学象征意义。如果用一种颜色来形容慕白给人的第一感觉，那一定是灰色！听他一遍一遍地倾诉那些状如乱麻、折磨神经的焦虑事件，对他内在的焦灼真的感同身受。我在想，对于一个长期饱受焦虑情绪困扰却又无所适从的人来说，能够畅快淋漓地宣泄出来，哪怕就一次，有多难得！一开始，慕白的宣泄是尽兴的，他想到什么说什么，无所谓反复或混乱。但于我而言，于杂乱无章中提取和拼凑出关联信息，找出主线，分辨出矛盾的根本，是一件煞费周折而又极其重要的事情。而这正是对比一般聊天，心理咨询的特别之处。

我尝试用"叙事疗法"帮助慕白一点一点地拨开眼前迷雾，从层出不穷的焦虑事件中理清线索，找出它们背后隐藏的信息。"叙事"的拉丁语本意指的是行为和具有连续性的体验。所谓"叙事"，简单来说就是讲故事。在使用"叙事疗法"的过程中，不难觉察慕白内心的感受不再模糊不清，而是有了清晰的界定，他对个体焦虑的认知仿佛打开了一扇窗。作为咨询师，这个过程需要足够的耐心。一方面，我需要给予他充足的时间用于情绪宣泄，还要趁机而入，做好必要的心理安抚；另一方面，我需要进行专业引导，让他从事件本身上升到共性层面进行反思。

很多人对心理咨询的认识不足，对于咨询师的作用要么不屑一顾，要么过分夸大。实际上，心理咨询的目的是助人自助，也可以理解为"授之以渔"，任何时候，来访者才是解决问题的主角和关键，咨询师承担的是配角和协助者的作用。这一点，对于咨询关系结束后的慕白，能不能顺利开启新的生活也十分重要。接下来，围绕个案展开焦虑成因探索，正是第二阶段的工作重点。

从心理学的角度上来说，3~7岁是个体人格、情感和意志发展的重要时期。童年时期所处的社会环境为一个人的性格奠定了基础，而父母对孩子的态度以及教养方式，很大程度上也决定了孩子对他人的态度。要追踪慕白的"焦虑成因"就不得不了解下他的过去，而过去的创伤性经历往往会给一个人成年后的性格投下巨大的阴影。

果不其然，只要方向瞄准了，焦虑成因很快也就浮出了水面！原来慕白和姐姐一样，都是留守儿童。童年期是个体养成性格的重要时期，这一阶段如果缺少父母的陪伴，孩子长大后性格易敏感、遇事胆小，尤其在意外界的眼光。这段经历确实造就了慕白的"安全感缺失"，也注定了成年后的他，会不断地追求一种无法实现的平衡。近观他的一系列焦虑，其实基本都聚焦在对个人健康、外表的过度关注上，并呈现出近乎苛杂的心理关注程度、完美主义的思维模式和带有强迫性的想法和行为。因此，我和慕白一起探讨了强迫性想法和行为的发生过程：通过不断确认、检查，焦虑情绪在当下得到缓解，但从长期来看慕白却始终处在焦虑、纠结的状态中，并且行动效率降低、行动范围变窄（不愿交往、无心学习等），由此陷入恶性循环。这种高敏感性牢牢地牵绊着慕白的注意力，而他越是关注就越发焦虑，负面感受逐渐越积越多，日积月累就演变成了消极的思维和行为模式。

通过叙事疗法，慕白对个体的焦虑有了全新的认知。接下来，我和慕白一起探讨了他的强迫性想法和行为的发生过程。通过分析、推演、讨论，慕白逐渐明白了自己的症结其实来源于对确定性的过分要求和完美主义的思维模式。他仿佛抓住了罪魁祸首似的有些激动，当机立断、决定摒弃无良认知，从源头上掐断"焦虑"。

他迫不及待地追问我："原因终于找到了，我该怎么办？"

"别急。"我拍了拍他的肩膀，决定用"认知行为疗法"来帮助他觉察并调整不合理认知，推动自己的改变。

"认知行为疗法"是 20 世纪六七十年代在美国心理治疗领域中发展起来的一种新的理论和技术，是一种通过改变思维和行为的方法来改变不良认知，达到消除不良情绪和行为的短程的心理治疗方法。认知行为治疗认为：人的情绪来自人对所遭遇的事情的信念、评价、解释或哲学观点，而非来自事情本身。

有了互信的资访关系和前期向好的咨询效果，接下来这一步对慕白来说就顺利多了。他对我非常信任，并很快掌握了治疗要点。当他脑海中又出现稀奇古怪的想法时，他不但学会了清晰表达，并且还能按照我的方法抽丝剥茧、验证缘由。很明显，他的负面情绪虽然还会出现，但频次已经越来越低。与此同时，他总结了一套适用于自己、能够转移注意力的好方法，每当完成一次积极行为，我都会引导慕白静下心来回顾和体验自身的变化。

他坦言："我发现我没那么纠结了！以前我很在意的和焦虑的事情，其实都不那么重要。现在的我自信和充实多了，和同学们相处得也很融洽。"

慕白对咨询效果非常满意，结束咨询前，他一再感谢我。但我想说，其实他最该感谢的是自己，如果没有强烈的内在诉求驱使他迈出心理咨询的第一步，那么也就不会有这个个案故事了。

个案结束后，我也在总结和反思：其实每个人的心中都有一座"伤城"。从"慕白们"的身上，我们或许能觉察到另一个自己，又或许我们曾经也是一个"慕白"，但那样的自己，我们认同吗？

还记得《三国演义》中"既生瑜，何生亮"的典故吗？细想周郎是周郎，然而周郎却也是孔明，只不过这个"孔明"可能是周瑜心中的"自己"。

心理学认为：人至少有两个自我，一个是现实自我，另一个是理想自我。"现实自我"是指个人在现实中获得的各种感觉，而"理想自我"是个人对自我"应该是"或"必须是"的一种期待。在本案中，慕白列举的一连串焦虑事件的背后，凸显的正是二者冲突引发的一种心理失常。

童年的留守儿童经历，或多或少会带给"慕白们"一些安全感的缺失，这种"缺失"很难弥补，每一个慕白也曾有意或无意地找补过，或对"安全感"的过度追求，或对他人看法的过度重视等。其实，无论是哪一种找补，都暴露出一种纠结的"自我不认同"。而"自我认同"则要求我们，在了解自己的前提下学会接纳自我，也就是悦己。这里的"接纳"既包括对现在的接纳，也包括对过去的接纳，即接纳一切的既定事实。

对"慕白们"而言，摒弃那些深层次的"自我不认同"，无畏地正视和接纳自己、重新开始，无异于一场艰难的救赎。这确实需要莫大的勇气！

基于同类问题的咨询总结

以往有关心理健康的研究常常将自尊作为衡量一个人心理健康水平的重要指标，认为高自尊可以预测较高的心理健康水平。自尊的基础是对自我价值的评价，由判断和比较构成，通过对个人表现的自我评价（如：和别人比，我有多好？）以及别人对自己的评价（如：别人有多喜欢我、认同我？）来体现。而一个人判断自己的价值高低以及对自己的喜欢程度往往是通过与周围人进行比较或者依据别人对自己的评价而获得的。虽然高自尊确实与较高的心理健康水平关系密切，但这种以评价的方式带来的价值感很有可能导致自我认识的歪曲，使人要么通过过度的自我赏识获得虚假的高自尊，从而阻碍了自身的持续发展；要么通过过度的自我苛责获得虚假的低自尊，以致长期陷入抑郁、焦虑等消极情绪之中。慕白的个案属于后者，那些困扰他的无关想法植根于过度自我保护、过度比较苛责后的虚假低自尊。因此，帮助慕白创造改变的核心是要教会他在自我对话的过程中将大量的自我评价（self-evaluatior）转变为自我共情（self-compassion），从而获得真正的高自尊，促进心理健康水平和行动力的提升。

那么，什么是自我共情呢？自我共情首先是要对自己所经历的事情有一个客观的认知，承认痛苦、失败、不足等消极的体验是人类所共有的。在面对这些消极体验时，自我共情主要从三个方面发挥作用：①自我仁慈，客观认识自己，而不是苛刻地判断和自我批评；②相信共同的人性，把个人的经历看作更大的人类经历的一部分，而不把它们看作是分离和孤立的，不固着于自身经历中痛苦的部分；③保持正念（mind-fulness），不回避地、平衡地觉知痛苦的思想、感受，而不是在对这些思想、感受的过度觉知中和它们纠缠在一起，避免这种过度的识别与觉知引发对自我的评判与批评，从而降低自我的价值感。其中，正念的态度是自我共情的核心，正念倡导的非评判、不卷入的立场会减少自我批评，提高自我理解，从而促进对自我的仁慈与友善。正念倡导保持专注、与此时此地连接，这不同于自我中心，自我中心会使人在面对困难和痛苦时感到孤立于他人，而正念则能通过平衡的觉知，让个人与自己的消极经历保持足够的心理距离，客观地看待自己由此产生的思想和情绪，并将其正常化、普遍化，从而增进与他人的连接。

针对慕白一类的个案，建议从培养自我共情的角度向青少年开展心理教育活动，营造更有利的现实成长环境。

（一）学校

（1）通过向学生宣传自我共情的理念，帮助学生建立积极的情感立场，引导学生认识到这种积极立场的获取不是单纯通过与他人在学业、表现等方面进行比较后获胜得来的，而是一种对自己的无条件接纳和关怀，激励学生做出具有建设性的行动，防止自我评判对积极行为的削弱。

（2）通过开展各类团体活动，让学生以更广阔、多元的视角看待自己和他人。了解他人的成长经历、现状和感受。不仅可以增进自己与他人的连接，还能减少心理上的孤独感以及对自己的苛责和不满。

（3）为学生提供多个自我展示的平台，避免学生从单一的评价体系中获得不全面、不真实的反馈，导致增加挫败感。

（二）家庭

（1）给予孩子足够的关注和温暖，尤其在亲子依恋的建立阶段，让孩子感受到被照料和充分的安全感，这可以帮助孩子学会对自己的理解和共情。如果父母对孩子表现出冷漠和挑剔，孩子也会因为这种不安全、被否定而欠缺自我共情，容易过度比较和自我批评。

（2）不用空洞而没有具体指向的话语赞美孩子（比如，没有来由地说"你真棒""你是最棒的"），因为孩子不仅需要得到积极的反馈，更需要得到与现实相符的反馈。不切实际的赞美无法让人看到需要改变的行为模式，这只会建立起虚假的高自尊，而不是自我共情。

（3）不将孩子与别人家的孩子作比较。当孩子习惯了从比较中获得自我评价之后，就不会以客观中正、自我仁慈的态度来对待自己了，这会滋生很多莫须有的负面想法和情绪困扰。

（4）帮助孩子发掘和建立良好的人际支持系统，在人际互动与支持中获得内心的平和与安全感。

（三）社会

（1）加大心理科普知识宣传力度，拓宽普及性心理教育途径，倡导多元的个人价值观，尊重青少年的个性化发展。

（2）利用社区平台开展各类有益于青少年自我认识、人际互动的活动与服务，鼓励青少年在社会交往中了解自我、发展自我。

（3）完善青少年心理服务机构职能，为青少年的成长问题提供科学的评估（诊断）、咨询、反馈、跟进等服务。

▌案例二　潘恩的救赎

"我觉得自己就像一个破碎的陶瓷罐子，一开口，里面的泥浆就会止不住地往外流。看到别人有幸福的家庭，我也想拥有，但一旦有了这样的想法就会越想越悲伤，因为得不到，所以觉得自己很悲惨。我觉得很多时候，我特别喜欢自暴自弃的感觉，用放任来麻醉自己。有时候可以深刻地体会到走投无路的感觉，也梦想过美好的生活，只是现实把我做梦的权利也剥夺了，梦境越美好，现实越残酷……"

个案故事

潘恩（化名），一个先天腭裂的 18 岁大一女孩。之所以用这个化名称呼她，是因为她的故事很容易令人想起希腊神话中存在感很低的一位神，一位长相丑陋、害羞自卑也没有强大法力的神，他爱慕仙子却因为自身相貌的丑陋而从不敢表白。他就是牧神——潘恩，尽管他先天不足，但在面对困难和危险时，却展现出巨大的勇气和自我牺牲的精神。他的故事令人尊敬。

第一次接到她的咨询预约电话时，因为有很重的鼻音，咨询师听她的每一句话都特别费劲。但也正是这个悲伤又执拗、脆弱又勇敢的独特声音让咨询师带着对这个生命的好奇与珍惜，陪她一起走过了未来两年的成长之路。

初次见到潘恩，她身材瘦削，穿着朴素，但很得体、整洁，圆脸上长着一些青春痘，一开口说话眼泪就跟着掉下来了。她首先跟咨询师"科普"了自己的先天缺陷。腭裂除了让她发音不清外，日常饮食也会受到一些影响。她为此非常自卑，但因为从小家庭贫困，一直无法得到医治，直到一年前才去医院做了修补手术，却又因术后感染，导致手术并未达到预期效果，对病情改善不大，发音仍不清楚。她想要继续治疗，家里又无力支持。

潘恩的父亲常年在外打工，小时候她和父亲的关系还可以，但由于父亲很少在家，文化程度又低，因此父女俩交流起来非常困难，很难深入。父亲一直有赌博的习惯，小时候就是因为父亲赌博输钱家里变得很穷，现在父亲很少赌了，会定期给她打钱，供她读书。从小，她主要和母亲、妹妹生活在一起。潘恩觉得母亲性格、品行和脾气都不好，家里乱糟糟的，母亲却从来不打理，日子也越过越穷，不会关心孩子，也经常责骂她们。母亲常说自己身体不好，活不了多久了，借故就把气撒到她和妹妹身上。

潘恩特别提到一点：母亲和亲戚、邻里的关系也不好，曾经骗过别人的钱，还带她和妹妹去偷拿过别人家的东西，这点让她难以接受并心生怨恨。现在潘恩在外上学，母亲只要打电话过来，就一定是说一些不好的事情，比如谁又跟她吵架了，家里又没钱买东西了，她的胃又痛了等。但母亲只是一味抱怨，从来不听她的建议，比如母亲说身体不舒服，她建议母亲去检查下身体，但母亲又不去，后来她也懒得说了，感觉母亲身上充满了负能量。她说母亲还有很多坏习惯，比如：吃完饭从来不洗碗，一个碗可以用上两三天甚至一周；冬天从来不洗头、洗澡；迷信广告和传销，把钱花在买那些根本无用的东西上面；超级喜欢看那些幼稚的青春偶像剧，家里10元一盘的DVD买了好多，却舍不得花钱去看病、买药，还骗外公、舅舅打钱给她去看病，结果她也没有真的去看。总之，一说到母亲和她们姐妹的关系，潘恩的眼泪就止不住地往下流。

每当看到别人拥有幸福的家庭时，潘恩就特别有感触，她说："初中时我有过一个好朋友，她妈妈特别好。每次放月假，她妈都会准备很丰盛的餐食给她，每次返校也会给她买好多东西，我特别羡慕。有一次放假，我又一个人拿着很重的东西回家，可是好朋友没有帮我，还说觉得我很可怜，从此以后我就跟她断了来往。"

潘恩羡慕甚至嫉妒像她朋友那样拥有幸福家庭的人，同时感到强烈的自卑，开始寻找理由回避、放弃本来该做的事情，比如：不参加班级聚会，不敢与人交流，加入学校社团没多久后不打招呼就自动退出了，想给别人打电话又不敢打，想在课堂上回答老师的提问又不敢站起来，想做兼职不敢行动，想去支教也不敢……于是，她每天的空余时间就待在宿舍里，用手机刷视频，追所谓的偶像。

她觉得因为先天缺陷导致最基本的人际交流都很困难，自己的家庭又是这种状况，要靠自己的努力改变命运实在太难了，但依然希望能寻找到进一步接受治疗和语音训练的机会，以便更好地融入学校生活，做好进入社会的准备。

潘恩前来咨询的主要目的，一是想处理好和母亲的关系问题，二是解决由自己的生理缺陷（腭裂）带来的一系列情绪与自我认同的问题。用她自己的话说，那时的情绪快要崩溃了，每每想起这些事情就会一直哭泣，直到睡着。她感觉自己的生活一团糟，脑袋里一团乱麻，问题很多，但是只想回避、不愿面对，而且也不相信自己能有什么改变，对咨询并没抱什么信心，只是想来试一下而已。后来，经过数十次连续的咨询，现在的她变化很大，虽然有的问题依然存在，并且随时也可能出现新的问题，但她已敢于面对了，学会了换个角度去思考，不像以前那样，只想着回避或很慌乱、绝望。辅导员也说她整个人不像刚进大学时那般迷茫无助。她也觉得自己的心境有了很大的变化，就比如原来很在意别人的评价，总觉得自己好像一无是处，会被人瞧不起。现在不一样了，她发现自己某些方面还是有能力的，也不那么在乎别人的看法了。另外，她原来觉得自己缺乏支持，一个人孤军奋战，很孤独、无助，现在感到有支持也有底气了，就算自己有解决不了的问题，也可以找到人商量；她和母亲的关系变得平和多了，也不再对母亲持强求和责备的态度。最令人高兴的是，她通过多方的咨询和努力，已完成了腭裂的二次修复手术，且术后恢复较好。现在，潘恩对未来充满了信心。

辅导过程

1. 诉说与宣泄：了解成长历程和情绪体验

潘恩在初始咨询阶段吐槽了自己很多成长中的不幸，尤其是先天腭裂以及日后求治道路的艰难、曲折，这对她的打击几乎是毁灭性的，让她的人生开端就是残缺和带有遗憾的。父亲长年在外打工，在家庭中的角色基本缺位，独自料理家务的母亲却又不是她理想中的温良母亲形象，她对母亲的种种失职与恶习感到厌弃和苦恼，在与朋友的母亲对比之下，更觉命运不公、人生坎坷。

初始阶段的几次咨询都是在用心倾听潘恩的诉说，甚至是对命运的控诉。她在咨询室里一开口就不愿离开，眼泪打湿了一张又一张纸巾。我知道这样的苦水在潘恩的心中埋藏了很久，不吐不快。由于咨询的时间设置，咨询师会尽可能地按时结束每次咨询，但对于初期处于激动状态下的潘恩，在两次咨询的间隙，咨询师依然会对她发过来的倾诉邮件或短信进行简短而及时的回复，鼓励她尽情宣泄积压的负面情绪，遵循"先泻后补"的心理治疗步骤。

在一次咨询中，潘恩由于情绪过于激动，感到头皮发麻，手指弯曲、无法伸展

（她之前也说过在情绪特别激动时会有这样的生理反应）。于是咨询师帮她进行了一些身体放松活动，对她的头部到肩颈、脊柱进行了按摩，帮她一次次伸展手指，几分钟后，她的躯体反应慢慢缓解了。躯体反应是在心理咨询过程中来访者可能出现的问题，需要心理咨询师做出及时且有效的处理，这一处理过程对咨访关系也具有一定的促进作用。

2. 探索主诉问题：母女关系与自我接纳

当潘恩将自己多年来如鲠在喉的负性经历倾吐出来后，接下来，咨询师就要与她一起在各种困扰她的经历中梳理出咨询的主线和重点。潘恩的讲述中表达了很多对母亲的不满，如何解决这一问题也是促使她前来咨询的直接动力，所以我们将她与母亲的关系作为首先需探索的问题。

"妈妈在你心目中是怎样的一个人？你能用5个词语来描述她吗？"咨询师希望通过这样的问话让潘恩从完全沉溺于对母亲的负面评价中暂时抽离出来，以相对客观、全面的视角再次审视一下这个陪她一路成长的人，为后续的讨论提供方向。不出所料，潘恩用于描述母亲的5个词语中，有4个都是负面的，而"关爱"是唯一正面的描述。咨询师立刻追问了"关爱"背后的故事。

潘恩说小时候母亲对她还是很好的，她也能够感受到母爱。慢慢长大后，潘恩发现母亲的性格以及很多习惯都是她所不认同的，母女之间的沟通经常不愉快。家里的生活拮据，母亲在她进行腭裂的修复手术上无法给予及时且足够的支持，延误了她治疗的最佳时期，加之第一次手术后的感染又迟迟得不到治疗，使得她对母亲的意见越来越大。

然而，从潘恩的描述中，咨询师也从另一个角度看到：母亲对她的爱其实一直都存在着，但作为多年独自在家料理家务的母亲来说，经济条件与文化知识的限制加上长期缺少丈夫的陪伴与支持、身体状况不佳等因素，也是她成为理想的好母亲的阻碍。潘恩提到自己在高一时给母亲写过一封感恩信，母亲看后特别感动，那段时间母女的关系也很融洽。对于这样的"闪光"事件，咨询师选择让潘恩慢下来，多分享下其中的内容和母亲的感动，尽量丰富潘恩与母亲之间良性互动的细节。通过共情母亲、理解母亲的不容易，潘恩对母亲的情绪有所平复，虽然母女关系中还是有很多纠结和不解（比如母亲总说自己身体不好，却又不去检查，让潘恩很担心；母亲总抱怨一些鸡毛蒜皮的烦心事却从不听取女儿的建议去解决；家里经济条件不好，但母亲并不能很好地持家……），但至少这一阶段的工作可以让潘恩将这些原来让她痛苦不堪的母女纠葛放下，也不再因此加重先天缺陷和人生逆境的负担。

关于潘恩时常出现的负面情绪，咨询师和她一起探讨除自我怜悯、流眼泪、生气，有没有什么方式是更有力量和更积极的情绪表达，让她写下来，然后试试看。

3. 挣脱自卑的枷锁：走出去，说出来

"一个月前新买了智能手机，所以干脆每天躲在寝室里追星、追剧、追一些感兴趣的电视节目，比如《变形计》、韩国版《爸爸去哪儿》。每当看到那些与我的生活有联系的部分，就会情绪失控，哭得很伤心。我也知道这样很浪费时间，没有什么意义，但又不知如何调整……"

先天缺陷不可避免地成为潘恩自卑感的根源，这不仅让她常常陷入情绪的漩涡，也让她缺乏融入社会、与人交往的勇气。她对外面的世界是充满畏惧和退缩的，但渴望成长的愿望和能量却又深藏于心，找不到出口。潘恩和母亲的关系问题其实也是自卑感引发的情绪问题的外放。通过多年的成长和磨炼，潘恩对自己的先天缺陷已经逐步接纳，但她避免不了随时可能被外在环境触发的自卑情结。

"我很想报韩语班，因为一直很喜欢学习语言，但我不敢报，我怕别人听不清我的发音，去了也不敢开口。在课堂上也不敢发言、不敢上台做 PPT 展示，因为我怕受到伤害，所以尽量避免去做自己不擅长的事情。但我内心却又很喜欢表达，比如发言、与人痛快地聊天、参加口才训练团队，我总是比较矛盾。"

潘恩的自卑情结更多来自外在评价的压力，所以咨询师和潘恩一起对"说"以及由此可能会遭遇的打击做了深入的讨论：

"如果大胆表达，会有怎样的后果？外界会给予怎样的反馈？"

"其实仔细想想大多数情况都是被接纳的，只是我自己怕我的声音被别人议论。"

"你从什么时候开始对自己的声音特别在意？"

"小学六年级以前我都没把这个问题当回事，那时候想说什么就说什么，不像现在这样压抑。"

……

在对话中，潘恩发现她对自己的生理缺陷原本是接纳的，当她自己对这个问题不在意的时候，是不会从外部环境中受到伤害的，并且她对自己"说"的能力还是比较自信。咨询师和潘恩达成了共识：语言只是交流的工具，思考才是最重要的，发音只是很小的一个方面。她预设的窘境（别人对她的发音感到不习惯、听不清，可能会议论她）是存在的，但其实也很容易被化解（比如事先告诉对方自己有这方面的问题），因此缺陷不应该被夸大，更不必陷入由此产生的情绪漩涡。咨询师又引导潘恩深入探讨了这一生理缺陷给她带来的自卑感，让她想象"如果自己没有这一缺陷，她还会有自卑的感觉吗？""周围那些没有生理缺陷的人，他们就没有自卑感吗？"……

经过讨论，潘恩发现自卑感几乎在每个人的身上都存在，只是表现在不同的方面和阶段，并且还可能变成一个人追求进步的动力，所以她的自卑感是正常的，也是可以超越和升华的。

因此，为了督促潘恩通过行动战胜自卑和各种负面情绪，咨询师给她布置了一项行动作业——"挑战不敢为"，要求她每周过来咨询时都要分享一件她在周内尝试挑战的事情，并进行经验、感受的总结。

4. 灌注希望：构建自主成长的能力

在后来数周的咨询中，潘恩基本都能分享一两件挑战做的事情，比如：终于应聘了比较适合的学生社团，参加了专业实验室的部分工作，在课堂上主动回答问题等。这些挑战做的事情是对她自身限制的重大突破和对未知结果的积极期待，潘恩因此逐渐表现出了原来没有的淡定与平和。当然，每一次咨询潘恩也会带来一些新问题、新思考，比如从未谋面的外公打电话邀请她去老家玩一段时间。因为路途遥远，加之妈妈远嫁异乡，多年来与老家亲人联系很少，她很纠结去还是不去。后来在咨询师的鼓励下，她去看望了外公，与老家亲人团聚，感受到了亲情的温暖，同时也了解了母亲的成长经历和家庭状况。咨询师和潘恩一起将她的家谱图画出来，帮助她对母亲有了更多的理解。再比如在一次和寝室同学发生矛盾时，她不再像原来一样不作为、生闷气，而是开始主动沟通、解决。对于时不时有人对她语音不清晰表示的不解，她能坦然地面对和解释了……这些事件的逐步解决，潜移默化地为潘恩奠定了积极的心理基础，让她开始学会充满希望地看待身边的人和事，并且勇敢地解决问题，而不是蜷缩在自己的内心角落默默流泪。

由于上次手术的感染，再次进行修复手术和进一步的语音康复是潘恩最大的心愿。之前由于家庭的经济条件、父母的见识所限，潘恩的愿望一直未能实现，这也是引发她对家庭、人生不满的导火线。在咨询中，咨询师一直鼓励她通过自己的努力去达成手术的愿望。于是，潘恩自己查找了很多关于腭裂修复手术的病例，主动联系医院了解情况，自己预约手术，预订床位，当然这个过程并非一帆风顺。一次本来已预约成功的手术由于种种原因又被取消、推迟，也曾让她沮丧、失望，但历时一年多，她终于如愿接受了手术，手术很成功，接下来就是慢慢康复了。潘恩说，手术住院期间与医生、病友们的愉快相处、交流，让她觉得自己还是幸运的，所以心怀感恩。

最后一次咨询时，潘恩送给了咨询师一束亲手制作、色彩绚丽的纽扣花。看着眼中有光且笑颜如花的潘恩，咨询师相信她已经具备了自主成长的能力。

个案点评

心理咨询的目标是什么？

回顾本案，在初始阶段的几次咨询中，我做得最多的一项工作就是"倾听"，收纳潘恩积压已久的苦水。潘恩此前从未接受过心理咨询，所以她对这一服务没有概念，更谈不上期望和目标。但作为咨询师，我有责任让她明白：什么是心理咨询？又或者说，心理咨询的目标是什么？

通俗点说，像潘恩一样，将信将疑地进来，步伐坚定地出去，这就是心理咨询的目标。而心理咨询的核心目标，就是提高人的自信心。

心理咨询不同于简单的聊天，却也遵循着必要的话术逻辑。如果是一般的聊天，面对潘恩似的倾诉，任何一个朋友都会边听边劝慰道："别想那么多了，不开心的事就忘了吧。一切向前看!"然而心理咨询却"背道而驰",在聊天过程中,越"不愉快"的事越会被深挖,心理咨询解决的就是"心"的问题。

打个比方,如果把潘恩的心理比作一座华丽的大房子,里面本来铺着整洁美观的地毯。而当她来求助时,就好像房子里出现了难以忍受的异味,她不知所措。作为心理咨询师,我进入这座房子的目的不是帮她打开所有的窗户,然后点上熏香、美饰空气。而是应该一探究竟,彻底帮她检查房子,找到异味来源,并且提供解决方案,然后指导她自己来执行方案。

美国心理学家罗杰斯认为,与人交往的时候,首先要认真地听,听出深埋在他表面语言下面的心的呼唤。在心理咨询中,无论个案大小、性质如何,"倾听"都是咨询中的必备步骤和技巧,是咨询师的基本功。咨询师只有认真倾听来访者的诉说,才能真实了解对方的心理问题,这也是帮助来访者分析问题、解决问题的前提条件。倾听,要求咨询师不但要听懂来访者表达的意思,还要听出来访者在交谈中省略甚至隐藏的内容,这里也包括来访者潜意识里的想法。

在本案初始阶段的几次咨询中,我仅会使用一些简单的词、句或动作来鼓励潘恩尽量倾诉表达,比如当她声泪俱下地控诉自己对母亲的不满时,我并未表现出惊讶、厌恶、激动或气愤等神态,而是一直注视着她的面孔,并适时点头,看上去一副认真专注、充满兴趣的样子。

在本案中,潘恩的控诉并没有带偏我,所以我才抛出"妈妈在你心中是怎样一个人?用五个词语来描述下"这样的练习作业。作为咨询师,我明白"倾听"尤其要注意互动中不要带任何偏见,也不要做价值评判,无论来访者说什么,给予无条件的尊重和接纳就好了。

值得一提的是,在整个咨询过程中,出现过一个小插曲:由于情绪过于激动,潘恩出现了严重的躯体反应——头皮发麻,手指弯曲、无法伸展。我当机立断进行了干预,帮她进行了一系列的身体放松活动。对于有经验的咨询师而言,预判咨询过程中来访者可能出现的问题并进行预案处理,也是重要的一课。从某种程度而言,在熟练使用倾听技术的全过程中,正是因为有了类似小插曲的点缀,我和潘恩之间的咨访关系才能得到更好的推进。

在本案中,潘恩的身上出现了"同一性混乱"的表征,比如:无法确定自己的价值以及生活方向;不能客观地进行自我评价;怀疑个人能力;对未来有深深的无力感;较难融入群体。而国内外的许多研究发现,一个人自我同一性的建立与其心理健康水平密切相关。由于先天患有腭裂,潘恩在体貌和发音上深感自卑,性格也更为敏感,需要更多的关爱和支持。然而,她的家庭条件和环境不足以满足她的期许,尤其对比同龄人后,她对母亲的认知脱离了客观、公正的视角,甚至产生错误的归因,这也客观加剧了母女之间的矛盾。虽然生理性的缺陷常常令潘恩陷入情绪旋涡,继而缺乏融入社会、与人交往的勇气。但我敏感地意识到,母女关系的问题实质上就是潘恩自卑感引发的情绪问题外放。说到底,修复潘恩的自我认同就是解决她一应表征问题的关键点。我的咨询逻辑是：必要的情绪引导—调整自我认知—采取积极行动。而在咨询的整个过程中，正是倾听和倾诉促成了咨访之间的深层次交流。

起初，潘恩对心理咨询未抱希望，对自我的认同度很低。然而当咨询关系结束时，她却重新接纳了自己，并产生了积极的行为改变。她的收获源于咨询关系的成功建立和持续的良性互动。还有一点值得肯定的是，其实自始至终，潘恩的内心都有一股强大的力量在督促她自我成长和裂变，她还可以做得更好，我会祝福她。

基于同类问题的咨询总结

本案例来访者的特殊之处是具有先天的生理缺陷，按照新精神分析学派代表人物之一阿德勒的理论观点，这类个体通常具有由器官缺陷导致的自卑感以及由此产生的补偿心理。在产生自卑感后，他就会通过争取权力或变得更为有力量以补偿机体的不足。他们往往会通过两种基本途径进行补偿：一种是觉知到自己的生理缺陷后，集中精力提升缺陷器官的功能，例如加拿大著名的青年演说家尼克·胡哲天生没有四肢，但他不仅通过自己的努力实现了自主行动，还热衷游泳、冲浪、骑马、高尔夫等各项运动，使原本的缺陷变成了自己的优势，这就是阿德勒所谓的"超补偿"；另一种是承认自己的某种缺陷，发展自己的其他机能以弥补有缺陷的机能，例如一些有先天缺陷的人励志奋发，成为某个领域的精英、成功人士。

潘恩这一个案正体现了具有先天缺陷人群的心理特征。她对语言表达类活动的热衷是对自身缺陷的一种超补偿，同时她也渴望在学业、兴趣爱好、未来生活等方面都有突出的表现，这同样是她对自卑感的一种补偿。但是在实现这一补偿的过程中，潘恩不可避免地会遭遇挫折，所以我们要通过各种途径帮助她应对方方面面的问题，保护和培育她自主成长的能力。

（一）学校

（1）对于该类学生多关心、多关注，有针对性地给予心理上的支持，但不必特殊化，避免加重学生因生理缺陷带来的心理负担。

（2）通过了解该类学生的心理需求、成长愿望，为其提供相应的资源和平台，减少成长的阻力。

（3）营造平等、友爱、包容的校园文化氛围，通过各种课程、活动提升学生的自我认同与价值感，将个体之间的差异正常化。

（二）家庭

（1）帮助孩子理解和接纳自己在某些方面与他人的不一样，强调特点，淡化缺陷。

（2）同孩子建立温暖、支持的亲子关系，但不能因孩子的生理缺陷感到愧对孩子，进而无原则地宠溺孩子。

（3）悉心观察孩子、鼓励孩子，帮助孩子找到适合自己的成长路径，做孩子的坚强后盾。

（三）社会

（1）营造平等、接纳、公平的社会氛围，提高个体的存在感、价值感。

（2）为该类个体创设更多的公平发展机会。

案例三　两个我

"每当夜深人静，寝室的同学都进入了梦乡，我却辗转反侧，久久不能入睡……我究竟是一个怎样的人？为什么上天对我如此不公平，为什么我是那么的弱小，就像一只丑小鸭生存在这个世界上？父母为什么要把我带到这个世界上来？每当我通过自己的努力要获得成功的时候，总是有一个声音跟我说，你是不行的。每次在我取得成功以后，我为什么高兴不起来，开始质疑自己努力和奋斗的意义……"

个案故事

前来求助的这个女孩名叫招娣（化名），正在读大学三年级。清秀的脸庞，娇小的身材，一头乌黑的齐肩长发，柔弱的外形和她的名字形成强烈的反差。

第一次见到招娣，她就主动给我讲了她名字的来历：

"我家里有两姐妹，姐姐比我大6岁。我的家乡在南方的农村，祖祖辈辈重男轻女。姐姐出生后，爸爸一直期望家里有一个男孩。后来妈妈怀孕了，偷偷躲到远房亲戚家。小时候听大人说当初我妈去医院检查时，医生很确定怀的是男孩，但是生下来发现仍然是女孩。"说到这里，招娣忍不住叹了一口气。

从小她就经常听大人们说她命大，因为父亲一直觉得她就应该是男孩，所以给她取了"招娣"这个名字。她在讲述名字的由来时好像在讲别人的事情，我凝视她那双清澈的眼睛时，却仍然感到了一丝悄然划过的躲闪。

招娣说从进入大三以后，情况变得糟透了，所有的问题都出现了：

"首先是寝室问题。我发现自己跟室友们完全没法待在一起。现在她们都开始孤立我了，扫地都不扫我的位置。晚上室友聊天时，只要我一开口，大家都很安静，没人回应我。有时除了上课时偶尔回答老师的问题，到食堂打饭时跟阿姨说今天要吃什么，我甚至可以连着好几天一句话都不说，也不跟任何人交流。"

"这一定很困扰你吧？"我问招娣。

她说每当结束一整天的学习、拖着疲惫的身体回到寝室时，一种冰冷、孤独、无助的感觉随即扑面而来。她问过自己为什么这么不受欢迎，想过是不是农村的孩子跟城市的孩子本来就存在不可逾越的鸿沟。

其次是恋爱问题。她讲到大一的时候谈过一次恋爱：

"那是高三的最后一段时间，学习非常紧张，我每天都在不停地看书、做题。

突然有一段时间，就是每天下晚自习的时候，我发现文具盒里都会出现一朵雪白的栀子花，散发着淡淡的清香。一开始我不知道是谁放进去的，后来才发现原来是坐我后排的一个男孩子，每天下晚自习时，他都会趁我出去上洗手间的那个空档，偷偷地往我的文具盒里放一朵栀子花。"

讲述这段经历时，招娣的眼底流露出难以掩饰的温情，她心里好像又泛起了丝丝情愫，就像那朵栀子花散发出的阵阵清香，淡淡的、甜甜的。是啊！我承认，这确是一个美好的青春故事。

就这样，对招娣而言，最紧张、最繁忙的高三生活就在淡淡的栀子花香中落下了帷幕。她和那个送她栀子花的男孩分别考上了自己心仪的大学，一个在南，一个在北。在去上大学报到的前几天，男孩终于表白了，她也接受了，于是一场甜蜜而凄美的异地恋就这样静静地开始了。一学期的异地恋给招娣忙碌又迷茫的大学生活带来了无限生机和动力，她本来充满了信心，然而男孩的父亲得知后，觉得招娣个子不高，家庭条件也不够好，极力阻止他们的恋情。男孩虽然喜欢招娣，但迫于父亲的压力，表现得不够坚决，于是招娣一气之下就主动提出了分手。

"你一定很难过吧？"我不无叹息。

"非常难过，分手后还是很想他，我用了一个月的时间调整自己的心情，把所有的精力都投入学习中，好让自己不那么痛苦。从大一下学期到大三下学期，陆续也有好几个男孩追过我，但是我觉得自己好像对男生已经没有想法了。每次有男生示好或者想邀请我出去玩时，我都觉得很不舒服，甚至……"招娣有些欲言又止。

"甚至什么？"我立刻追问。

"甚至跟男生一起散步时，每当他们靠近我时，我会突然产生一种恶心、想吐的感觉。我怀疑自己是不是病了或是生理发育出现了问题。这辈子，我好像不会再喜欢上任何男生了，更不可能恋爱甚至结婚。"说完，招娣深深地埋下了头，她需要一点时间来整理情绪。

我宽慰了几句，起身给她泡了一杯热茶，待她喝了两口后，又继续未完的话题。

再次是家庭关系。上了大学以后，招娣很少回家。暑假都留在大学所在的城市里做兼职，寒假只有过春节的那几天才会回家。姐姐很早就出去打工，早已结婚、生子，偶尔回家来看看父母。父亲在家里非常强势，母亲相对来说柔弱很多，许多时候都显得那么没有主见。从小招娣跟父亲之间就没有什么交流，仅有的谈话也就限于考试考得怎么样，学习有没有进步。到了大学，因为很少回家，每次打电话给家里也都是跟妈妈通话，她甚至都不知道如果打电话给父亲，自己该说点什么，甚至会紧张到连一句话都不知道怎么说。看着同寝室的同学给父亲打电话时那么平静、自然，甚至有时还会跟父亲撒娇，招娣觉得自己太失败了。

最后是自己对自我存在价值和意义的质疑问题。她说，"大概从初一开始，我的身材变得丰满起来，每天从镜子里看着微胖的自己，把所有的衣服换来换去，都找不到一件合适的衣服可以穿出门。还有，我发现上体育课时经常有男生对着我窃窃私语，他们肯定是在偷笑我的身材，对此我很苦恼，所以常常请病假，尽量避免在大庭广众下活动。还有一次，在亲戚家吃饭时，我无意中从几个女性长辈那儿听到她们的议论，说我现在的身材从背后看上去就像一位妇女。说真的，从那以后我开始变得越来越不喜欢出门了，也不喜欢跟人聊天。"

"我很理解你当时的感受。因为，我曾经也有过类似的苦恼……"我的坦诚相待，令招娣的情绪放松了不少，她的话匣子终于打开了。

招娣说她开始躲在自己的房间写日记，每次写日记都是一边流泪一边写。她觉得上天对她不公，为什么让自己长得这么难看。她对自己的相貌、个子和身材都充满了自卑。从有记忆开始，她就很少穿裙子。从小到大，她几乎都是短发，到了初中、高中，还留着很短的男式发型。但高考结束后她便没有再剪短过头发，开始留起了长发。大学期间慢慢穿上了连衣裙、小短裙、长裙。好长一段时间她从镜子里看见的是一个小巧、青春的女孩子，尤其是恋爱的那段时间。现在她不再为自己的外表和身材自卑了，但是又开始质疑自己存在的价值和意义了。周围的同学有的家庭条件非常优越，有的个人能力非常强，相比之下自己好像一无所有。尤其是晚上，当同寝室的同学们都睡着了，自己就会不停地想，为什么自己会存在于这个世界上？为什么自己会以这么卑微的方式存在着？存在的意义到底是什么？为什么上天对我如此不公平？为什么我是那么的弱小，就像一只丑小鸭生存在这个世界上？父母为什么要把我带到这个世界上来？每当我通过自己的努力要获得成功的时候，总是有一个声音跟我说，你是不行的。每次在我取得成功之后，我为什么高兴不起来？我经常为了这样的事情辗转反侧，无法入眠，到了白天，又投入到繁忙、紧张的学习和兼职工作中。一到晚上，躺在床上，又会反复地思考自己为什么要这么辛苦地学习和工作？学习和工作的意义又是什么？

随着咨询的持续进行，招娣和咨询师一起梳理了自己童年的经历、家庭关系，同时对她的自我认同、自我评价和一直以来对于男性、同性的看法以及与他人的社会互动方式等进行了分析。她开始客观地审视自己、接纳自己。与此同时，她尝试着对同学敞开心扉，试着与同学表达自己的无助与不满。当她把精力投入学习和工作中时，她感受到更多的力量和激情，她想通过自己的努力和勤奋去创造更美好的未来，想让未来的自己变得更加的自信和充满力量。

辅导过程

1. 追溯童年：与父亲和解

一个非常强势、冷冰冰的父亲，一个非常柔弱、没有主见的母亲，他们是招娣在生命早期直接接触到的两个重要人物。在本该与父亲亲密的阶段，她几乎没有感受到来自父亲的温情和保护。招娣在咨询的过程中不断地提到与父亲的距离感以及父女关系的僵局。在咨询室里，有好几次她一提到父亲就泪流满面。随着咨询的深入，招娣对父亲的怨恨、对家庭的不满在咨询师的帮助下得到了宣泄。与此同时，她开始以第三者的身份去看待家乡重男轻女的观念、父亲对家族延续的期望，去理解她和父母的三元关系。在咨询工作进行一段时间后，有一次当她看到姐姐发给她的照片中的那个瘦弱、苍老的父亲时，她突然觉得父亲是那么的无力和遥远。终于有一次，她走出咨询室，第一次拨通了父亲的手机，告诉父亲她现在各方面都很好。虽然只有短短的几句话，虽然挂了电话后她伤心地哭了很久，但是她知道她已经放下了怨恨，与父亲和解了。

2. 看见自己：打破假性自我

招娣生活在一个重男轻女的环境中，又在父母对男孩的期盼中出生、长大。从父亲给她取"招娣"这个名字的那一刻起，她便陷入了自我认同的漩涡。她曾经是"父亲的儿子""家族的希望"。在很长一段时间，她的内心都拒绝成为一个女孩，总是以男孩的样子面对他人，所以她不穿裙子，不留长发。与其说她在潜意识层面拒绝成为一个女孩，倒不如说她一直活在一个虚幻的假性自我中。那个自我是父亲想要的、家族想要的，甚至是她自己曾经想要的样子。在后面的咨询中，她开始逐渐了解家庭环境、童年经历与个人特质的关系。她和咨询师一起梳理了童年时期以及家庭环境对她的自我认同、自我评价的影响。其实从青春期看着镜子中那个陌生的微胖的样子时，她就开始对那个虚幻的自我产生了质疑。后面在恋爱中开始留长发、穿裙子分明就是她对于一直伴随她成长的那个假性自我的反抗。从招娣因为前男友在其父亲嫌弃自己的身高和家庭条件而极力阻止他们的恋情时表现得优柔寡断，不够坚决而主动与男孩分手，到后面她开始质疑自己生存的价值和意义，咨询师看见的是她在摒弃假性自我和建构真自我的过程中的一股强大的自我成长的力量。

3. 改善人际关系：接纳他人

咨询师给招娣推荐了一部关于青春期的纪录片，要求她回学校以后观看。在观看了纪录片以后，咨询师与招娣一起讨论了她在青春期对自己相貌和身材的关注与否定的正常性，以及因为他人对其外貌的评价而导致的自卑、社交退缩等问题。与此同时，她开始理解是家庭成员之间的互动方式形成了她在人际交往时的退缩、冰冷、拒绝等特点。她还特别提及了她与同寝室同学的一次矛盾：同寝室的一位女同学家庭条件比较好，她总是觉得那位同学在生活中过于浪费。之前一直让她接受不了的一件事情是，那位女同学经常在寝室关着窗帘开着台灯看书。她觉得如果拉开窗帘，完全可以在自然光线下看书，并且还可以避免没必要的浪费，但是那位女同学一直给她的解释是自己从小养成的习惯就是必须要在拉上窗帘的屋子里，在台灯的灯光下才能够集中注意力。在之前的很长一段时间里，她就觉得那位同学就是因为家里经济条件好，养成了浪费的习惯。在这次咨询时，她突然觉得那位女同学可能真的是因为习惯的问题而不是刻意浪费。虽然她还是不能接受自己做这样的事情，但是她开始接受每个人都有不一样的生活方式。与此同时，她也尝试着对寝室里的其他同学敞开心扉，试着与同学表达自己的无助与不满。在一次坦诚的谈话中，有一位同寝室同学还为之前与寝室其他的同学一起孤立她的事情向她表达了歉意。在辅导员和宿舍管理阿姨的帮助下，她换到了另外一个专业的寝室，她开始试着用更积极的方式跟新寝室的同学相处。针对排斥男性追求者的问题，她也开始更坦然地接受自己身体的感受，对于未来是否能够遇见让自己不排斥的男生，她也变得更加的坦然。

4. 回归自我：学会对负性声音说"不!"

招娣从小到大一路走来，经历了很多艰辛。从出生开始就受到家乡重男轻女观念的捆绑；在父母想要男孩却又失望后，用"招娣"这个名字来迎接她、期望她，带给她的是不公与错乱；冷淡的父女关系、不和谐的家庭沟通方式没有教会她如何理解他人、与人沟通、如何合适地表达自己的情感和观点；和同学之间在经济和观念上的巨大差异导致她无所适从、失落、自卑。在咨询师的帮助下，她开始看到自己是如何用小小的身躯去抵御和突破外界给她设定的形象和命运，在抗争和成长的道路上她是那么的坚强、充满力量。招娣大学三年几乎没有问家里要过生活费，学习之外的所有时间几乎都用在了兼职上。暑假的烈日下有她在街道中满头大汗散发传单的身影；深夜的小床上有她因疲惫而变得僵直的身躯；校园的小湖边有她失落和倔强的泪水。几乎每学期都会拿到的奖学金就是对她天不亮便在池塘边大声朗读，深夜才拖着疲惫的身体回到寝室的最好回报。她开始意识到自己这么辛苦地学习和工作的意义就是要冲破他人对她的捆绑和限制，这是成为一个更好的自己的最佳方式。

个案点评

每一个人的背后，都有独一无二的故事！

心理学家詹姆斯·玛西娅提出了自我认同模型，她把自我认同分为4种同一性状态：同一性扩散、早闭、延缓和获得。其中，同一性早闭是指个体过早确立了同一性，但所选的价值观和目标并非个人探索和选择的结果。这种早闭的同一性实际上是一种"虚假"的同一性，固定而刻板，不利于个体解决未来生活中遇到的危机。而本案中的主人公"招娣"就属于典型的"同一性早闭"状态，困扰她的正是假性自我和真性自我之间的对抗矛盾。

我还记得初次见到招娣时，就对她柔弱的外形与表格上登记的名字之间形成的反差印象深刻，还没等我问询，她就主动解释了名字的由来。当讲到自己的困扰时，乍一听，无论是寝室关系、恋爱问题还是家庭关系，似乎都是招娣一样的同龄孩子在校园生活中普遍会遇见的问题，对于那些共性问题，具备心理健康教育常识的个体比如辅导员也能处理。还好，我没有犯经验主义的错误先下结论，而是耐心地听招娣讲完了一切。

说真的，我对今天某些区域依然存在着的根深蒂固的"重男轻女"思想是极为反感的，也对招娣的遭遇感同身受，因为我也是一位女性。作为女性，我深知在我们一生的岁月中，无论扮演何种角色，在社会、家庭或者职场中，都有可能受到这种思想的无端毒害。但在咨询过程中，在倾听招娣讲述她的经历时，我只有极力控制自己，以不失心理咨询师的专业操守。

小心！你也可能会继承父母的错误思想。

英国有一部纪录片《7up》，中文翻译过来叫作《人生七年》。这部拍摄于1964年的作品中，采访了英国不同阶层的14个7岁的孩子，他们有些来自孤儿院，有些来自上流社会。此后每隔7年，导演都会重新采访这些孩子，倾听他们畅谈自己的梦想和生活，纪录片一直拍摄到这群孩子满56岁的时候。人生入戏，剧情结束时没有太大翻转。14个孩子的发展结果基本印证了中国的一句谚语"龙生龙、凤生凤"。这部纪录片给不同职业背景的人带来了不同的思考角度。

虽说每个孩子出生时，都像一张白纸，但相比之下获取的资源、机遇却是不一样的。上流社会的孩子自小的生活环境本身就是一本好书，他们不缺成功的父母和好老师，更容易养成自律的习性，他们目标明确、更为自信，知道自己想要什么，也清楚如何实现。底层社会出身的孩子一样会受环境影响，如果父母存在一些错误的思想，也最容易"继承"。

本案中，正是由于招娣父亲秉持的重男轻女思想，招娣一出生时就背负起了父亲的不当期望。她从未获得过父亲的守护与慈爱，印象中的父亲永远是一副强势、冷冰冰的样子。再联系到自己的名字和出生，招娣不自觉地就把这一切错误地归咎于自己——"谁让我不是男孩"，这就产生了错误的认知。如果想要获取父亲的关注，招娣唯一能做的就是遵从父亲的价值观和喜好，变成"他的儿子"。所以进入青春期后，招娣对自己身体的变化感到恐慌和自卑。当她的身体呈现出越来越多的女性特征时，她自觉离父亲的期望也就越来越远了，也就更难获得父亲的肯定和关注。

在辅导过程中，最为重要和关键的一步就是如何帮助招娣打破"假性自我"，回归真的自我。首先，需要切除招娣从家乡、父辈那里继承的"重男轻女"思想，让她意识到这种思想的落伍和荒诞。我平时有收集案例的习惯，并且分门别类做了标记。从我推荐的女性案例中，招娣意识到家庭环境、童年经历和个人特质之间存在着必然联系；从我推荐的青春期纪录片中，招娣认识到她内在的"我"一直有着明显的女性特质，而这样的她是被人喜欢和接纳的，也是最真实的。当她意识到过去之所以有那样的烦恼原来是受"错误思想"的影响，她开始主动反思自己的寝室关系，重新审视她对室友的既定看法。招娣终于认识到：每个人都有不同的生活方式，在宿舍生活中既要真诚相待，也要求同存异。

在咨询关系结束前，我很高兴能看见一个重生的招娣，一个真正做回自己、脸上开始有了笑容的女孩。她用行动和父亲和解了，也和室友和好如初了，这一切得益于她最终采取了积极的行动。

"我想成为更好的自己！"招娣坚定地表达着。

我当然相信，她已经在路上了。

基于同类问题的咨询总结

进入青春期以后，青少年的身体开始快速发育，无论是第一、二性征的变化还是身高、体重等一系列生理特征的极速变化，都使青少年将自己的注意力从外界转向了自己。这一时期他们开始异常关注自己的外貌、体型，甚至是身体的机能。生活中常常可以看到这个时期的孩子每天要花大量的时间在镜子前观察、评价和打扮自己；一些孩子也会因为青春期身体的巨变而变得害羞、自卑；还会有一部分孩子会异常地关注自己身体某些部位的外观是否对称、完美，机能是否正常，甚至会出现疑病症。这个时期的孩子将注意力转向自己的另一个表现就是他们会反复地思考自己到底是一个怎样的人，于是会在头脑中不断地出现诸如"我是谁？"这样的哲学问题。其实这正是青春期的孩子在经历了童年时期关于我和外界、他人有什么不同的思考之后，在青春期出现的关于"我是一个怎样的我"的再一次思考。因此有研究者把青春期看作是自我的第二次飞跃。大部分的孩子在其青少年时期，经过对过去的自己、现在的自己、将来的自己以及理想的自己和现实中的自己的不断质疑、探索和验证，最后就会接纳或者重新建构出一个较为统一和稳定的自我。

在本案例中，招娣在外部大环境的文化观念和家庭教养方式的双重影响下，一直沉浸在一种虚幻、强迫的假性自我之中。从童年进入青春期，她开始注意到了自己理想中的自我形象与客观现实中的自我形象，以及家庭和父母所希望的那个虚幻的自我形象之间的差异，并且开始思考它们之间的区别。可以看到在这个案例中，招娣表现出来的许多问题都与其自我认同的发展和自我同一性的建立有一定关系。

针对招娣一类的个案，建议从其自我发展的路径、影响因素，发现他们在成长过程中表现出来的优势和潜能，以及提升其人际交往的技巧等角度向青少年开展心理教育活动，为他们自我同一性的整合创造更好的发展条件和环境。

（一）学校

（1）对于青少年学生，通过心理健康课堂、专题讲座、心理剧展示等内容丰富、形式多样的活动向学生宣传和普及基本的心理知识。让学生了解不同年龄阶段的发展任务、规律和一般特点；同时也需要向他们介绍在其生理、心理发展过程中可能出现的问题以及应对方法。

（2）为学生提供更多的交流平台，让来自不同地区、不同文化和不同家庭环境的学生有更多的机会相互了解、相互交流。让学生理性看待不同的观点和价值观，了解和接纳他人。

（3）通过主题活动、团体辅导、班会等方式引导学生重视人际交往；教给学生如何适当、正确地表达自己的情绪和观点，以及如何恰当、准确地判断他人的意图，进而较好地予以回应。

（二）家庭

（1）父母应该学习和了解家庭教养方式、亲子关系和父母期望等在孩子成长过程中对其人格形成、心理健康状况等起到的重要作用。从精神分析的角度来看，童年早期父母之间的关系、父母和孩子之间的关系都会影响一个人未来的发展状况。很多父母都说自己是第一次做父母，因此经常都会犯错。正是因为缺乏科学的教养知识，因此才需要父母多学习、多反思。

（2）一些家长经常会说，孩子还小，什么都不知道，因此经常当着年幼孩子的面说一些可能会伤害他们的话语。一些孩子对童年时期听到的话语、看到的画面一知半解，甚至可能因为对意思的误解和信息的扭曲而受到极大的创伤。

（3）孩子被父母带到这个世界上，但是却不能由父母强行"设计"他的人生。每个孩子都是独特的，父母应该看到孩子的优势和特长。每一颗小种子都需要按照自己的节奏成长，父母能做的就是给他们提供肥沃的土壤、阳光和雨露。

（三）社会

（1）当今的这个时代是新旧价值观剧烈碰撞的时代，一些传统、落后的价值观变得无法适应现代社会发展的需要，并且可能会阻碍新的文化、价值观念的融入。社会和媒体应该发挥积极有效的宣传和引导作用。

（2）贫富差距、社会地位、价值观等的巨大差异很容易造成青少年在自我认同的过程中的混乱、迷茫。社会主流文化和舆论宣传应该给青少年创造和展现更多积极、正面的社会榜样，促使其自我同一性朝更好的方向发展。

（3）建立和优化"家庭—学校—社会"三位一体的青少年心理服务体系，为青少年成长和发展提供全方位的支持和滋养。

▌案例四 宅男变形记

"努力不一定成功，但是努力一定很累啊！我抗压能力很弱，就想轻轻松松过点小日子，不想承受太大的压力。最喜欢'宅'……我就是一条莫得（没有）梦想的咸鱼……你也可以叫我佛系青年……"

个案故事

扬亦（化名），大三，男生。连续一周窝在宿舍不出门，每天上网、打游戏、看小说、跟朋友聊天，晚上熬夜，白天补瞌睡，作息不规律。一周内只有几顿饭是出门吃的，通常都是叫外卖或吃零食解决。大三下期，同寝室友各自的课程、实验和实习安排时间不一，除了晚上睡觉，日常和室友在一起的时间不多，寝室交流还算正常，但室友仍觉得他的"过分宅"跟之前开朗外向、热衷交际的样子相差甚远，大家劝过几次后没有改变，就报告了辅导员。扬亦正是由辅导员推荐到心理咨询中心来的。

在咨询室初见扬亦时，他全无我想象中的颓废样子，他收拾得干净利落，言谈举止也称得上得体。扬亦描述了他最近的状态：

"我其实经常都有这种状态，没有什么特别原因，就是很懒、很宅，觉得做什么都很没意思、没劲儿，也没有什么动力学习或交际。虽然我有时候也很矛盾和焦虑，觉得自己不应该这么颓废，要好好学习。嗯，我这么想并不是因为自己热爱学习，就是觉得成天光玩儿了心里有点慌，我觉得我心理还是挺健康的！"

看着他轻描淡写的样子，我知道问题没那么简单，听他接着说：

"对于学习，我觉得自己可能天生就没上进心吧？小时候还行，每次期末考试父母都会按名次给我奖金，当时觉得挺带劲儿，所以经常拿好名次，当然我父母也兑现了承诺，那时我感觉自己还有点成就感，但是后来吧……"

"后来怎么了？"我追问他。

"后来金钱奖励对我好像也没激励作用了。说真的，我家境不错，虽不是富二代，但至少吃穿不愁，等到毕业随便找个工作都能糊口。父母虽然经常说我以后没出息就不管我了，但是我知道他们就是说着玩儿的，我家就一个儿子，怎么可能不管我？唉，努力不一定成功，但是努力一定很累啊，我承认我抗压能力弱，所以就想轻轻松松过点小日子，不想承受太大大压力。"扬亦一口气说了很多，看起来还很有道理的样子，他又继续说道："我觉得偶尔有点宅也不是心理问题吧，辅导员非要劝我来心理咨询，我之前偶尔也要宅几天放纵一下，可能没这么久，其实很多人都会这样啊——就是想当条'咸鱼'宅几天，我的QQ签名就是'我是一条莫得梦想的咸鱼'。这次可能宅的时间久了点，我本来也没想逃课，但是我一周就两门课，那两门课的老师讲得真没意思，我感觉不去也没损失，没想到我室友和辅导员都这么较真，非要找我谈话，还要让我来咨询。老师，我没心理问题吧？"

辅导过程

在咨询的第一阶段（1~2次咨询），咨询师在跟扬亦进行谈话的过程中有意识地关注以下几个目标：

（1）了解扬亦的基本信息和成长经历（包括重大生活事件和创伤经历等）、家庭和亲子关系等。扬亦家境优越，父母是做生意的，教育程度不高，在物质上对扬亦都会尽量满足。在扬亦2~6岁时，因为父母生意刚起步也比较忙，扬亦被寄养在农村老家由爷爷、奶奶照看，爷爷、奶奶勤劳朴实，对唯一的孙子也比较宠爱，照顾得很精心。扬亦6岁时发生过意外：有一次他不小心掉进了水塘，所幸有惊无险，被邻居叔叔救了起来。谁知妈妈得知后，跟爷爷、奶奶发了火。从那以后，妈妈就特别紧张，生怕爷爷、奶奶照顾不好扬亦，最终决定把扬亦接到身边上小学。妈妈平时比较严厉，从小对扬亦的学习抓得很紧，天天守着他写作业，一切都以扬亦的学业为重。

扬亦说："期末考好了，妈妈会奖励我钱，不过我小时候也不怎么会用钱，都是妈妈帮我存着的。我一路顺风顺水长大的，没遇过事儿，我觉得自己心理挺健康的。初中时候，叛逆过一小段时间，不过也没干什么大事儿，就是去网吧打游戏，后来被我妈知道了，当时她一边哭一边打我，把全家包括爷爷、奶奶都惊动了，那阵仗特别吓人，就好像我犯了什么十恶不赦的大罪似的！高中时，学习压力大，我们学校封闭式管理，加之面临高考，我也特别焦虑，我妈反而跟我说，只要考上好大学，也不图我挣大钱，快快乐乐就行。"

（2）鉴于扬亦"宅"宿舍一周和外出动机较低的情况，需要了解他是否具有抑郁倾向，并做好风险评估。经科学测试，他的抑郁自评量表（SDS）和焦虑自评量表（SAS）得分显示他本人并没有抑郁倾向，但是有较低程度的焦虑。在本案中，鉴于扬亦并没有表现出抑郁倾向和自杀倾向，可暂时评估为无自伤、自杀风险。

扬亦说："一般情况下我不焦虑，但是有些场合我很怯场，尤其害怕在公开场合发言。最近就是'宅'得太久，偶尔想起时也觉得自己太颓废了，心里还是有点慌，觉得不去想最好，可以找点电视剧看看。"

（3）评估是否存在网络成瘾。扬亦自称对游戏没有上瘾，打游戏只是为了消磨时间，偶尔玩，玩得也不算好，此外他偶尔也逛论坛、看小说和追剧。

（4）明确咨询目标。由于扬亦是由辅导员劝说来做心理咨询的，加上他本身对一切活动都有动机不明显的特点，咨询师应有意识地激发他自我觉察、自我成长的意识，趁机建立良好的咨访关系。经过前期的咨询互动，扬亦承诺会坚持咨询，与我共同制订咨询目标。

扬亦认为自己顺风顺水地长大，也没有受到什么心理伤害，绝对没有心理问题，还调侃说"懒癌不算心理疾病吧?!"显然，他不想被贴上"心理有病"的标签。

可以看出，扬亦对心理咨询的了解不多，还带着一些错误的认知。咨询师可以适时做一些心理知识的普及，内容主要包含以下两点：

（1）有心理问题不等于"心理变态"，也不等于"精神障碍"，心理咨询的服务对象既包括有严重心理问题的个体，也包括有一般心理问题的普通人，她解决的是我们每个人都可能面临的情绪困扰、成长问题等。

（2）主流的积极心理学提倡不要关注人们的"问题"，而是要了解和激发人们的优势和潜能，帮助每个人成为自己能够成为的人。

在咨询的第二阶段（3~4 次咨询），咨询师进一步促进扬亦自我觉察，激发其改变和成长的动机。

咨询师："你之前提到宅久了就心里有点慌，这个"慌"是什么？可以多谈谈吗？

扬亦："就是有时候有点焦虑吧……"

咨询师："焦虑什么呢？"

扬亦："有时候是作业没写完，拖延着玩儿的时候，或者看到别的同学都在学习而自己在玩儿的时候，焦虑感就比较严重。"

咨询师："如果用 0~10 分打分的话，请描述下，这个焦虑是几分？"

扬亦："3~7 分不等吧，看不同的情况。"

咨询师："听起来，当'咸鱼'也并不是全然舒服的状态……"

扬亦："是啊，有时候越'宅'越焦虑，到后面其实打游戏、刷网页也没什么快感了。"

咨询师："那么当你很焦虑比如 7 分或更高的时候，你一般做什么呢？"

扬亦："有时候心里还是想做出点改变，但行动起来很难，这个时候按惯性继续'宅'相对简单，人会更加焦虑，偶尔也会出去散散步吧，好一点，偶尔遇到'死线'（deadline，任务最后期限）逼近，就不得不去写作业了。"

……

通过澄清和面质的过程，作为咨询师的我发现了一个关键点——焦虑。在多数时候，焦虑对个体俨然是件坏事，但在扬亦身上，我觉察到焦虑可能是促其改变的一个契机，因为它让当"咸鱼"这件"很舒服"的事情变得不那么舒服了。于是，我聚焦到这个点上，寻找促进扬亦改变的动机。接下来，我与他一起关注和再定义了他焦虑的意义，他认识到：他并不享受和认同"咸鱼"的状态；赋予焦虑以促进行动的力量——焦虑带来想要改变的愿望；强化行动后的积极效果——当他行动起来做出改变之后，焦虑才得以缓解，现实的困境得以改变，同时考察阻碍行动的因素。

在咨询的第三阶段（5~8 次咨询），我综合运用人本主义、认知行为主义和积极心理学的干预技术，进一步促进扬亦觉察兴趣、激发潜能和维持内在动力。

扬亦提道："我小时候一度想学过骑自行车，因为看见同学们骑自行车出去玩儿都很拉风，但父母担心骑车不安全所以不给买，我只有悄悄借同学的自行车来学。我发现自己特别有天分，十几分钟就学会了，当时高兴得不得了，后来跟几个同学一起骑车去郊外疯玩了一下午，那感觉特别畅快！结果回家后就被妈妈揍了一顿。"

初中还有一段时间，扬亦自学漫画，经常照着自己喜欢的漫画描摹，结果上自习时被老师发现了，批评他说"不好好学习，画什么鬼画符"，扬亦感到伤了自尊心。他说："现在你要问我有什么爱好，我还真没有什么特别有激情的爱好，我也没什么擅长的。"

我使用积极心理学领域的性格优势与美德问卷帮助扬亦探索发现自己的性格优势，从优势出发，寻找他内在的兴趣和爱好。我告诉他可以从非常小的改变开始，扬亦说自己很喜欢小猫、小狗，比较有爱心，于是我引导他从这点出发制订个人的行动计划。他决定从喂养流浪猫、流浪狗开始行动，继而决定去学画画，说以后可以画猫、狗漫画。不管能否学成大家，扬亦都觉得可以把这个作为自己的兴趣和爱好发展下去。

在咨询关系结束之前，我和扬亦一起回顾了整个咨询历程，对过程中他的变化进行了梳理和总结，我肯定这一切的"改变"都是美好的；同时，也协助他一起制订了咨询关系结束后的短期和长期行动计划。在我的肯定和鼓励下，扬亦表示愿意坚持执行，并随时接受咨询后随访。他说他最想感谢他的室友和辅导员，如果不是他们，也许他永远只能做一条没有梦想的咸鱼。

个案点评

每个时代都有每个时代的烙印，每一代人有每一代人的甜蜜与忧愁。本案中，主角扬亦一上来就坦诚自己很"宅"，也许正是因为在他身边这一现象司空见惯，他对自己的状况也并无不满。

作为咨询师，除了不断提升专业素养和实践能力，根据工作环境、提供服务的对象特质，有针对性地开展学习也十分重要。对心理咨询来说，咨询师的认知和学习，甚至可能成为咨询成败的关键。

"宅文化"是一种在全球化发展形势下出现的亚文化现象，具体是指一种现代流行的热衷居家的文化浪潮，是以消费文化的一定发展水平为前提而出现的新文化现象，是追求个人感受和独立的一种象征。

近年来，随着网络普及、民众生活压力的加大，世界范围内越来越多的青年人更喜欢"宅"在家里，沉迷于个人的兴趣、爱好中。"宅文化"一经兴起，就频频遭到"与社会脱节"等各种指责，但也悄然演变成一种时尚，不仅引领着电影、动漫和网络文化的潮流，而且意外地促进了外卖、快递等新行业的兴起。客观来讲，正是由于现代化的加速发展和经济的日新月异，"宅文化"才能应运而生且愈演愈烈。青少年尤其是大学生，正处于三观尚未完全确立但追求自我、彰显个性的关键时期，他们敏感、好学，对新事物有好奇心，行动上敢为人先，自然成为这一文化的有力追捧者。

作为咨询师，由于长期服务特定的咨询群体。我对这一文化早有耳闻，闲暇时间也会关注青少年群体的焦点问题，尤其关注青少年的共性问题及背后成因。

所幸，本案中主人公扬亦是一个健谈且配合度较高的大学生。在咨询的第一阶段，我一边用心倾听，不放过他吐露的每个信息和细节，一边趁机评估了他的家庭和个人风险。在这一阶段，扬亦的家庭环境、成长经历和低焦虑倾向确实引起了我的关注。

就像侦探破案时需要查找线索一样，我把第一阶段察觉到的七零八落的信息进行了重组和联动后，对扬亦的症结也就有了初步的认识。

扬亦的成长中不可忽视的一点是有过留守儿童的经历。虽然爷爷奶奶对唯一的孙子极尽宠爱，日常照顾也很上心。但百密一疏的时候也有，扬亦就清楚记得自己6岁时有一次不慎落水，所幸被邻居救起，事后母亲的反应比较过激，不但冲爷爷奶奶发火，而且从此把扬亦接到了身边上小学。从小学到高中阶段，母亲对他的学业态度有所变化，从极为重视到逐渐顺其自然。这期间，扬亦也经历了青春期，有过短暂叛逆的行为。显然，母亲并没有给予他正确的关注，对他的表现很失望也很情绪化。

作为咨询师，"听到"和"事实"可能存在差异。虽然扬亦自述"绝对没有心理问题""对游戏并没有上瘾"，但我还是给他做了 SDS 和 SAS 测试，同时也对他的网络成瘾程度进行了评估。由于扬亦已多次强调自己没有问题，通过谈话，我发现他对心理咨询的了解并不多，甚至还带有一些错误认知。我知道，如果不帮他重新认识"心理咨询"，下一阶段的工作也很难继续。但这能怪扬亦吗？

虽然高校领域一直都有进行心理常识的普及和宣传工作，但心理咨询行业在中国起步较晚的事实也不可否认。民众的文化素质参差不齐，受教育接纳的程度也表现不一。认知水平的提升是一个全社会的问题，非一朝一夕可以改变。更何况，对于心理健康教育的宣传，还没有做到全社会普及。想到这里，我感觉肩上的担子越发沉重了。

在第二阶段，为了促进扬亦的自我觉察、激发其改变和成长的动机，我有效运用了澄清和面质，并在这一过程中，找到一个突破关键点——焦虑。通过和扬亦再定义他自我觉察中体验过的"焦虑"，扬亦终于有了想要改变的愿望。

在咨询的第三阶段，我注意到从表面上看，扬亦是一个对学业没有目标和规划、对生活也没有兴趣和爱好、日子得过且过的普通大学生。然而深层次的情形是：现在的扬亦和学生生涯某一时期的扬亦形成了鲜明的对比——他曾经也是一名上进有为的好学生，也是一个有着强烈个人爱好的孩子。我使用积极心理学领域的性格优势与美德问卷，帮助扬亦探索自我的性格优势，从而找到内在的兴趣和爱好。结合他已产生的"想要改变"的愿望（认知），继而引导扬亦树立目标，制订短期和长期的行动计划，再通过随访阶段的督促检查巩固行动结果。

"觉察兴趣—激发潜能—维持动力"，个案的整个咨询过程一气呵成，是一个人本主义、认知行为主义和积极心理学综合运用的典型范本。

基于同类问题的咨询总结

"宅"，似乎是现今大学生群体中常见的一种生活状态，不能将其简单归于心理问题。有些人学生会说：这就是我的生活态度，是我自己的选择，别人管不着。然而，这种对学习、成功抱消极态度，甚至泛化到生活中的方方面面，看似无欲无求而理所当然不争取、不努力的状态却不是一个心理健康、生活良好的人应有的状态。这种现象在当今大学生中非常普遍且危害极大，而又常常被忽视或者被其他问题所掩盖。这种普遍性从当今网络流行语中青少年使用"咸鱼"这个词或表情包自称或自嘲的频率就可见一斑。然而我们细究其心理状态可以发现，这种吊儿郎当的调侃并非真正表达无欲无求、道法自然的得道境界或自主选择的生活方式，而是一种为自己的退缩和懒惰所做的矫饰，一种为了免于被责难"你不够努力、你害怕失败、你能力不行"的逃避。这个问题的隐蔽性体现在：首先，它是一种"阴性"症状，很难被发现和识别。同样待在课堂里，有人认真听课、积极思考，有人貌似在场实则魂游天外，一无所获；有人积极主动参加课外活动锻炼自己，有人只是比较内向，不够主动而已，似乎也没有什么问题。除非持续时间长或者问题严重，或造成不良后果，并且由于这类人普遍动机低，主动求助和改变的动机也低，因而很难被发现或被严肃对待。它不像其他心理问题，有明显的痛苦或者适应不良的表现，还有可能被比如游戏成瘾等更为外显的问题掩盖。这个问题最大的危害不仅是阻碍了获取学业和人生成就（导致挂科、毕不了业等），更在于毁掉了一个人充分发挥自己的潜能，成为"可能成为的自己"的可能性。

对于动机问题，心理学家们有许多理论与实验研究，这些成果都可以帮助我们很好地认识动机的本质以及研究提升动机的方法。比如马斯洛的需要层次理论，提出了人们的生理需要、安全的需要、社交需求、尊重的需求和自我实现的需求。我们可以尝试用这个理论来理解大学生的"咸鱼"状态。由于各种社会的、历史的、教育的原因，当代青少年的成长过程基本是这样一个剪影：不管家里有钱没钱，父母倾尽全力给孩子提供最好的生活保障；孩子从小到大，除了学习，其他一切都不用操心；这个学习特指为了考试分数的学习，而其他一切包含了来自好奇心、兴趣等等自发的、内在的动机都被压抑。这就形成了孩子的基本的低层次的需求被过度满足，已毫无激励作用，而高级的尤其是自我实现的需求被过度压抑的状态。此外，从内部动机/外部动机理论出发，在我们的学校和家庭教育中，我们自觉或不自觉地强化了外部动机，比如强调分数、名次、名校甚至是面子，强调学习是对父母付出的回报等；同时削弱内部动机，比如让聪明的孩子重复刷题、对后进生揠苗助长，或者打压一切与分数无关的好奇心和兴趣。我们可以看到，当代大学生的动机缺失并不是一朝一夕的事情，所以这个现状的改变需要我们全社会价值导向、学校和家庭教育的整体转变来实现。内在的动力并不是培养而来的，每个人都有与生俱来的成长和发展的内在动力，我们的社会、学校和家长要做的是去尊重和保护好这种内在动力，当然这也是非常困难的，需要多方面的合作。

（一）学校

（1）在教育的各个阶段，学校都应该充分尊重学生的心理特性，尊重和保护学生的兴趣爱好和内在的发展动机，同时把教育的难度维持在维果斯基所说的最近发展区，即把学习难度保持在学生通过努力能够完成的程度。根据学生的智力、能力水平，给学生制订不同的学习教程是很有必要的。比如北京某中学的少年班（初高中）、某大学的少年班（大学）为优生提供了更高效、更有难度的课程，避免学生在无聊、重复的学业中浪费能力和天赋。同时，也应为后进生提供合适的教学方案，不揠苗助长，避免学生在学业中丧失信心和斗志。总的来说，只有设计与学生自身能力相匹配的任务，才能很好地使学生拥有自信心和内在动力。

（2）改变唯分数论的教育目标。始终回归到教育的本质——育人成才，考试和分数都只是我们的手段不是目的。何为成才？答案应是每个人都有不同的潜能，充分发挥学生的潜能，成为他能够成为的人就是成才。

（3）尊重学生的兴趣爱好。即便我们的中学教育没有提供足够的空间帮助学生的兴趣爱好充分发展，至少要做到不要打压、蔑视甚至羞辱学生的爱好，给兴趣爱好留一颗种子，静待发芽的机会。

（4）在中小学课程中加入积极心理学课程，培养学生识别和发展自身的积极优势，发展内在的动力。要明白，兴趣和好奇心才是维持人们在困难、乏味之时持之以恒的最大动力。

（5）高校作为同学们心理问题集中爆发的重灾区，应做好以下两点：①做好课程建设。好的课程设计应该包含有价值的目标、丰富的方法手段、适当的挑战等能够调动学生学习动力的因素。②建立多维度的心理健康教育体系，在心理教育课程和个体咨询中要充分重视学生的动机问题。发挥好心理委员近距离全方位了解学生状态的优势，对动机较低、喜欢宅、三天打鱼两天晒网的学生要尽早发现、尽快干预。

（二）家庭

（1）尊重孩子的个性发展。比如，学龄前是儿童的好奇心和自主性发展的重要阶段。儿童充满探索的欲望，如果主动探索的行为受到鼓励，就会建立自主性、自信心和创造力；反之则可能变得退缩和不自信。在这个阶段，游戏本该是儿童的主要活动，过早地扼杀孩子探索的天性，只会让孩子束手束脚不敢作为。

（2）尊重和保护孩子的兴趣爱好也许会影响孩子的成绩，但同时也许更利于孩子的成功，并且一定有利于孩子获得人生幸福感。

（3）不要教出"乖"孩子。孩子"乖"，是从大人的角度表明这个孩子省心、省力。而一个"乖"孩子，恰恰就是一个学会过早地满足别人（家长）的要求的孩子，其代价就是牺牲自己的内在需求和愿望，按照别人的需求而活。按照外在的标准和规范来活，缺乏自身内在的活力和生命力，又何谈内在动力呢？家长有必要学习一些心理学、教育学知识，用科学的方式养育孩子。

（三）社会

（1）全社会应该为青少年建立正确的价值导向，建立"以辛勤劳动为荣，以好逸恶劳为耻"的荣辱观。鼓励通过劳动和努力实现人生目标和价值，抑制娱乐、享乐的错误导向。

（2）在媒体、影视文化传播中，应警惕和抵制"宅文化""丧文化"对青少年的影响。

（3）应保障社会流动的通道，创造一个懒惰将被淘汰、付出带来收获的有活力的社会。

第二章　青春期的性心理

在 12 岁左右，随着第二性征的出现，个体正式步入青春期。在随后的六七年中，个体身体迅速成长、性生理逐步成熟，自我意识也发展起来，这促使其开始关注两性关系，对异性产生兴趣，性心理也发展起来。青少年的性心理一般表现为：对有关性的知识发生兴趣，希望通过各种途径获取性知识；对异性由吸引、接近、向往、倾慕再到爱恋；出现性欲和性冲动等。在性心理发展过程中，上述任何一方面，如果缺乏正确的引导，青少年都可能会出现各种心理和行为问题，影响性心理健康。

根据骆一等的研究，性心理健康包括性认知、性价值观和性适应 3 个方面。[①] 其中，性认知健康是指个体具有关于性生理、性病等方面的正确知识；性价值观健康是指个体的性观念和性态度正确；性适应健康是指个体对自身性别认同正确，在性欲望和性行为方面能适应社会道德文化的要求并能够对自己的性欲望和性行为有更好的约束，也可以根据实际情况及时做出调整。

多种因素影响青少年的性心理健康。家庭因素如亲子沟通、亲子关系、父母是否对子女进行性教育、是否为独生子女、父母的学历、儿童早期与父母长期分离经历和家庭经济状况等对青春期学生性心理发展有预测作用。个人因素包括应对方式、身体自尊、社交焦虑、社会支持等与性心理健康之间相关显著。

▎案例一

走出"手淫"困境

个案故事

小林，男，14 岁，某城镇中学初二学生。

小林是一名留守儿童，父母从他上小学一年级开始就在省外打工，每年春节才

---

① 骆一，郑涌. 青春期性心理健康的初步研究 [J]. 心理科学，2006（3）：661-664.

能回家待一周左右。小林小学在村小就读，每天走读回家由奶奶照顾，爷爷早已病逝，家里就祖孙俩相互依靠。从初一开始，小林考到镇上中学，平时住校，周末回家。小林与奶奶关系很好，但与父母关系淡漠。父母除了每月按时转钱回家，以及偶尔打电话问问学习成绩而外，几乎与小林没有其他交流。

对于个性内向的小林而言，父母缺位导致其内心的安全感极度缺乏，他的成长注定是孤独的。小学的时候，每天按部就班的上下学，做作业，帮奶奶做家务，一切都很平静。到了初中，性生理的发展，性意识的觉醒，都猛烈地冲击着小林，让他不知所措，既兴奋又慌乱。他没法跟奶奶讲这些变化，也不敢和同学讨论这些事情。初一期末考试结束后，在一次偶然翻阅手机阅读软件的时候，小林在一本玄幻小说中看到了一些"刺激"的情色描写，结果晚上辗转反侧睡不着，由此引发了第一次手淫。由于是暑假，小林有机会把大量的时间花在色情小说上，并在情节的刺激下频繁手淫。暑假结束后，回到学校，虽然在寝室住校，但小林仍无法控制自己的手淫行为。他非常焦虑，认为这是很不光彩的事，不敢跟人讲，也怕别人发现，更担心这样下去对身体有害。想控制又控制不了，但每次又非常后悔自责。由此产生了严重的心理冲突，感到头昏、胸闷、注意力难以集中，并出现比较严重的失眠和焦虑。

近来，小林学习成绩明显下滑，上课精神状态也比较萎靡。为了了解原因并帮助小林，班主任建议小林到心理辅导室跟老师交流一下。小林自己也很想解决问题，于是主动来到辅导室跟心理老师沟通。

辅导过程

1. 了解问题：厘清对手淫的认知

小林第一次来辅导室，非常紧张。心理老师从小林的学习谈起，认真倾听，与他充分共情，逐步获得了小林的信任，与其建立良好的咨访关系。小林逐渐放下心理负担，对心理老师敞开心扉。

随着会谈的深入，小林主动询问了有关手淫对健康的影响，并坦言存在较为频繁的手淫现象。看到小林比较尴尬和紧张，心理老师及时提供情感支撑。了解到小林极度缺乏性心理相关知识，心理老师向小林仔细介绍了青春期男孩性发展的特点。通过交流，小林知道了偶尔手淫是青春期孩子的常见现象，适度手淫能在一定程度上缓解青春期的性紧张、性冲动；但对男孩而言，频繁手淫可能会导致阴茎动脉血供应不足及静脉闭合功能减退[①]。随后，双方共同探讨了如何避免和转移性冲动的方法，并进一步达成暂停阅读色情小说、尝试多参加体育等活动、尽量控制自慰行为、养成良好睡眠习惯等意向。

2. 分析原因：辨明情绪和感受

---

① 李慧峰. 长期频繁性、规律性手淫对阴茎血流动力学的影响［D］. 上海：上海交通大学，2008.

随后的辅导中，心理老师进一步了解小林的同学交往状态和与父母互动情况。对于同学关系，小林自述没有好朋友，很难融入其他同学的小圈子；由于没有什么兴趣爱好，也不打游戏，因而他常常在同学们聊天时插不进话，只有独自离开。对于家庭关系，小林理解爸爸妈妈在外打拼挣钱的不易，也觉得奶奶把自己照顾得很好。但他们给予的都是物质上的支持，几乎没有情感上的关注和交流。心理老师逐步引导小林发现自己内心深藏的孤独和无助，以及这些情绪和感受在频繁手淫中所起到的动因作用。认识到这些后，小林潜意识中的孤独感和对未来不确定的恐惧感逐渐浮现到意识层面，小林开始接纳以前不敢面对而被压抑到潜意识中的孤独和恐惧，自觉轻松不少。在此基础上，双方从个人和环境两方面共同商定辅导方案。个人方面，主要聚焦于认知调节和行为控制；环境方面，则综合考虑家庭亲子关系的重建和学校同学交往的突破。

3. 认知调节：纠正不合理信念

通过在咨询中深挖小林内在的观念，了解到小林倾向于对自己进行消极评价，诸如"我家里条件不如别人，别人都瞧不起我""谁都不理解我，交不到朋友，我注定是孤独的""我的成绩总是不理想，也没有什么前途"等。这导致小林常常体验到自卑、自责、焦虑、悲观、抑郁等消极情绪。为了修正小林内在的这些不合理信念，咨询师引导小林将那些消极评价一一罗列出来，并指导他学会与这些消极观念进行辩驳，以积极的评价来代替消极评价。同时，给小林布置家庭作业，要求他每天记录一天中发生在自己身上的三件积极的事情并分析该事件发生的原因。通过这些练习，小林逐渐开始用积极词汇来描述发生在自己身上的事情，对待周围的一切也有了积极的心态。

4. 行为控制：增强自我管理能力

小林自幼与父母分离，奶奶对自己很溺爱，造成了其独立能力较弱，且缺乏良好的自我时间管理、情绪管理以及学习管理能力。分析小林"手淫"的形成过程，可能是源于最初在"色情小说"刺激下的偶然尝试行为，后来在心理上的孤独感、学业、人际上的失败感，以及应对上的逃避心理等多种因素的共同作用下，其"手淫"行为日益频繁，导致了一个消极循环。咨询师与小林分析了这个过程，指导小林制订相应的学习和生活计划，从一个个小目标入手，逐步增强成就感。同时，将篮球和跑步定为每日运动项目，通过运动缓解不良情绪。

5. 沙盘辅导：亲子关系重建

对于中学阶段的未成年人而言，其内在自我力量往往较弱，在面对心理问题时，家长的支持就尤为重要。在征得小林同意的情况下，班主任与小林的父母取得联系，希望父母多关心小林的生活和学习，与小林多沟通。小林母亲随即请假回来，陪伴了小林一段时间。但由于母子比较生疏，且二人都不善于语言表达，母子交流存在一定的困难。咨询师邀请母子参与沙盘游戏，通过游戏表达来增进彼此的情感。有了玩具作为媒介，母子互动明显增加，关系变得和谐起来。咨询师适时引导母子交流，并鼓励双方在家庭中增进互动。小林感受到了母亲对自己的深爱和期望，母亲也意识到了自己和丈夫缺乏科学的教育方法，从而对小林的心理发展造成了不良影响。亲子均表示以后要增进信任和理解，加强沟通交流，一起努力改变。

6. 自信训练：提高人际交往技能

小林的孤独感一方面来自家庭，另一方面来自学校。小林在同学交往中不自信，不敢表达自己的观点，以致常常离群索居。咨询师采取角色互换和强化训练的方案帮助小林提高人际交往技能。首先让小林描述和寝室同学沟通的一个例子，然后咨询师扮演室友，小林与咨询师沟通；接着，小林扮演室友，咨询师重演小林刚刚的表现，并询问小林的感受。比如，小林描述说同学和自己讲话时，通常讲着讲着就不和自己说话了，自己很是挫败。在角色扮演中，小林才发现原来自己在潜意识的自我防御作用下，为了避免面对自己被同学拒绝的尴尬，于是就选择自己先拒绝，也就是当同学与自己说话的时候，自己不仅不看同学，而且还拿着一本杂志随手翻阅，造成一种"并不是你先不跟我讲话的，是我先不想听你说话"的假象，以此自我保护。通过与咨询师角色互换，小林意识到了自己在人际交往中存在的问题，并在咨询师的指导下进行行为的修正。同时，咨询师给小林布置人际任务作为家庭作业，比如和陌生人交谈、与室友沟通等，小林记录进展情况，咨询师给予评价和鼓励。

咨询结束后的回访发现，小林和同学相处更为融洽了；学习上非常努力，成绩有了明显提升，情绪变得稳定愉快了；几乎不再看色情小说，不知不觉中，手淫的频率也减少了，也不再经常想这件事，整个人也变得阳光了起来。

个案点评

一、辅导要领

1. 对青春期性问题的心理咨询，采取教育与指导相结合的方式

当代青少年，普遍存在生理发育超前、心理发展滞后的情况。初中阶段的孩子，面对第二性征发展带来的冲击，性意识的觉醒，他们迫切需要性的相关教育和指导。但中国传统习俗中对性的避讳，使孩子们找不到恰当的途径获取相关知识。在本案例中，小林沉迷色情小说，并存在较为频繁的手淫现象。咨询师并未对其贴上任何"不道德""心理不健康"等标签。而是在与其建立良好关系的前提下，向小林介绍了青春期男孩性发展的特点，并一起探讨过度手淫可能带来的危害，从而让小林对青春期性问题有了正确恰当的认识。这也为后期小林的转变奠定了认知基础。

2. 对未成年人的心理咨询，家庭的引入非常必要

青少年的心理问题，除少数经临床诊断为精神问题而外，大多为发展中的问题。而在青少年的发展中，家庭扮演着至关重要的角色。本案例中的小林，亲子关系不良，他对手淫行为的沉迷，一部分原因出于父母缺位导致的安全感缺乏。咨询

师通过叙事疗法、询问技术等，初步了解小林家庭中的亲子关系，并以沙盘为载体，再现母子之间的互动模式，帮助母亲和小林觉察到自己在沟通中的特点并加以适时指导，在一定程度上改善了亲子关系。

此外，夫妻关系的质量可以直接影响到亲子关系的质量。良好的夫妻关系会自然而然地为孩子提供温馨而安全的环境，非常利于孩子的身心健康发展。本案例中，小林父母的个性都比较突出，虽然二人回家时间不多，但每次回家却常常当着小林的面发生冲突并说一些伤害家庭亲密关系的话，所以尽管他们自认为是爱小林的，也在努力为家庭付出，但是小林却觉得家就是一个"陌生世界"。咨询师在与小林母亲的沟通中，向其指出努力维系好夫妻关系，提升家庭成员的幸福感，从而为孩子的成长提供好的心理环境的重要性。后续回访中，小林反馈父母假期回家不再吵架，一家人其乐融融地去看了电影。父母的改变助力了小林的转变。

3. 对亲子关系的心理咨询，沙盘疗法是较好的选择

亲子关系问题往往源于亲子沟通困难，继而影响了亲子互动。对于青春期的孩子，身心发育的特点使其易冲动、偏激，思维片面；而其父母，正处于一生中身心负荷最重的中年期，各种压力令他们身心俱疲。再加上不同时代背景带来的文化代沟，亲子之间不免存在各种误解、冲突。孩子往往因为觉得父母听不懂自己所说的话，不理解自己的感受而倍感孤独。父母也认为孩子过于以自我为中心，不懂得自己辛苦。固有的成见使得亲子之间话不投机三句多，矛盾冲突愈演愈烈；随后"你不说我不问"，亲子关系日渐疏远。

在本案例中，咨询师邀请亲子双方一起参与沙盘游戏。游戏中所设立的受保护的空间、所呈现的各式各样的沙具以及与儿时玩乐相连的细沙等，都能在一定程度上吸引亲子的共同参与。咨询师对游戏中亲子互动存在的问题及时指出并加以指导，能在很大程度上促进双方的觉察和领悟。可以说，沙盘游戏是整个咨询过程的催化剂，促进了咨询效果的极大提升。

二、来访者的成长

1. 性心理健康水平提升

性心理健康是指个体通过恰当的途径了解有关性的知识，形成健康积极的性价值观和良好的性适应能力。在本案例中，小林虽然看了不少色情小说，但对青少年性生理、性生理健康发展的科学知识并不了解。咨询中，小林主动询问了有关手淫对健康的影响，并坦言存在较为频繁的手淫现象。咨询师通过向小林介绍青春期男孩性发展的特点，让小林知道了偶尔手淫是青春期男孩儿较为常见的现象，同时，与小林一起探讨过度手淫可能带来的危害，以及如何避免和转移性冲动的方法等。咨询老师对小林进行了基本知识普及，让小林了解色情书籍可能带给他的影响和伤害。咨询中，小林主动提议母亲帮助他购买一些专业书籍帮助自己提升对生理和心理发展特点的认识。通过咨询，小林在性心理方面的健康水平有了显著提升。

2. 思维片面性有所改善

思维的片面性是初中生常见的认知偏差，主要表现在不能全面、辩证地分析、解决问题，而是抓住一点而不计其余。如本案例中，小林把对父母由于工作繁忙导致养育忽略带来的感受扩大化，而忽视了家庭亲密关系中的温暖和真诚，是其思维片面性的典型表现。通过咨询，小林对父母之间的相处模式和父母与自己之间的互动模式有了新的认识，在改善亲子关系的同时，小林的思维片面性也有所改善。这将使小林未来在处理其他问题时，能从现实性出发，全面考虑问题的实际情况，从而避免在思考、分析问题时钻牛角尖，乃至陷入思想死潭等情况。

3. 情绪调控能力得到发展

青春期的孩子情绪容易波动，常因生活中的一些事情诱发低落、忧虑、紧张等情绪，而缺乏情绪调控能力又使得他们或者陷于负性情绪不能自拔，或者采取一些不恰当的情绪调节方式，对正常的学习生活产生负面影响。本案例中，小林亲子关系的疏远和同学关系的不融入，常使他体验到强烈的孤独感。而手淫带来的非现实满足，成了小林释放负性情绪的一个不恰当手段。这也许就是小林沉迷手淫的其中一个原因。咨询中，老师通过指导小林进行情绪聚焦，觉察并接纳自己的孤独感和潜藏的恐惧感，同时鼓励小林尝试通过与父母沟通交流、多参加体育锻炼和集体活动、养成良好睡眠习惯等方式来调节情绪。小林的情绪调控能力得到一定的发展。

基于个案反思的积极共育指导

初中生处于性心理发展的重要时期，学校、家庭和社会须在促使其掌握正确、科学的性知识，树立正确的性观念方面发挥各自的作用。

一、学校

1. 开展多种形式的性教育

现代社会中，性教育的渠道包括家庭、社会、同伴和学校。就家庭而言，由于受到中国传统文化的影响，大部分家长谈性色变，加上其自身就缺乏相关的性知识，这使得家长对孩子进行有效的性教育困难重重。社会虽然可以通过媒体、网络等方式传递性知识、性观念，但由于网络监管不易，使得很多性教育的内容鱼龙混杂，不仅不能给孩子正确的性教育，还可能会在一定程度上对孩子造成负面影响。同伴虽然是对孩子们最有影响力的群体，但其本身都是未成年人，他们对性的认识也处于探索和不稳定阶段，将性教育寄托于同伴无疑也是不现实的。因此，学校就当仁不让地成为未成年人性教育的主战场。学校可以开设相关的性教育课程，请专业教师开展多种形式的性教育，比如观看视频、小组讨论、专家讲座、案例分析等。通过性教育，揭开性的神秘面纱，消除青少年对性的无知状态，培养正确的性观念。另外，加强管理，禁止色情小说在未成年人群体中流传。

2. 对有性心理健康问题的孩子不贴标签

中学生对性已经有一定的认识，看色情小说、手淫行为等绝不是中学生中的个案，很多初中生，尤其是男生多少会有类似行为，只是没有沉迷和出现心理困扰。因此，像小林这样的情况，教师要正确对待，一方面不能给他贴上任何"不道德""心理不健康"等标签，另一方面也要注意将其所有问题都纳入隐私范围进行保护，并找专业心理老师介入开展指导。

二、家庭

1. 加强亲子沟通，建立良好的亲子关系

初中生表面上要求独立，其实对家庭亲密关系的依赖还是很强，亲子关系的好坏、与父母的互动性等会直接影响孩子心理安全感的获得。小林与父母互动极少，自我感觉亲子关系淡薄，因此向父母封闭内心，从而产生孤独感。而偶然接触的色情小说为他消除内心的孤独感打开了一扇窗，但长此以往，必定影响他对世界的认识，并增加一些伤害身体健康的行为，比如自慰、过早开始性生活等。

2. 处理好夫妻关系，建立温馨家庭关系

夫妻关系的质量可以直接影响到亲子关系的质量。良好的夫妻关系会自然而然地为孩子提供温馨而安全的感觉，非常利于孩子的身心健康发展，因此夫妻应该努力提升自己的人格成熟度，提升人际沟通技巧，真心关爱彼此，努力维系好夫妻关系，提升家庭成员的幸福感，为孩子的成长提供好的心理环境。

三、社会

加强图书市场管理，禁止售卖色情读物。小林的部分色情小说来自周末在书摊淘的二手书，由于中学生处于身心发展的关键时期，且身心发展不稳定、不平衡，色情书中夸张甚至扭曲的描写不利于他们的身心健康，而且阅读能让读者产生类似于置身情境中的体验，对于未成年人的成长害大于利。因此，社会应该加强对书摊偷售色情小说的整治。

▌案例二

"喜欢你"不是罪

个案故事

小雨，女，16 岁，某中学高一学生。

小雨来自一个书香门第，父母及祖父母均为高级知识分子，家教甚严。一直以来，小雨都成绩优异，是父母眼中的乖乖女，老师眼中的好学生。在高一的下学期，班上转来一个帅气的男孩子，小智。由于小雨是班长，学习很好，班主任便把小智安排在了小雨的同桌，希望小雨能在学校适应和学习进度方面给予一定的帮助。

随着接触的增多，小雨发现自己逐渐对小智有了一种别样的情愫。她总是想和他待在一起，课间或中午的时候，如果小智和其他同学出去活动了，小雨就会十分烦躁，满脑子都想着小智，无法投入学习。她的这些表现被敏感的闺蜜捕捉到了，闺蜜常常跟她开玩笑说她"是不是恋爱了"。小雨非常慌乱，甚至有些害怕。因为从小受到的教育让她内心有一个十分坚定的信念：绝不在高中阶段谈恋爱！而自己现在却萌生了这样的想法，且还无法控制，一时间，自责自怨的念头包围着自己。她想让老师换座位，又找不到合适的理由，感觉自己如果刻意换座位，是否有"此地无银三百两"的嫌疑。就这样，小雨成天坐立不安，焦躁不已，白天无法集中精力学习，晚上又老是做噩梦，成绩不断下滑，自感内心焦虑。

小雨找不到人倾诉内心的苦闷，就把对小智的情感写在了日记本上。

一天上午，小雨做完课间操回到教室，发现同学们围着一个同学在哄笑，不明所以。坐下一翻抽屉，才发现，自己早上换座位搬书本时不小心把日记本落在地上，课间被那个同学拾到了，几个同学正好奇地围着那个同学在翻阅日记本。日记本没有写名字，日记中也没有明说小雨和小智的姓名。那几个同学翻了一会，一个同学大声叫道"个人隐私，不得查阅！谁的日记本放学后自己认领哈"！然后，他们把日记本放到了置物架上。

虽然那些同学只是翻了一下日记本，也并不清楚小雨就是日记本的主人。但小雨顿觉羞愧难当，恨不得有个地缝钻下去。她既羞又愤，却又不敢在明面上去斥责那些同学。晚自习后，她等同学们都走完后才迅速到教室后面把日记本放进书包，忐忑不安地回到家里。

第二天开始，小雨感到同学们都在议论她和评价她，只要发现班上有同学窃窃私语或说笑，小雨就会认为都是在议论她、嘲笑她。小雨的精神状态越来越差，成绩不断滑坡。老师和父母开始找她谈话，但是小雨觉得自己在高中阶段就萌生了对异性的喜欢并且还影响了学习，有愧于家长和老师的期望，无法面对他们；同时少女的羞涩使她对自己的这份情感难以启齿，因而不敢把事情的真相告诉长辈们，每次都是以泪洗面，只说是自己学习压力大，提出要在家自行复习，老师和父母都不同意。后来小雨连教室也不想进了，每天鼓足勇气坐到教室上课对她来说已经变成一种煎熬，说坐在教室里面都要"窒息"了。

辅导过程

1. 了解青春期性心理发展特点：接纳对异性的好感

中学生性心理发展大致经历三个阶段。第一阶段：小学高年级及中学低年级时期。该阶段以对异性的疏离与排斥为主要特征。处在这个阶段的青少年，一方面对性别、性角色有较强的心理认同，另一方面又因为第二性征发育带来的两性差异而感到不安和烦恼。这使得他们在生活中常常有意疏远或躲避与异性接触。第二阶段：初中二三年级时期，也是性萌发期。青少年开始关注异性并以各种理由接近异性，写纸条、写信等是常见的形式。但这一阶段，青少年的情感以朦胧为特点，其异性交往带有明显的好奇性、试验性、模仿性和盲目性。第三阶段：中学高年级时期。这时，青少年对异性的关注增加，交往更频繁，他们会自然而然地对异性产生兴趣甚至爱慕，并能感受到异性吸引的情感撞击和性欲的冲动。

在青春期，对异性产生兴趣甚至爱慕，是正常现象。对青春期学生的情感交往不应采取压制行为，而应予以尊重和保护，并给予正确的引导和指导。

在咨询过程中，咨询老师向小雨普及青春期青少年身心发展方面的知识。小雨认识到了这个年龄段男生和女生心理特征的共同特点和差异，明白了该年龄段大部分人都和她一样有钟情心理和自我表现心理，也明白她在自我认知和社交能力发展等方面还不完善，需要不断学习和成长。小雨利用空余时间学习相关知识，这些知识打开了她的思路，让她能更客观地认识自己和身边的人，减少了"想象人际"带来的心理压力。小雨通过与同学交流，更加确信自己并没有成为同学们议论的焦点，并最终接纳了自己喜欢小智这个事情，为其后续情绪调节和认知修正打下了基础。

2. 增强自我确定性：不活在别人的评价中

小雨出生在知识分子家庭，家教很严，父母从小对她的学习、言行举止等方面的要求都比较高，特别是父亲，对她寄予了极大的关注和期望。父亲在工作之余，花了大量的时间陪同小雨——学习、生活、玩耍等，亦师亦友。小雨也很尊重父亲，一直都努力做到优秀，希望成为父亲眼中的好女儿。从小她就把"父亲满意"作为自我评价的标准，在她的内心深处，任何和父母要求不一致的行为表现都是不允许发生的。一旦她感到自己的言行和父母的期待不一致，她就会否定自己。在对成长经历的回忆中，小雨发现几乎处处都有父亲的影子，用她的话说就是"父亲的满意就是我的行为标准"。这一理念不仅影响到父女关系，还影响到小雨生活的方方面面。一直以来，小雨都努力做到最好，就是生怕身边的人特别是父母失望。这些年她努力地学习，在生活和班务管理方面严格按照父母和老师的要求去做，因为她不想让父母和老师失望。但实际上，小雨自己感到并不快乐，所有的努力更多的是为了不让别人失望，而不是自己愿意这么做并感到快乐。

小雨的问题也是自我同一性发展的问题，在青春期这个关键阶段，青少年要逐步发展起建立在自我评价基础上的自我概念，也即建立自我的存在感，而不是诚惶诚恐地活在别人的评价中。为此，咨询师鼓励小雨要"尝试着做自己，享受自己付出的劳动，允许自己有不完美"。虽然，自我确定性的发展有一个过程，但与咨询师的交流让小雨意识到了自己肯定自己，自己接纳自己，无须活在别人的评价中，这就有了一个很好的开端。

3. 探寻情绪根源：打破自我概念的完美化

小雨频繁噩梦，梦境中自己或者掉入肮脏的水中，或者被人辱骂"不知羞耻"

等；以及在学校总是认为同学们在背后议论和嘲笑她，其实这些都与小雨对自己的评价有关。梦中骂她的不是别人，正是她自己。

小雨从小就有着良好的成长及学习条件、优异的学习成绩和学生干部形象，这使得她对自己在他人心中的定位要求比较高，不容许自己做有损内心形象定位的事情，她对自己言行的要求是"完美"。在高一时，小雨倾慕同桌且影响了学习，这是她的父母不允许的，也与小雨对自己的要求不一致。再加上日记本事件，小雨更担心自己在同学心目中"人设"的坍塌。在他人还没有明确地对自己评价之前，小雨自己就已经对自己给出了评价。她自己内心深处怀有的自责和羞耻，这才是一切心理困扰的根源。

通过咨询，小雨认识到正是她内心对自己的完美主义期待，使自己不能接受与父亲要求不一致的任何行为，认为"只要自己没有满足父母的要求，自己就不是一个好女儿了"。因此，当自己在高一就萌生对异性的好感时，小雨潜意识就已经对自己进行了言行批判和负性评价；同时，由于对父母、老师、同学看法的担心，更增强了她的羞愧感，导致了她的焦虑以及对同学表现的过度反应和错误推断，最终出现负面情绪体验的泛化。为了打破小雨对自我完美主义的要求，咨询师让小雨回去请母亲对父亲做一个客观评价。结果发现，母亲对父亲的评价并不好。随着父亲的完美形象被打破，小雨能客观认识到人都不是完美的，与之相应的评价标准也不一定是完美的，她内心唯以父亲为标准的信念也被击破。

个案点评

一、辅导要领

1. 以中立的态度看待青春期恋爱问题

十二三岁至十七八岁的青少年，对异性倾慕乃至爱恋，虽是身心发展的正常表现，但由于其性未发育成熟，生活和经济上还没有完全独立，并且距离国家的法定结婚年龄时间较长，这时的恋爱往往被冠以"早恋"的标签。不少家长和学校担心孩子在早恋中投入情感太多而分散学习精力，或者在性方面越界而带来身体伤害，因而对"早恋"持反对态度，以致打压、围堵、禁止等，结果激发更大的矛盾，衍生出其他问题。咨询师在面对青春期恋爱问题时，更应该秉持心理咨询价值中立的原则，从来访者的角度出发，尊重和接纳来访者，并与其客观讨论异性交往的原则、早恋的危害以及性心理健康等，使其能恰当地处理青春期的情感问题。

2. 通过认知改变来调节情绪问题

认知行为疗法认为，人们的焦虑、压抑、愤怒等消极情绪的主要根源是其所持有的非理性的信念，而这些非理性信念通常具有3个特征：过分概括化、绝对化和糟糕至极。

在本案例中，小雨出现了较为强烈的应激性情绪反应。主观上的感受有焦虑、担忧、心境恶劣以及深深的愧疚感；生理上的表现为头皮发麻，四肢有些僵硬，自感脸红，并有失眠和梦魇。小雨出现这些情绪困扰的直接原因在于其认知中的非理性信念。例如，小雨因为自己在本应该一心学习的高中阶段却喜欢上了同桌并影响了学习，认为自己辜负了父母师长的期望，以此来评价自己，评价自己的价值，认为自己不是令"父亲满意"的女儿了，结果导致了自责自罪、自卑自弃的心理和焦虑及抑郁情绪的产生。又如，小雨对自己言行的要求是"完美"，潜意识中的自我对话为"我应该是一个完美的人"。当这种绝对化的不合理信念出现时，内心就容易产生"完美自我"受损的感受，后悔、自责、羞愧，并噩梦连连。再如，事件发生后，小雨把该事件的影响灾难化，认为这将影响到同学们对她的印象，影响自己的学业，自己辜负了父母、老师的期望，从而焦虑、担心，甚至梦境中总是出现陌生人向她吐口水，对她说"不要脸"之类的攻击语言，以及在学校老认为同学们窃窃私语或说笑都是在议论她等。

在明确导致小雨产生负性情绪的认知原因后，咨询师采取了一系列的方案来帮助小雨改变认知重建合理信念。

（1）与不合理信念辩驳。通过帮助小雨将自我对话中的"应该"修改为"可以不"，小雨打破了自我信念中的绝对化部分，接纳自己的不完美。

（2）布置家庭作业。小雨请母亲客观评价父亲，从而打破了父亲的完美形象，其内心唯以父亲为标准的信念也被击破。

经过心理咨询，小雨的情绪大为改善，自感心情和学习状态恢复得比较好，能以平和的心态来看待自己对异性的倾慕。在跟老师交流了对小智的情感后，她能接纳自己的情感，并理智地看待这份情感。她选择了把这份情感暂时存放起来，并恢复到了以往坦然相处的状态。她自述与同学们在一起也不像以前那样让她感到恐惧了，也不再担心同学们对她有什么看法，她可以跟同学们开心地交谈了。

二、来访者的成长

1. 提升了自我确定性

自我确定性是自我概念清晰性的主要成分之一。自我确定性高的个体，其自我信念的稳定性更强，更能抗拒变化及预测行为。[1] 而自我不确定则是个体对自我的模糊或不一致的认知，是一种强烈的同一性危机。自我不确定性高的青少年可能会体验和经历到更多的矛盾冲突。

本案例中，小雨一直活在别人的评价中，她回忆小时候的成长经历，几乎处处都有父亲的影子。父亲十分疼爱她，但却把她培养成了"我的女儿"，而不是她自己。这表现在他对小雨生活学习的过度参与和过度陪伴，尤其是阻隔了小雨与同龄人交往、建立友谊和社会化的过程，用她的话说就是"父亲的满意就是我的行为标准""父亲的喜好和人生态度就是我的喜好和人生态度"的情况。这在很大程度上阻碍了小雨发展属于自己的价值观和人生标准，从而导致她在面对挫折的时候容易

---

① 郑富元. 追求独特性对自我确定性的提升作用的研究［D］. 重庆：西南大学，2012.

失去内心支撑。

从小雨的描述中，可以推测小雨的自我确定性较低。青春期正是自我同一性确立的重要时期。咨询中，咨询老师鼓励小雨"尝试着做自己，享受自己付出的劳动，允许自己有不完美"，这种被允许不完美的接纳感对她内心的冲击力很大。小雨需要自我的存在感，而不是诚惶诚恐地活在别人的评价中。通过咨询，小雨逐步确立了对自我积极的认知评价和情感体验，不再追求不现实的完美，不再对失败过分敏感。小雨逐步成长为她自己，接纳自己、喜欢自己，并在父母、老师的帮助下学会客观地看待问题，能够接纳和认同自己的感受和价值观，自我确定性得到了提升。

2. 促进了对认知和情绪之间关系的理解

理性情绪疗法认为，并不是某个诱发性事件导致了个体出现消极情绪和相应的行为；个体对该事件的看法或信念才是消极情绪和行为的主要原因。

本案例中，诱发性事件是小雨对异性的倾慕以及日记无意间被其他同学翻阅。但引起小雨出现消极情绪和行为的真正原因并不是这些事件本身，而是小雨潜意识中的不合理信念，如"我应该是一个完美的人""这件事情导致了我在别人眼中的不好印象，这真是一个糟糕至极的灾难""我单恋异性还影响学习，我就不是令'父亲满意'的女儿了"等。通过咨询，小雨理解了情绪、认知（不合理信念）之间的关系，掌握了通过改变认知来调控情绪的原理，能够在老师的指导下与不合理信念进行辩驳，并采用实践验证等方法检验自己观念的不合理之处。认知的调整带来了情绪的稳定，小雨学习上也能专心投入了。

基于个案反思的积极共育指导

该案例是一个女孩在青春期与异性交往中的一段经历，可能与很多成年人经历的情感挫折比算不了什么，但是对她的影响却是巨大的。如果没有及时处理，不仅会影响她的学习，还有可能影响她一生的社交、亲密关系发展和职业发展。根据她的经历，我们对学校、家庭和社会提出以下共育建议。

（一）学校

1. 开展青春期"爱"的教育，培养正确的恋爱观

处于青春期的中学生，身心经历着巨大的变化。生理方面，男生声音变得低沉、喉结突出、遗精等，女孩嗓音变细、乳房开始发育、有月经初潮等。心理方面，他们的自我意识不断增强，但还不成熟，表现为既渴望独立，又渴望得到父母、老师的理解和支持。处于这一阶段的孩子，会自然而然地对异性产生兴趣甚至爱慕，并能感受到异性吸引的情感撞击和性欲的冲动。对该年龄段孩子开展青春期的爱情教育，有利于引导他们正确认识爱情和婚姻，能接纳青春期性的萌动并恰当对待，并促进其发展适当的社交能力，如友情建设、异性好感处理技巧等。对于该阶段的孩子，既需要采取正面积极的引导，又要针对当下发生的事情和所面对的情

境循循善诱，让他们在冲突中获得成长与发展，并在师长交流、同学互动中培养起正确的恋爱观。

2. 开展多种形式的校园文化活动，营造健康活泼的教育氛围

中学生大部分时间都待在学校，因而学校的大环境对其有潜移默化的熏陶作用。学校应开展多种有益健康的校园文化活动，以读书角、黑板报、宣传栏、各种文体活动及专题讲座、座谈会等为载体，通过讲述典型爱情故事、讨论争议话题、解读爱情诗歌等形式，宣传正面的、积极的恋爱观和婚姻观，培养其健康的情操和道德感。

3. 保护青春期孩子的敏感性和自尊心，切忌"上纲上线"

处于青春期的孩子对自己的外在形象和人际关系十分敏感，他们既在乎别人心目中自己的形象，又在乎老师的看法。当青春期的孩子因为情感问题产生矛盾或其他问题时，我们首先要尊重他们的隐私，避免公开处理而让孩子尴尬，要让他们觉得安全、平等且受尊重。要使孩子们认识到，青春期异性之间的交往甚至爱慕都是正常的。教师和家长需要特别注意不要人为地夸大这种"爱"，也不必刻意去刺激助长这一情感。对于家庭亲密关系发展比较好的孩子来说，这个年龄段主要依恋的人依然是父母，和异性同学的交往大部分是友谊，少数孩子会对某个异性产生一定程度的倾心，这都是正常的。只要加以正确引导，就能帮助他们把这种情感激发为更加勤奋上进的动力。

（二）家庭

1. 适度陪伴，给孩子的成长提供自由空间

当下，社会各界在批判家庭教育的缺失，父母在孩子成长中缺位的同时，另一个对立面也悄然兴起，那就是父母对孩子的过度陪伴，反倒成了孩子成长发展中的桎梏。家长的过度参与，使得孩子失去了很多与同龄人交往、建立友谊的机会，对孩子的社会化产生了很大的阻碍。孩子很难发展出独立的人生观、价值观和世界观，到了青春期，不少孩子呈现出"失去自我"的困惑，不能完成自我同一性的发展。一切以父母的期待为自己的目标，以父母的喜好为自己的行为准则，使得他们在很多现实问题的处理上茫然无措，造成非常大的压力。家长需要认识到过度陪伴带来的危害，让孩子成为"孩子自己"，而不是"家长的孩子"。家长需要打破传统"塑造观"[①]的影响，即认为孩子是需要由家长来"塑形"的，认为只要将孩子培养成为高文凭、有好职业、好前程的人，就可以减少或避免孩子在成长过程中遭遇逆境。但是现实并非如此，孩子在人生中所要经历的各种事件并非家长可以掌控；孩子即使有了好的学习成绩，也并不能解决生活中面临的种种难题。家长需要在陪伴孩子的同时，给予孩子成长的空间，支持孩子的独立探索，尊重孩子的意愿及个性，不做阻碍孩子社会化发展的"围墙"，而要成为孩子通向世界的"桥梁"。

---

① 缪建东. 家庭教育学［M］. 北京：高等教育出版社，2009.

2. 理解"早恋"的孩子，给予尊重和适当的引导

"哪个少女不善怀春，哪个少年不善钟情"。随着生理心理的成熟，青春期的孩子对异性开始感兴趣并产生爱慕的情感是正常现象。当父母发现自己的青春期孩子开始对异性产生好感，"单恋"甚至"早恋"的时候，应该以给予足够的理解和尊重；不缺席、不放任、不阻止；用恰当的形式引导孩子正确面对那份爱。一方面，家长可以创设一种轻松的家庭氛围，以一般化的态度主动与孩子交流性方面的知识，既不将性"神圣化"，又不将性"污名化"，对孩子进行完整的性教育；另一方面，家长也要对孩子进行爱、责任的相关教育，在宽容、接纳的气氛中，跟孩子讨论各个选择可能会带来的后果以及影响，让孩子明白自己将承担的责任；当孩子迷茫的时候，及时给予建议和帮助，帮助孩子做出正确的决定。

（三）社会

1. 重视青少年成长教育，搭建青少年青春健康教育平台

目前政府部门和很多社会组织都很重视并致力于关爱青少年健康成长教育。我们应客观地对待青春期孩子身心发展过程产生的思想和言行变化，尊重孩子的情感发展，接纳孩子表现出来的异性好感，并引导他们处理好情感与友谊。

2. 开展形式多样的青少年健康成长指导服务

现在不少成年人对孩子的情感发展仍然比较忽视，谈到"情"和"性"依然会色变。社会应制定相关政策，通过群团组织、公益组织等搭建青少年青春健康教育平台，社会、学校和家庭配合，为孩子们的健康成长共同努力。

参考文献

［1］骆一，郑涌. 青春期性心理健康的初步研究［J］. 心理科学，2006（3）：661－664，657.

［2］李小西. 关于性，孩子应该知道什么？［J］家庭教育导读，2009（1）：4.

［3］郑富元. 追求独特性对自我确定性的提升作用的研究［D］. 重庆：西南大学，2012.

第三章　青少年人际迷茫

　　人际交往是人与人之间的一种互动，是人际关系的构成基础，是人们获得信息、知识和社会支持的重要途径，贯穿于人们生活、学习和工作的所有领域。而人际关系是指人们在社会生活中，通过相互认知、情感互动和交往行为所形成和发展起来的人与人之间的相互关系，反映出人与人之间的心理距离。在汉语中，交往的概念最早见于《孟子·万章下》："敢问交际，何心也？"后来交往就泛指人与人之间往来的各种表现形式，满足本能的安全感和归属感，避免被孤立和建立亲密联系，满足身心发展需要，有助于更好地认识自我，建立良好的社会支持。

　　青少年阶段，良好的人际关系成为影响个人健康成长重要的因素。随着年龄的增长和学习环境的变化，青少年的个人生活渐渐社会化，需要学会与更多同伴同学、老师的交流和相处。但现实中，由于通信设备的更代换新和网络的普及，青少年出现人际冲突和对集体住宿等生活不适应的情况很普遍，这类问题占到日常咨询个案的30%左右；同时，也有相当一部分青少年不懂得如何与家长相处，存在家庭教育不当或严重缺失的问题。美国著名的心理学家卡耐基认为，未来社会的成功源于30%的才能加70%的人际协调能力。良好的人际关系，不仅能给人生带来快乐，而且更能助人走向成功。正值身心飞速发展的青少年，精力充沛、热情奔放，需要与人建立联系和被认可，通过交往，能够提高自己的理解能力、观察力，扩大自己的知识面，培养自己的高尚情操；通过交往还可以消除不安全感、孤独感，使紧张的心理得到调节，得到安慰，使紧张的情绪得到缓冲和稳定。同时，良好的人际关系有利于构建青少年健康成长的社会支持系统，促进青少年的社会化进程和形成良好的社会适应能力。

▋案例一

"越管越疏远的"亲子关系

　　"老师，我好烦，我妈啥事都管，连我理什么发型、穿什么衣服、吃什么都要过问，更不用说跟谁玩，作业做了没有，考多少分……"

个案故事

来访者是某学校高二的一名男生。小伙子看起来帅气又安静，如果不是他妈妈的求助诉说，咨询老师怎么也无法将"顶撞父母、离家出走"等事件与坐在咨询室内安静又礼貌的他相联系。

据来访者妈妈说，孩子不管是对父母还是对老师，一直都很礼貌，自己曾经担心他步入青春期会出现跟有些孩子一样的叛逆、不听管教，但孩子并没有出现这样的行为问题。自己本以为可以松一口气了，不料却因为一件小事，他跟家人发生了激烈冲突后摔门而去。父母原本以为他会像从前一样天黑就回家，但是这次他却在没有告知父母的情况下去了离家很远的一位同学家，也没有给老师请假。两天后他若无其事地回学校上课，没想到却被班主任和校长因为私自逃学旷课约谈，经家长再三保证，班主任和校长才同意其继续回校读书，但条件是要去和心理咨询师进行面谈。

来访者跟在妈妈身后，一言不发地来到咨询室。咨询老师请母子坐下后说道："有什么需要我帮忙的，我会尽力。"

来访者冷着脸看了妈妈一眼，没好气地说："还是你跟老师说吧"！

他妈妈接过话开始数落到，他每天不能按时起床，在卫生间洗漱时间太长，跟爸妈说话口气也不好，自己窝在卧室总关门，跟弟弟玩耍发脾气等各种琐碎小事。在妈妈不停诉说的过程中，咨询老师观察到来访者是一副毫不在意、不以为然的样子，他一会儿看看窗外，一会儿玩弄手指，咨询老师问他："你还有什么要补充的吗？"

来访者："话都让她说完了，我还要说什么？说了有什么用？"听他这么说，咨询老师隐约意识到问题的症结所在，于是开始与他单独交流。

咨询老师："你对妈妈刚才的叙述有什么要说？赞同这些说法吗？"

来访者坐不住了："老师，你不知道，我妈啥事都管，连我理什么发型、穿什么衣服、吃多少饭都要过问，跟同学通过电话要过问，跟同学出去玩更要过问，就连我换衣服写作业关门都要盘问半天，我在她跟前一点隐私都没有，一点自由一点自信都没有……"

咨询老师："那么你的这些感受有没有给妈妈讲过呢？"

来访者："说了没用，反而说我事情多，再说我爸爸工作忙，家里的事都是妈妈操持，我也不想惹她伤心生气。"

跟他聊了很多，咨询老师逐步从这些小事情中理清了他们母子之间冲突的原因所在。

步入高二后半学期的来访者，学习强度和任务量加大，这种变化总需要时间来逐步习惯、适应，如果短时间内不能适应，学习上应对不力，自然会产生心理上的波动。与此同时，青春期自我意识觉醒，成人感增强的心理发展特点，势必会对家长已有的教养方式提出新的要求，而家长并未及时察觉，从而导致独处、尊重、同龄社交等心理需要得不到有效满足。虽然来访者已经尽力克制自己，但尽力克制只是将自己的一些合理而必然的心理需要暂时压抑，并不意味着这些需要消失了、不存在了。需要与满足不对等的现状持续存在，才是造成亲子冲突的根本原因。

辅导过程

1. 倾听，建立信任关系

观察来访者在咨询室的表现，咨询老师觉得他不是一个"坏脾气的孩子"。当他妈妈走出咨询室，咨询老师告诉了对他的内心感受。他先是一愣，然后便不好意思地笑笑，接着便竹筒倒豆子一样将事情的始末原原本本又说了一遍，跟之前一副倔强不想说的样子判若两人。他是有多久没有这么痛快地表达过自己的感受了？即便是他说的有什么不对的地方，咨询老师也并没有急于打断他，只是耐心地倾听和简单回应，让他一吐为快，这是澄清和建立良好咨询关系的基础。

2. 运用认知领悟技术，接纳自己的需要和情绪

在和来访者建立好咨询关系后，咨询老师接着问他："你摔门而出后心里是怎么想的？"

刚才还滔滔不绝的来访者，忽然沉默起来，过了一会儿，他才说："其实，我也知道我做得不对，但是在跟爸妈大吵之后的那一瞬间，我心里却有一种说不出的快感……"

愤怒和自责，压抑和爆发，这本身就是一对矛盾，说不出的快感只是被压抑的愤怒爆发之后的轻松。

在利用同理心技术表达了对来访者行为和心理感受的理解之后，咨询老师引导他先觉察并接纳自己在青春期产生的心理需要和情绪变化，尤其是在内心需求得不到满足时产生的愤怒、不满、厌恶等负性情绪，即便这类情绪是在与父母相处时产生的，也是正常情绪反应。接着利用认知领悟技术，让他了解自己的情绪并接纳自己处于青春期而产生的某些特定需要。

咨询老师："你在什么情况下会愤怒？"

来访者列举了生活中很多让他愤怒的事情，理发师剪的发型不满意，做题出错率太高，想一个人待会儿弟弟却总是闹腾着跟他玩，家长事无巨细盘问式的管教等。

咨询老师："听起来，点燃你情绪不是大麻烦而是小困扰。"

来访者又追加了一句"小困扰短时间内还不能消除"。会谈中咨询老师让他注意梳理情绪之间的关系，他也领悟得很快。

咨询老师："独处是人的正常需要，而愤怒源于自己的某些愿望不能满足，当愤怒不能通过合理的方式及时宣泄、疏通的话，势必会像不断充气的气球一样走向炸裂，最终伤人伤己。"

3. 角色扮演，深度体会父母之心

前两次的咨询谈话之后，来访者对自己当下的负面情绪释然了很多，但是要他跟爸爸妈妈坦露心声，他还是觉得没信心。他撇撇嘴说："弟弟那么小，我妈哪有工夫听我说话？她只会挑剔我，从来不管我心里想什么。"

"妈妈要是不关心你的话就不会因为你离家而着急，更不会时刻提醒你上学的各种事宜了。"咨询老师试图让他站在妈妈的立场上重新梳理自己的情绪和认知，但是他的抵触情绪很明显，认识上的偏见在短时间内似乎无法纠正。他坚持认为，妈妈关心他，也只是关心他的成绩罢了，从不关心他的内心感受，更别提什么"尊重"他了。来访者固执地坚持自己对父母特别是对母亲的偏见，此时单纯利用"合理情绪"与"认知领悟"技术，并不能达到预期良好的咨询效果，咨询老师决定采用"角色扮演"的方式，来促进学生更深层次的领悟。

当咨询老师提出跟他玩"角色扮演"的游戏时，他很高兴，并且提出自己要扮演"妈妈"。不出预料，在最初的扮演中，他将妈妈身上的种种特点表现得非常夸张。可是慢慢地他真正融入角色中，他才发现自己的有些想法和做法显得"非常幼稚、不近情理"，特别是在第三次、第四次角色扮演之后，他的神色凝重了很多，他说"一开始我以为只是个游戏，但是游戏也是现实的缩影，我接受自己的情绪，但是对爸妈的态度有些反应过激……"

4. 运用空椅子技术，练习亲子沟通

见他在角色扮演中有新的感悟，咨询老师问他，"你肯定有许多话想对妈妈说吧？"他点头称是，但是让他亲自对妈妈说说，他却面露难色，说："我那天跟妈妈起了那么严重的冲突，还对妈妈发那么大的火，这才过了几天就低头道歉，我太没面子了吧？况且，我妈妈能不能接受、会不会原谅我还另说呢，不去！"于是我建议他进行空椅子练习。所谓空椅子练习，就是把一张椅子想象成自己将要谈话的那个人，然后尝试交谈。

起初，来访者觉得这个做法很可笑，总进入不了状态，咨询老师灵机一动，让他自己当"导演"，自己写剧本，然后把空椅子练习的过程写出来，过程中来访者感受到内心的体验和情绪变化。

5. 与家长面对面，坦诚沟通

在最后一次结束咨询个案前，咨询老师单独与其母亲交流了来访者的心理感受和辅导体验，引导妈妈在孩子成长的过程中，也要学习和成长，学会适度放手，相信孩子和培养其独立自主能力。

咨询结束时，来访者不好意思地向妈妈做了道歉，也希望妈妈能尊重他，不要总是打扰他和盘问他，相信他和给他独立空间。妈妈也表示了歉意，并耐心地听着孩子的心里话。这是良好母子关系的开始。

个案点评

1. 辅导要领

倾听和建立信任关系是良好咨询关系的基础，咨询中主要运用认知领域相关理论和空椅子技术，引导来访者接纳情绪，理解情绪伴随的行为发生，并通过空椅子技术，宣泄情绪和内心压抑，进而引导其和妈妈有效沟通。

2. 来访者的成长

青春期青少年在心理上一方面渴望独立、自由，对于原来父母习以为常的关心和唠叨，心理上接受不了，感到厌烦、愤怒，随之出现叛逆行为；另一方面，又处于心理断乳期，需要被理解、接纳和认可，所以需要同龄人以及老师、家长的肯定、鼓励，倾听其想法和需要。来访者在咨询老师的帮助下，通过与母亲亲子关系的重构，理解了青春期的情绪和行为变化，最主要的是学会了如何有效沟通与表达内心需求。

家校社共育策略

青少年（尤其是高中学生）正处于身心发展的关键时期，由于生理上日趋成熟，但社会阅历浅，独立生活能力和社会实践活动历练少，心理上比较稚嫩，因而不善于处理生活、学习和人际交往中所发生的各种心理冲突，加之学习和升学压力越来越大，考前紧张焦虑，特别是遇到较为重要的考试时焦虑更为严重，如突然的打击或挫折，容易激发心理冲突和情绪行为失常。

人际关系是青少年反映较多的问题，由于同学关系不融洽，或是亲子关系紧张，会促使他（她）们产生孤独感、自卑感和不自信，如果家庭教育不当，学校教育和老师引导没跟上，会给青少年造成不同程度的心理伤害。

青春期心理问题方面，情绪化心理严重。情绪不稳定，易急躁、易冲动，自我失控；过度焦虑紧张、承受挫折的能力比较差，遇到困难容易灰心丧气。青少年的健康成长，关系着家庭的幸福、学校教育的成败，关系着国家的未来。对高中学生进行心理健康教育是一项系统工程，需要全社会齐抓共管，各司其责，家庭、学校和社会（社区）共同做好青少年健康成长的引路人。

1. 学校教育

以预防和发展为主题，重点加强以下方面工作：

（1）建立以校长为组长，全员参与、校医合作的心理教育与危机干预工作机制，完善学校、班级、寝室三级信息反馈和排查制度，建立学生心理健康状况档案，并做好分层指导与服务。对筛查出来需要重点关注的学生，要定期进行家校会商，讨论心理辅导方案或是转介专业机构治疗，做到心理和精神疾病早预防早发现早治疗。

（2）按照教育部要求，各级各类学校要抓好专兼职心理老师队伍建设和心理健康教育课程建设，开展青少年常见心理问题的专题教育和团体辅导，促成青少年健全人格品质形成。

（3）利用活动课，积极开展青少年心理素质拓展团体辅导，提升青少年的人际交往、情绪调节和学业压力应对等方面的能力和抗压力。

（4）加强家校社合作，开办家长课堂，全方位开展家庭教育指导，提升家长家庭教育观念，改善教育方式。尤其是针对改善亲子关系、增强亲子沟通等方面进行重点指导，减少源自家庭的心理伤害，有效形成家校教育合力。

（5）利用教育节点，普及心理健康教育。通过新生入学教育、班级专题教育、班会课、心理健康教育月主题活动、心理情景剧等多种途径和方式，加强普及教育，提升青少年心理健康的意识和技能。

2. 家庭教育

家庭是养育青少年的温馨园地，家长与青少年的交流，不能简单地停留在一份考卷，或是衣食饱暖上，而是要从关心孩子的健康成长、内心需要和全面发展上出发，平等、充满爱地交流经验、错误乃至教训，尤其是高中生正在构建和完善自己的人生参照体系，需要父母、亲人的经验。同时，在高中阶段，高中生对"独立"有较高的要求，家庭教育的方式也更多地偏向"放松"的交谈和心理支持，适当给孩子"自由"，不是"放任"，良好的家庭教育和心理支持是青少年健康成长和走向成功的基础和重要保障。建议家长做到以下几点：

（1）重视行为示范。最好的教育是生活教育，家长在生活中注意言传身教，做好正确处理各种关系的示范；做好面对困难，怎样迎难而上、取得成功的示范。让学生在良好的细节行为示范中，学会做人、学会做事，并懂得不断完善自己，向阳而生。

（2）营造教育情境，让孩子在参与中增强体验。生活在鼓励的情境中，孩子将学会自信与探索，家长不能什么事都一手包办，要指导孩子在历练中成长中体验人生价值。

（3）家庭教育做到宽严相济，当孩子有进步时，家长要及时给予表扬鼓励，表扬要恰如其分，要激励孩子向更高目标努力；批评要注意场合和方式，启发孩子自我反省，同时着力培养孩子的抗逆力和成长力。

（4）尊重孩子的独立人格，建立良好的亲子关系。管理好自己的情绪，做到坦诚、民主、平等的交流，培养孩子的独立自主意识和良好稳定的情绪，同时引导孩子在遇到困惑、矛盾和问题时，知道如何有效求助和及时解决。随着青少年身心的成长发育，他们逐渐从依赖于父母的心理状态中独立出来，进入自己判断、自己解决所面临的新的问题的时期，这是一个人的社会化过程。家长要与他们建立一种亲密的平等的朋友关系，要相信孩子有独立处理事情的能力。

（5）家长要有主动学习、终身学习的观念，当好孩子永不退休的班主任，做好孩子的心理沟通与支持。应定期和孩子沟通、见面，积极和老师沟通、配合。当孩子出现心理问题时，主动帮他寻求心理咨询专业帮助。

3. 社会教育

（1）社区要整合资源、利用社区活动场所、青少年护航中心、社区未成年人心理成长指导站或家长学校等建立家校社联动长效机制。

（2）社区要与教育局、医院，相关机构合作，邀请心理学专家和医疗卫生专家，走进社区开展青少年系列心理讲座和家庭教育指导。

（3）创建良好社区环境和育人文化，把家庭教育指导和文明和谐社区建设相融合，形成全社会共同关心青少年健康成长的良好氛围和环境。

▌案例二

"他们都针对我"

"老师，我真的感觉寝室是他们五个的，他们想干什么就干什么，不想干什么谁都不能做什么。周末难得放松一下，我想玩一会儿电脑游戏，但只要他们想睡觉，就让人不能出一点声音，我都很照顾他们的情绪了，都控制了声音了，他们还是这么不满，还是要找我麻烦，我感觉他们五个是一伙儿的，他们都在针对我。老师，我真的是在这个寝室待不下去了，你能不能给辅导员说一下，让他给我换个寝室。"

个案故事

小林是一个大一学生，瘦高体型，初次见面时胡子拉碴，衣服邋遢，瘦长的上身驼缩着，坐在沙发的前一半，摩挲着自己的手机，肢体动作像是局促的样子，但眼神中时不时透露出一丝淡漠和无奈。

小林是辅导员带来的，辅导员在来之前就简单介绍了他的情况。小林是学校重点关注学生。首先，他经常不出早操。一周五次的早操甚至可以一次都不去，辅导员谈话后偶尔能坚持一两天，但之后又会因各种借口无法出操。不是头晕就是走路崴脚，更多是直接不去，辅导员发消息也是已读不回。其次，他经常旷课，"必修课选逃，选修课必逃"已然成为他的上课宗旨，这次与寝室同学的矛盾也算是"积怨已久"。因为之前上课小林频繁委托室友代签到，室友已不堪其扰，便逐渐疏离，而此次事件爆发也是因为上课集体作业问题，小林依旧选择挂名室友作品，但室友这次选择了拒绝，于是从最初的不满到发生口角，到最终发生争执、冲突。

这次冲突直接摧毁了小林好不容易在辅导员苦口婆心下建立的一点学习自觉，小林和辅导员开始了谈判并下达了最终通牒：要么给他换寝室，要么接受他目前不去上课也不去出操的状态。但一来学校寝室床铺紧张，供他选择调动的寝室很少；二来经辅导员和班委推测，对于小林本身的行为习惯，就算更换寝室也是"换汤不换药"，无法彻底解决该问题。走投无路下，辅导员抱着试一试的态度来找心理老师。为了深入了解学生的具体情况，并期望心理老师引导学生积极应对自身问题，我与小林进行了商议。小林表示愿意配合，随后我们一同前往咨询室。

小林表示自己在寝室受到了孤立和排挤，感到寝室分为两派，一派是寝室的原住民，也就是其他五个同学，他们日常同吃同住，作息时间一致，行事基本态度一致。他们总是能商量出一种相处模式，共同遵守。另一派就是自己，处于五位室友的压迫下"苟延残喘"，不得不屈服于他们五个商量好的或所谓约定俗成的寝室规矩。

辅导过程

1. 建立信任的咨询关系

小林刚开始并没有想要谈论自身问题的意思，坐在来访者沙发上表现得十分矛盾，一边略带局促似的坐着，双臂撑在膝盖上，背部两块蝴蝶骨隆起，将衣服撑起棱角，一边像是在走神似的发愣，但时不时又会露出审视的神情观察心理老师的反应。心理老师没有回避也没有特别点出他的观察和审视，而是继续给予耐心的反馈和积极的关注。到后面小林愿意诉说自己的问题"我觉得我真的在寝室待不下去了"时，心理老师不予评判，而是积极地共同探讨下一步该如何解决当下的困境，逐点分析目前依旧在本寝室住下去和换寝室的选择背后所需付出的资源和潜在风险。在逐渐探索思考的过程中，小林放下了戒备，开始舒舒服服地躺在咨询室沙发的靠背上，抱着抱枕诉说了自己换寝室背后的真实感受："我知道换宿舍不是一个好的选择，但我真的感觉在学校一个朋友也没有。"

2. 分解思维阶段，探索自动思维

在小林逐渐进入思考状态后，心理老师和他逐个分析、探讨和厘清问题以及小林能做到的事情。我们发现小林对寝室矛盾的认知已经相对全面且客观，他开始反思确实是作息问题导致的寝室矛盾，也能理解室友共同建立的公约，并且自身强烈情绪的真正来源不在于自己玩游戏是否尽兴，而是对友谊的关系的建立的一种期待和建立未果的一种痛苦。

一开始，小林的注意力还放在换寝室方面，不断强调：老师，我实在受不了他们自以为是的样子，受不了他们抱团做事，无论做什么错的都是我的原因。小林一边强调，一边观察心理老师的表情和反馈。心理老师没有做出直接的回应，而是跳出问题本身，问道："在我们学校，是否存在完全和睦且相互理解的寝室呢，又有几个寝室愿意接纳一个新人并花费自己的时间精力去尝试调和新的相处模式呢？"小林沉默了下来，想要尝试解释却突然泄了气，好像知道会面临这个问题一样。

心理老师进一步追问："你现在对当下的寝室感觉好像确实是难以相处，甚至感觉他们好像在抱团攻击自己，但他们都做了哪些抱团攻击的事情呢？"刚开始，小林又开始从作息及上课打卡的事情去巩固自己的观念，但在描述的过程中逐渐发现，现实的事件不足以支撑他的观点的成立。小林逐渐发现，是自己不自觉地靠自己的想象补齐了"事实为害自己"的关键一步。在自己想象补齐受害经历的察觉过程中逐步认识到自己的自动化思维，发掘自己给室友行为贴的标签，以及对室友行动意图的主观臆想。会谈中，在心理老师的引导下，小林逐渐看到自己对室友以及对自己的苛求。

3. 利用空椅技术练习沟通，在模拟沟通中探寻负性核心信念

在几次来访后，小林的成长喜人，并主动提出应该找自己的室友交谈一下。心理老师提出模拟交流场景，在自己扮演自己时，小林进展顺利，成功完成交流模拟任务。但当换位后，小林在模拟室友中与自己主要产生矛盾的人去面对空椅子所代表的自己时，遇到了一定困难，较难带入那个室友的心境中去看待自己。之后小林分别尝试用空椅代替刚入大学的自己、高中时候的自己以及一年后的自己，跨越时空节点。通过自己与自己的对话，在一定的反复探寻与反诘中，小林逐渐发现自己的负性核心信念：无条件包容才是爱的表现形式。同时探索寝室新的相处模式，以及自己对这个新的相处模式的推动作用和可能会出现的问题及应对措施。

4. 约定小任务，运用代币法强化目前约定行为

小林与心理老师约定接下来的行为，首先，和室友解释之前自己的消极行为对室友造成的不好影响。其次，就生活习惯建立寝室公约，积极推动并共同协商作息时间及需要共同遵守的约定。再次，商议并主动发起寝室团建活动，一起创造新的积极的寝室回忆。这三个过程分别列有详细的子清单，每一项清单标注难度，在心理老师的督促下完成相应的任务，每当完成一个任务则根据难易程度发给小林对应分值的扑克牌，约定当完成三分之一任务、三分之二任务以及全部完成任务后分别会赢得相应的小奖励。

个案点评

（一）当事人成长

个人评估：能察觉到室友对自己的包容和理解，能接受当下的寝室沟通模式，对相处过程中产生的矛盾能有一定沟通。

室友评估：能主动参与到寝室团体活动中，对寝室团队的个人不再苛责与抱有敌意，能一定程度上承担寝室团体的共同任务。

辅导员老师评估：能正常参与早操、上课等日常学习活动中并按期完成学习任务。

（二）咨询方法

1. 空椅技术

通过反复扮演交流双方，让来访者打破空间或时间限制，充分体验冲突，具象化内心的假设，达成内心的整合，将自己想做却没能及时做出来的事情再次呈现，想说却没有说出来的话再次表达，对自己迟迟难以抉择的事情进行反复模拟尝试，以澄清自己的价值观，分析各种选择的利弊，找到解决问题的途径。让来访者设身处地站在他人的角度思考问题，从而领悟，找到人际交往困难的原因。同时，也能起到部分宣泄和倾诉的作用。

2. 代币法

通过将早操请假作为条件强化物，在有效行为出现后及时强化，通过奖励强化所期待的行为，提高新建立的行为模式的出现频率。

3. 认知行为疗法

认知是指一个人对一件事或某对象的认知和看法，对自己的看法，对人的想法，对环境的认识和对事的见解等。通过引导来访者对自己认知模式的察觉，使用三栏记录表等辅助探讨造成自己认知困境的自动思维，分析自己的认知歪曲，并逐步分析导致自动思维产生的个人经历。在此基础上，不断发掘负性核心信念。通过对负性核心信念的领悟，构建积极的新的行为模式和认知模式。

基于个案反思的寝室心理工作指导（以寝室为主要阵地的大学生心理危机预防、干预与教育工作）

不少学校都建立起了以"学校—学院—班级—寝室"为基础的四级心理危机防御机制。通常，寝室作为最小的一级，无论反应的灵敏性还是准确性，都是远高于其他几级。大量的案例表明，寝室作为当代大学生主要活动场所，是心理危机预防、干预与教育工作的主要阵地，同时也是人际冲突、适应问题主要滋生的场所。小林的案例也让我们清晰地看到，学生的问题产生与解决的重要场所都是寝室，抓好这个阵地，学校的心理工作效率可能会再上一个台阶。因此，对寝室开展的心理工作有以下建议。

（一）加强寝室心理信息员的选拔和培训

专业的心理健康理论知识能更好地帮助寝室心理信息员甄别、判断、处理、上报学生问题，特别是寝室矛盾、大学生人际关系等问题。因此，学校要进一步重视寝室心理信息员的心理健康理论水平，心理信息员要善于把理论知识运用到日常工作中去，如人际交往"黄金法则"、压力的调试、人际沟通基本原则等，这都将对寝室心理信息员解决学生问题产生极有力的帮助。寝室心理信息员在解决室友因生活琐事而发展出的严重的寝室矛盾时，要抓核心问题，要将焦点从争吵、攻击，转移到对彼此的正向关注与正向回应上来，激发对立双方的共情心理，促使原本僵化的寝室人际关系逐渐松动，并最终消解敌意，达成和解，起到"春风化雨、润物无声"的效果。寝室心理信息员提高自身心理健康理论素质，用理论和实践相结合的方式开展工作，往往会获得意想不到的效果。

（二）建立寝室心理信息员沟通平台

应该采用科学的现代信息手段，建立寝室互助共享沟通平台，发挥学生自主管理能力。对于一些不方便面对面了解和交谈的问题，采用微信、QQ公众平台等方式促进学生之间进行沟通。当大学生宿舍室友之间发生矛盾和冲突时，基本上都有一定的共性，在处理问题时思路也大同小异，通过观察学习，寝室心理信息员也能更高效地提升自己业务水平；同时营造积极的工作氛围，增强寝室心理信息员的归属感。

（三）打造寝室健康文化氛围，建立寝室公约

在寝室生活中，如果寝室成员都能够整理好自己区域的卫生情况，积极主动打扫寝室公共卫生，就能营造出一个温馨且整洁的寝室环境，还更容易增进与室友间的感情，这种共同承担寝室卫生的行为也正是和睦友善寝室氛围的缩影。若是成员都不愿意对公共卫生进行分担和处理，就必然会出现一个实在无法忍受脏乱差环境的人扛起整个寝室的卫生，这样将集体的责任全部堆积至一个人身上的行为则是一种不和谐寝室氛围的缩影，长此以往一定会对寝室关系的发展产生负面影响。

卫生问题是寝室健康文化氛围营造的基础要求。寝室作为一个小集体，是大学生进行活动的重要单位。如果寝室内的成员都不将自己的室友当成朋友，始终保持距离感和疏离感，那么对于推进优秀的寝室文化建设是十分不利的。想要改善此类情况，可以多多开展寝室的团建或者是寝室与寝室之间的联合活动。鼓励同学们以寝室为单位积极参加集体活动，在活动中提升集体凝聚力，拉近寝室成员彼此之间的关系，以活动为载体让学生感受到寝室成员之间的爱与善意。全体寝室成员齐心合力，营造出一个温馨、和睦的寝室氛围，并在此基础上树立优秀典型的寝室，这对学生的身心健康发展是利大于弊的。

（四）加强各级心理工作的信息反馈通道通畅

畅通寝室（班级）与家庭的沟通通道。出现人际困扰的大学生原生家庭普遍存在问题，如留守儿童、家长忽视子女情感需求、家人出现家暴行为等。家庭关系冷漠会直接影响个人人际关系处理的模式。亲子之间的良性互动有利于交往技巧的掌握，也会帮助大学生有效地应对人际冲突。因此，学校在开展大学生心理健康教育时也要引入"家"文化，培养家庭和家人之间的理解和关爱，学校要增强家校联系，使家长更全面、主动地了解自己的孩子，通过家长对学生的理解和关心预防冲突，处理矛盾。辅导员要引导家长在与孩子沟通时注意方法与技巧，转变与子女沟通交流的方式，构建彼此尊重的关系，使家长与孩子在亲子关系中产生良性互动，从而让孩子掌握人际交往的技能，增强解决问题的能力，促使大学生在寝室人际交往中获得良性发展。

▎案例三

"大家都讨厌我"

小陈今年刚刚成功专升本进入某高校继续大学生活，其出生在农村，父母一直在外打工，据辅导员老师反馈，其家庭经济状况一般。小陈是家里的独生子，高高瘦瘦，没有讲话的时候常给人一种怒目圆睁的感觉。既往无重大疾病，无精神病家族史，入学体检报告显示无明显异常。小陈第一次来咨询室表现得很慌张，在开始开始讲述他的经历的时候，不停地搓手，神情紧张无措，在讲述的过程中口齿不

清，言语无逻辑，根本听不清他要表达的事情。

个案故事

小陈在专科时期住 8 人寝室，与其中一位室友关系较好。但日常一起吃饭时，室友们总是有说有笑地走在前面，这让小陈觉得自己很多余。聚会时，室友们也不理他，他还总觉得别人在背后议论自己，因此经常与室友间频繁发生小摩擦。终于在最后一次聚餐时，小陈和室友大吵了一架，便搬了出去。在遭到朋友拒绝后，他独自度过了剩下一年的专科时光。

小陈曾说，专科时有个关系很好的室友，却莫名其妙地渐行渐远。原本他觉得和其他室友关系如何无所谓，只要有这个室友在就很满足。可当这个室友对他态度变得冷漠后，他便觉得整个寝室的人都讨厌自己。咨询老师询问："为什么你觉得大家都讨厌你呢？"小陈回答："室友不理我了""我放在桌子上的东西莫名其妙丢了""聚餐的时候好像很勉强才叫我一起""上课也不叫我一起，也不坐在一起"。他原本对本科生活满怀期待，可基于专科的经历，他不敢和本科室友有过多交流，生怕别人讨厌自己。在室友的热情带动下，他参与了一次游戏，但之后大家又变得像专科同学那般冷漠。小陈十分困惑，不知道自己该怎么办，不明白自己为何如此招人讨厌。

从小陈专科室友的反馈来看，小陈与室友发生冲突并搬离寝室后，和原寝室同学相遇时态度冷漠。有一次，小陈找辅导员要求其中两个学生搬离寝室，还强行要求其他 6 个同学一同和他向辅导员反映这个要求。原本免费的复习资料，小陈却向同学要钱。

本科室长也反映，刚开始和小陈打招呼时，他就很冷淡。一起打游戏时，小陈情绪会突然变得暴躁。聚餐时，他不主动均摊费用，虽最后还是会给，但这也让大家觉得相处起来很累，所以后来都不愿意再主动和小陈交往。

辅导过程

1. 平复情绪，建立关系

正巧小陈预约咨询的时间是老师刚刚下课，小陈在咨询室等待了大概十分钟，值班的学生描述小陈很慌张，当咨询老师询问小陈发生什么事情时，小陈表现得很局促，之后情绪激动，多次尝试表达，但是表达内容非常混乱。通过咨询室提供的呐喊瓶，小陈开始讲述他最近遇到但是难以消化的人际交往中的难题，咨询老师通过倾听、共情等技巧，充分了解了小陈的情况。小陈的问题主要来自他对人际交往不同情况的认知偏差，同时小陈担心自己在他人心中的印象不好，导致其没有处理好此事件带来的人际问题。

2. 认知行为疗法

认知行为疗法认为，认知产生了情绪及行为，异常的认知产生了异常的情绪及行为。该疗法的核心是：找到来访者不合理的自动化思维，对功能失调性假设和负性自动想法进行调整。小陈在与室友相处过程中一直表现得很被动，不敢拒绝朋友的请求，也不会合理表达自己的情绪，经常造成室友对其有误会，小陈也一直处在压抑自我的状态，最终形成了"大家都讨厌我""我是自私抠门的人"的不合理信念。只要与室友集体活动，就会产生不合理自动思维："他们叫我参加是为了让我凑钱""不主动加入还能维系现状"。咨询老师通过引导小陈谈论自己在事件中的感受和情绪，让小陈对于自己未能按照承诺帮助室友或主动在聚餐后均摊费用等具体事件中产生的情绪及自动思维进行识别和评价，寻找自动思维背后的信念，运用自动思维记录表练习识别、评价、检视、矫正及应对自动思维，直到小陈在日常生活中能比较熟练地运用思维记录表。如下表：

事件	自动思维 （相信程度）	情绪 （强度）	适合的反映 （相信强度）	结果及应对
室友打游戏没有叫我	他们讨厌我（90%）	愤怒（90%）	我并不是真的知道他们的想法（90%） 他们之前叫我是我没有回复他们（100%） 最坏的情况是，我主动询问他们一起玩被拒绝（95%） 最好的情况是，他们同意一起打游戏，我会很开心（100%） 我应该试着主动找他们（75%）	自动思维（50%） 愤怒（50%） 下一次主动叫他们一起（50%）
聚餐后没有人主动付钱，那我肯定不会主动	面对老板我会觉得很紧张，如果我站起来表现不好还会被嘲笑（90%）	焦虑（90%） 担忧（90%）	过去的结账事件让我很尴尬还被嘲笑（90%） 最好的情况是这次我去付钱，得到了室友平静或鼓励对待（75%） 最坏的情况是，我主动去付款，再次被嘲笑，或者自我内耗觉得自己的表现不好，再者就是我不去主动（90%）	自动思维（55%） 焦虑（50%） 担忧（50%） 我可以叫我的室友陪我一起去结账（45%）

3. 合理情绪疗法

小陈第五次来到咨询室时，主动和咨询老师分享了最近一次寝室聚餐的经历。他说这次聚餐，自己主动参与，并且及时主动地给了室友餐费。在聚餐过程中，他也努力加入话题讨论，可效果不太理想，总感觉自己的表述会让话题冷却，或是使氛围变得尴尬。不过，他察觉到室友对他的态度还算正常，没有表现出对他有意见或是孤立他，这让他觉得可能是自己之前想多了，总无端觉得别人不喜欢自己。

小陈还提到，吃完饭后，他主动和之前关系比较近的同学聊了聊，这才了解到，其他室友觉得他表现得比较高冷，似乎不愿意融入集体。刚开学时，大家经常一起聚餐，可他总是反应冷淡，也从不主动分摊餐费，这让室友们很不理解。而且每次玩游戏的时候，他的情绪还会突然变得很激动，室友们完全摸不着头脑，所以之后就不太愿意主动和他交谈，吃饭、打游戏也不再叫他。

小陈听了室友的想法后，才意识到原来是自己想多了。之前他一直以为是自己游戏打得不好，室友嫌弃他，所以才不叫他一起玩。还有聚餐的事，结束后大家都没提分摊餐费，他心里很纠结，想说又怕提出来会让场面变得尴尬。其实有时候他并不想参加聚餐，因为他的生活费有限，可他又不想让别人知道自己经济上的窘迫，只能把这些想法都藏在心里。

咨询老师问："在你不想去聚会的时候，你是怎么做的呢？"

小陈回答："我几乎不会拒绝，所以可能表现得也不太好。"

咨询老师接着问："那如果你直接拒绝会怎么样呢，会比你现在的表现还影响你与室友的关系吗？"

小陈思考片刻后笑着说："可能不会更糟了。"他还表示自己明白了，以后不愿意就勇敢拒绝，要是愿意参与，就大方投入，不能让自己内心的恐惧影响现有的人际交往。

4. 巩固会谈

从第一次咨询会谈开始，咨询老师就鼓励小陈学习认知行为疗法，做自己的咨询老师。在持续 6 次的咨询会谈中，小陈有时会分享改变带给他奇妙的体验，有时会带来新的困扰和问题，也会有对自己无法迈出突破的一步而感到懊恼、失望……咨询老师会在每一次的会谈中让小陈意识到：困扰自己的问题由来已久，改变的过程中有反复或困难都很正常，庆幸的是改变的种子已经开始发芽，我们需要通过不断的行为练习来浇灌它，让它茁壮成长。

个案点评

（一）当事人成长

个人评估："别人不理解我不代表我做得不好""周围人不是都围着我转，我可以主动加入""主动和室友发出打游戏的邀请，别拒绝也不内耗，也许他们在忙其他事情"。

室友评估：小陈可以主动分摊聚餐费用，没有表现得格格不入，与他打招呼他也可以正常回应。

辅导员老师评估：小陈的情绪没有波动没有那么大了，和室友关系缓和了。

（二）咨询方法

1. 共情

通过共情，求助者会感到自己被理解、悦纳，从而会感到愉快、满足，能够促进了求助者的自我表达、自我探索，从而达到更多的自我了解和咨询双方更深入的交流。

2. 认知行为疗法

通过认知行为技术来改变求助者的不良认知，从而矫正适应不良的心理治疗方法，通过认知重建、心理应付、问题解决等技术改变其对自己对人或事的看法与态度，从而改善所呈现的心理问题。

3. 合理情绪疗法

合理情绪治疗的基本理论主要为 ABC 理论，其理论要点是：困扰我们的不是事件本身，而是我们对事件的看法。事件本身不会直接引发情绪，而是由经历了这一事件的个体对这一事件的解释和评价所引起的。

基于个案反思的积极共育指导（学校—家庭—社会）

根据《中国青年报》的调查数据显示，大学生中 53.66％表示在人多的场合说话时，会感到紧张尴尬；52.11％表示在社交场合，会感到不自在；45.94％表示和陌生人交流时，会感到紧张；43.17％表示在找别人帮忙的时候，会感觉不好意思；41.15％表示在刚到一个新的环境时，会感到不适应；另有 33.29％受访大学生表示，当自己在路上碰到认识的人，会想假装没看到。数据明显显示出现代大学生存在社交焦虑，根据小陈的案例对学校、家庭及社会提出以下建议。

（一）学校

在大学教育阶段，大学生良好的人际关系对心理健康、学习成长、职业发展和个人幸福感等方面都具有重要的意义。通过与他人建立积极、稳定的关系，大学生可以获得多方面的支持和机会，实现个人全面发展和幸福生活的目标。大学生寝室是一个微型的社会，在这个场景中，人与人之间的接触非常紧密，并且寝室成员都来自不同的地域，有着不同的家庭背景、生活经历、性格爱好和文化修养，每个人的心理特征和心理倾向也存在较大的差异。关于大学生宿舍人际关系问题，一方面，要以预防教育为主。学校可以提供社交技能培训课程，包括沟通技巧、冲突解决、合作能力等，帮助学生提高人际交往能力。这些课程可以涵盖有效沟通、建立人际关系、解决冲突和建立社交网络的技巧，通过实践和角色扮演来增强学生的信心和适应性；鼓励学生积极参与社团、俱乐部和志愿者活动，同步建立支持性的校园环境，包括组建社交团体、社交活动和社交支持网络。这些活动和组织可以提供给学生与同龄人互动、结识新朋友的机会，提供团队合作和互动的平台，让学生与志同道合的人建立联系，提升社交技能和自信心，并提供情感支持和社交支持。另一方面，当人际关系出现问题的时候，要提前建立"个体—寝室—班级—学院—学校"的五级心理健康问题解决机制，鼓励学生勇于正视问题，寻求专业咨询师的帮助；宿舍成员尤其是宿舍长要发挥好观察、调停、反映问题的功能；班级主要依靠辅导员、心理委员制定预防教育计划，实施应对处理方案；学院和学校要通过新生入学教育、心理普测、专业辅导与支持等工作，为大学生人际关系问题尤其是宿舍人际关系问题的处理和预防打下坚实的基础。

（二）家庭

习近平总书记在会见第一届全国文明家庭代表时讲道："家庭是人生的第一个课堂，父母是孩子的第一任老师。孩子们从牙牙学语起就开始接受家教，有什么样的家教，就有什么样的人。家庭教育涉及很多方面，但最重要的是品德教育，是如何做人的教育。"荣格曾经说过："一个人穷尽一生努力，都是在整合他自童年时代起就已形成的性格。"对于个体而言，家庭教育是最早且影响最深远的教育形式和合作的机会，这可能使他们更倾向于以自我为中心，较少考虑他人的需求和利益。

现如今大学生的人际交往能力受到多重因素的影响，如果从心理学的层面来看，原生家庭是大部分心理问题产生的直接原因或者根本源头，从出生起孩子就受到家庭因素的浸染，他学习的一切东西都来自他的长辈和家庭，家庭的各个方面都会影响孩子成长过程的各个阶段，大学生的家庭教育中，父母可能过度关注孩子的学业成绩和外在评价，普遍注重强调个体发展，往往忽视了他人需要和集体价值观。对此，家长要从自身做起，不断改变自己对孩子的态度，注意自己的交流方式，不要过度关注孩子的学习成绩，应多关心孩子的思想状况、情绪情感、生活情况及社交状况。家庭过度教养方式对大学生的影响，可能导致大学生在与他人交往的过程中产生消极情绪和负性心理，内心缺乏安全感，严重时甚至会产生攻击行为。当父母发现自己的教养方式有问题时，要及时采取措施进行纠正。同时父母也要提高自身素质，遇到问题时要做到耐心、细致地向孩子解释、说明，引导孩子理解父母，营造让孩子愿意合作的家庭氛围。大学生人际交往能力的差别反映出了大学生自身发展的迥异性。人际沟通是大学生生活一个重要的部分，尤其是大学生学习和生活里，只有良好的人际交往能力，才能保证大学生在这样的过渡时期稳定发展，进入社会也能够稳步前进。但大学生如果离开了校园，进入社会，交往弱势群体人际交往能力薄弱，不利于工作的有序参与和社会交往，这一切问题的产生都可能与大学生最初的家庭教育有着密切的关系。

（三）社会

国内外大量研究表明，社会支持系统在很大程度上影响学生能否在参与学校互动的过程中产生愉悦并获得学业成功。首先，依托朋辈力量，实现互助引领。研究表明，80%的大学生选择让同学或朋友进行心理健康服务，所以要充分发挥学生党员、学生干部、心理委员、老乡会等学生群体的作用，开展咨询帮扶学生，以"零"沟通距离的方式拉近与人际关系敏感学生的距离。其次，联合学校教师挖掘人际敏感学生的特点、特长，引导其在感兴趣、擅长的领域参与社团活动、学术交流、创新创业项目、社会公益性活动等，让学生在组织和参与的过程中发现自我价值，转移注意力，缓解心理压力，帮助学生获得成就感，找到心理归属感。最后，人际关系敏感学生多不愿咨询，可抓住当代学生善用，惯用网络的特点，利用网络沟通交流，开展线上的"面对面"心理帮扶工作，使学生逐步放下戒备心理，由不愿咨询走向主动咨询，由线上"面对面"走向真正"面对面"。

参考文献

［1］胡如艳，陈相霞，闫娜娜，等. 大学生宿舍人际关系困扰与积极独处行为的关系［J］. 中国冶金教育，2024（1）：90－93.

［2］周玉洁. 辅导员视角下"00后"大学生人际交往问题探究［J］. 秦智，2023（8）：102－104.

［3］习近平. 在会见第一届全国文明家庭代表时的讲话（2016年12月12日）［J］. 社会与公益，2017（1）：8－9.

［4］张媛，杨映竹. 浅谈高校大学生人际交往中的问题及对策——行为调查问卷分析及阅读推广策略［J］. 内蒙古科技与经济，2019（4）：147－149，152.

［5］马富春. 高校大学生人际交往存在的问题及解决对策［J］. 国际公关，2021（3）：126－127.

［6］张玉新. 大学生人际交往误区及教育对策［J］. 新西部（下半月），2021（11）：120－122.

［7］魏俊桃，陈谊. 浅谈大学生人际交往的技巧［J］. 今日湖北（理论版），2022（2）：45－46.

［8］李文砚. 大学生人际交往现状及其应对策略［J］. 教育教学论坛，2021（35）：90－92.

第四章　情绪在作怪

关于情绪的概念，当代心理学家将情绪界定为一种躯体和精神上的复杂变化模式，包括生理唤醒、感觉、认知过程及行为反应。情绪也可以说是个人受到某种刺激在内心活动过程中所产生的心理体验。刺激可分为外在刺激和内在刺激两种，外在刺激如和煦的阳光和阴雨绵绵的天气、无际的草原和喧嚣的城市、获得奖学金和收到欠费通知等，内在刺激如生理变化（内分泌或器官功能失常）、记忆、联想等心理变化。

人类大脑的中间层是边缘系统，负责喜、怒、哀、乐等基本情绪的产生，俗称情绪脑，是人类的情感中心；处于最外层的大脑皮层是负责高级认知的理性脑。情绪脑的功能掌控快乐、悲伤、恐惧、愉悦等情绪，能帮助大脑迅速地将接收到的信息分为正向、负向等类型，使大脑快速做出反应，随时做出有利于个体的决策。当情绪过于强烈时，情绪脑对理性脑的掌控开始影响人们的心理机能，人们就会无法掌控自己的想法，就会出现"太情绪化"甚至"不理性"的现象。情绪脑和理性脑，几乎同时接收信息，他们要么合作，要么竞争，以控制人们的思维、情绪和行为。当两个大脑矛盾不断时，人们无法开心；当情绪脑和理性脑合作时，人们会感觉到内在的平衡。

青少年正处于身心快速发展和青春期的到来，心理需求逐渐日趋多元化和走向高层次化（马斯洛需求层次论），加之校园生活的单一性和学习的竞争压力，情绪会受内外因素影响，变化无常，有时甚至像"疾风暴雨"一样剧烈变化，自己难以掌控。

▎案例一

"拒绝去学校的她"

个案故事

来求助的这个高三的女孩名叫张玲（化名），是她爸爸预约的咨询老师，说是孩子这周回来怎么都不想去学校，问发生了什么事也不说，开车送她去学校，她就往车身上撞，待在家里已经两天了，情绪低落，父母很担心！

父母给咨询老师介绍：张玲在小学五年级时被狗咬了，没打疫苗，六年级时已经过了一年了，按说该过了病毒的潜伏期，不会有问题了，但是她自己却在这时开始关注自己有没有狂犬症的症状，突然害怕得不得了，害怕自己得狂犬病，但上初中后这些担心害怕似乎没有了。高一的时候，住校，宿舍挨马路近，睡眠不好，就又开始担心自己会不会得狂犬病，后来由于睡眠好了，症状就又消失了。高三开学，感觉学习压力较大，因为看了一个讲癌症的影片，加之自己胃部不舒服，所以又开始害怕自己会得癌症，到医院做过相关检查，没有什么问题，但是还是吃了一段时间中药。有一次在自己恐惧得受不了的时候，放弃了对高三学生来讲很重要的诊断性考试，症状立马消失。张玲在咨询过程中从开始害怕癌症又转为害怕自己被害，接着又转为害怕自己变为性格扭曲的人。高三以来，恐惧情绪在大型考试前发生频率更高，程度更严重，恐惧情绪产生时张玲全身僵硬，手脚发麻，要过很长一段时间才能缓解过来。

在咨询老师与张玲的第一次会谈中，张玲回忆了自己的成长历程：独生女，从小随父母生活，母亲文化不高，结婚前做营业员，结婚后就在家没有工作，父亲做生意。小时候父亲出轨，母亲离家出走，跟着外婆生活过一段时间，就是那时害怕自己得狂犬病，可能是因为突然离开了父母，没有安全感的原因，但是后来父母亲又和好了。母亲家族中，外婆离过婚，小姨现也处于离婚状态，妈妈又不能理解自己，这些让她觉得遇到问题时，感觉家庭不是可以依靠的力量，很无助。

虽然自己学习很努力，从小成绩也不错，但其母却从来都在外人面前说她的成绩不行，从而在其内心深处形成了"我不行""只有成绩好，我才能得到妈妈的认可"的认识。进入高三后她更加努力学习，但在以前成绩的基础上却没有提高，自己再次体验到了焦虑、恐惧情绪，而焦虑反而降低了学习效率，让自己不敢再努力学习，所以不敢去学校。

根据交流咨询老师了解到，张玲的恐惧情绪都是在学校遇到学习的困难时发生的，当她尝试学习时，自动思维就会出现："我现在状况不好，在这种情况下，我一定不能很好学习。""成绩不好，就证明了母亲说的我这个人无能。"张玲现在很不想回学校，内心怕学不好印证了母亲说的话——考不上大学！这时她就会产生恐惧感受，同时自动产生了想法："我全完了，没希望了。"

随着咨询的持续进行，张玲的情绪在起起伏伏中逐步朝着积极的方向迈进。她表示已经能够与自己的不合理信念进行辩驳，与之相对应的不合理的奇怪的想法也减少了，能够静下心来学习。恐惧情绪基本没出现过，即使有时候有一点点恐惧，程度也很轻，自己也能很好地调节过来。高三结束后，她顺利地考上了较好的大学。

辅导过程

1. 放松技术：宣泄压抑情绪

张玲第一次咨询并未谈及核心症状"恐惧"，只是说自己学习上想努力，但是老是想得太多，很担心自己一直是这个状态，希望自己变得坚强。高三因为时间紧，咨询只进行了一两次就结束了，本以为她没有什么问题了，结果第三周，咨询老师在咨询室值班时，她第一时间从门缝探出个脑袋，问她可不可以咨询，坐定后就开始直接进入"恐惧"主题，说自己怕得癌症，情绪爆发了，哭得很厉害。通过这几次的交流，咨询老师可以初步确定张玲是焦虑、恐惧情绪，并教给她在恐惧情绪发生时可以缓解焦虑恐惧情绪的腹式呼吸法，让她缓解和镇定自己的情绪，并协助她学会使用"每日情绪记录表（见下表）"，要求她记录接下来一周的事件、情绪及思想情况。

步骤一：描述令你烦乱的事件。

步骤二：记录你的消极情绪，并从0%（最少）到100%（最多）对其进行评价。可以使用比如"悲伤""焦虑""愤怒""绝望""挫败"等词语。

每日情绪记录表

负性想法： 写下那些令你烦乱的想法并评估你对每个想法的确信度（0%～100%）	歪曲之处	积极想法： 写下更为积极而切实的想法并评估你对每个想法的确信度（0%～100%）

布置家庭作业：要求张玲在恐惧情绪发生时练习腹式呼吸；使用"每日情绪记录表"，记录接下来一周的事件、情绪及思想情况。

2. 合理情绪疗法：修正不合理思维

错误信念的修正在辅导中非常重要也非常具有挑战性，张玲虽然能写出情景和负性想法，但还是很难找到信念的歪曲之处，所以在这几次的咨询中咨询老师都在不断和她讨论她的作业，并指导其用些方法来识别信念中的歪曲之处。比如，张玲谈到做作业时，会产生恐惧情绪，她开始没有找对负性想法的歪曲之处，当然更不知道到用什么样的积极的想法来代替不好的想法。咨询老师就指导张玲用垂直箭头法不断问自己："如果这种想法是真实的，它如何令自己沮丧，这种想法意味着什么？"张玲最终发现原来是自己成绩不会好，怕别人超过自己，怕像妈妈说的那样考不上好大学！用什么想法来替换更好呢，她发现其实是因为自己要求做的太多，不可能完成，但并不意味着别人会超过自己，她觉得自己是该调整一下自己的学习习惯了，像做数学题时觉得难，就放着不做，但是不做其实自己心里是慌的，这时往往就会胡思乱想，在数学方面要尝试着遇到困难不放弃。这次咨询张玲感觉非常好。然而后面的咨询来访者的情况有反复，因为其一直无法修正"考不上好大学，自己就是无能的"这一想法，每当其母亲谈及她的未来时，更触动了张玲这个信念，所以她的症状在这几次咨询中都是反反复复，感觉要向好的方向发展了，却突然恐惧得不得了。针对这一信念，咨询老师对张玲提问："有什么证据能够证明你是无能的？不能考上好大学，就是无能的，那这么多的普通人，都是无能的吗？必须事事成功，才是有价值的人吗？"

张玲在这些问题的提醒下，领悟到：我们可以努力追求一个目标，但并不是事事都如意，有的时候失败了，也不意味着自己无能，因为这就是人生。

布置家庭作业：练习腹式呼吸，继续填写每日情绪表，记录下自己焦虑、恐惧的事件和场景；尝试做"镜子练习"，继续与错误信念辩驳，巩固咨询效果。

个案点评

1. 咨询主要技术：认知行为疗法

通过3~5次心理辅导，引导其了解认知、情绪与行为的关系，澄清焦虑情绪的根源和不合理信念，进而采用发散性思维，构建合理信念，引导来访者觉察信念改变后的情绪变化、躯体反应，通过家庭作业强化练习，实现身心状态改变和行为正常化。

2. 来访者的成长：寻找优点，重塑自信

张玲在进行第一次咨询时，咨询老师明显感觉其不自信，所以也让她试图找一找自己的优点，但是她在二次来咨询时没有写任何优点，却写了一大堆担忧的事情。几次咨询后来访者很好地完成了家庭作业，写了很多优点，比如很为他人着想、可以理解妈妈等。

"我现在状况不好，在这种情况下，我一定不能很好学习。""成绩不好，就证明了母亲说的我这个人无能。"张玲的这些想法反映了很多有焦虑和抑郁情绪的来访者的共同点：都有不合理信念。不合理信念有以下几个特征：①要求的绝对化。对事对人要求完美，认为事物发展的逻辑是"必然""肯定""必须"和"应该"，缺乏灵活性。②以偏概全。过分地概括化，对事件或人物的评价往往抓住其一，不及其余，以偏概全。做错一件事就以为自己一事无成；一件事做不好就认为一无是处，无能、没有用。③消极情绪。总认为某事件的发生会导致极其可怕或糟透了的结果，而自己对此无能为力，陷入焦虑或抑郁、悲观、绝望的痛苦情绪体验之中。

不合理信念的矫正是非常重要也非常难的，尤其是转变不合理思维。咨询老师在张玲的咨询中就用到了一些转变思维、调节情绪的技术，例如"镜子练习"，大概步骤如下：①买一个大镜子，可以照出自己的全身，对着镜中的自己，大声重复你自己的负性思维，如"我现在状况不好，在这种情况下，我一定不能考上好大学"。②然后继续对着镜子，用第二人称和你自己对话，就像在同一位非常喜欢你的好朋友对话一样。鼓励你自己，就像鼓励一位沮丧焦虑的好朋友一样，可以这样说："听着，你现在的状况，确实很糟糕，但是每个人都会有这样的时候。你有成功，也有失败，每个人都会经历这些，你不需要为此感到不安，现在的失败或成功不会决定你未来是否成功。"③你可能发现在为自己辩解之后，会冒出另外一些负性的、自我批评的想法，比如"以前所做的努力全都白费了，我又回到原点，我这个人注定是个失败者"，继续对着镜子，用你和好朋友的方法对话。

"考不上好大学，自己就是无能的"，这是张玲不合理想法里的核心信念，核心信念不同于负性想法，负性想法只出现在你不愉快的时候，而核心信念则是伴随你的一生态度。只有来访者识别到自己的核心信念，并加以改变，症状才可能真正消失，病症也才能真正愈合。在这里咨询老师用到了纵向箭头技术。纵向箭头技术很简单，就是不停地让来访者问自己一句话，即"如果这种想法是真实的，它如何令我沮丧，他对我意味着什么"，问一次向下打一个箭头，得出一个结论，然后不断重复地追问，我们会发现，很多人都会得出对自我否定的结论，即"我是无能的""我是没有价值的"等。澄清核心信念之后，再指导来访者学习辩论技术（或发散性思考），寻找不同的答案，然后感受当下的情绪和感受，如此反复训练，慢慢矫正核心信念，帮助其增加自信心。

家校社共育策略

针对张玲这一案例，建议学生的教育可以从给学生建立合理的认知入手开展活动，在平常的教育教学活动中尽量不要给他们灌输歪曲和不合理的认知，从而促进学生成为一个自信的人。

（一）学校

（1）马斯洛在需要层次理论中将人的基本需要从低到高分为七个层次，依次为生理需要、安全需要、归属与爱的需要、尊重的需要、求知与理解的需要、美的需要和自我实现的需要。其中前四种需要被称为缺失需要，它为我们生存所必需，因此必须得到一定程度的满足。后三种需要为成长需要，虽然不是生存所必需，但对于个体的成长及社会化有着十分重要的作用。在少年、青年初期，尊重的需求日益增长，青少年中晚期自我实现的需求开始占优势。对于学校而言，要格外关注学生爱与尊重需求的满足，这些需求的满足可以激发学生的内在驱动力，达到自我实现和自信成功。

（2）开展对教师的教育培训，在学校里营造正确的升学备考环境，给学生灌输正确健康的价值观和价值取向。教师应引导学生合理看待学习成绩，一时的失败不代表永久的失败，关键在于吸取怎样的教训，教师可以引导学生每天设定第二天的目标，并同上一天进行纵向比较，获得成就感，增加抗挫折能力。

（3）一个问题学生往往对应一个问题家庭。很多时候在对学生做咨询的同时需要对家长做工作，但是在学校进行心理咨询想要将家长请来，很不容易。另外，很多家长也不能理解和接受，他们通常都会认为自己的孩子不会有心理问题，所以学校可以通过家长会等途径给予家长正确的认知，有了家长的转变，那么学生就更加容易转变，咨询的成果也会更加持久和巩固。

（二）家庭

（1）有情绪的学生多是在生活中遭遇了挫折。家长可以多关注学生的情绪，用心倾听学生的心声，在交流过程中多听少说，听他们正在经受着的痛苦，心平气和地回应他们的情感与烦恼。可以问一些开放性的问题，比如"告诉我那种感觉是怎样的"。

（2）家长也要避免将自己的价值观和价值取向强加给自己的孩子。家长和孩子的成长时代和环境都是不一样的，孩子也有独立的思想，家长不要用自己的过往经验来强迫孩子将来做什么，也不要将孩子作为实现自我价值的另一种途径。

（三）社会

（1）建立校内与课外、教育与指导、咨询与自助相结合的心理健康教育工作网络，为青少年健康成长提供全方位服务。加强社会心理服务体系建设，培育自尊自信、理性平和、积极向上的社会心态，利用社区平台开展宣传活动，倡导积极向上的价值观，营造科学和谐的氛围。

（2）在社区设立心理健康知识宣传栏，加大心理健康知识宣传力度，力争人人了解相关的有利于自身发展的心理健康知识。

（3）在社区开展心理健康讲座，为各个年龄层的人群面临的心理问题提供科学的指导。

（4）完善社区青少年心理健康服务机构职能，为青少年的成长问题提供科学的评估（诊断）、咨询、反馈、跟进等服务。

（5）社区购置心理健康方面书籍，打造心理宣泄室、心理放松室。

▌案例二

割舍"焦虑"

"我现在大三了，学习压力与日俱增。高中的时候我就被诊断出中度抑郁，还伴有躯体反应。这些年我一直积极接受专业治疗，可改善效果微乎其微，感觉自己被无力感紧紧包裹。最近这段时间，我真的苦恼极了。学习上，我感到十分吃力。别人能一整天都精力充沛地投入学习，而我却只能勉强维持一两个小时的学习状态，这也导致我挂了好几科。我正在准备考研，可学习效率实在太低，心里焦虑得不行。人际关系方面也让我头疼。我和宿舍的一个男生有点非对抗性矛盾，他总是针对我的躯体反应说些难听的话。我努力开导自己，也看了不少心理学相关的书籍，告诉自己别被这些负面情绪和他人的偏见打倒。但真正做起来才发现，想要改变这一切，真的好难好难，我好像陷入了一个怎么也走不出来的困境。"

个案故事

前来求助的是一个大三的男孩，名叫小宇（化名）。第一次接到他的咨询请求时是他的辅导员带着他一起来的，瘦削的脸庞，个子高高的，一脸的愁容，并伴随着明显的发抖这一躯体症状。

这是小宇给我的初印象，辅导员与咨询老师简单交流了他这段时间的近况便离开。咨询开始，他就在咨询老师的指引下介绍了自己的基本情况。他是大三学生，家里就他一个孩子，家住在南方某省会城市，父母婚姻关系一般，对自己关注度也不高。自述高中有过复读经历，在复读期间感觉到较大的学习压力，情绪十分低落，身体出现发抖，入睡出现困难，心脏会出现疼痛等，整个人精神状态不佳，面色憔悴。当时因其与常人精神状态有较大差异而遭到部分同学的议论，他觉察到自己的状态不佳跟家人交流，家人陪同他去到当地的专业医疗机构，被诊断为中度抑郁，直到现在都定期去医院复诊，也按时服用药品，但是躯体化症状仍较明显，情绪仍一直低落，对很多事情都提不起兴趣，也有强烈的自卑心理。

近期小宇感到情绪十分低落。一是因为与寝室的同学产生一些摩擦，因为抑郁症的原因，他身体会出现发抖的躯体反应，他室友睡在自己下铺，会因为他身体抖动发出的声响而在语言上对他进行讽刺。小宇也多次私下跟室友交流自己的情况，但仍然得不到理解，他感觉很心累，也很无助，在倾诉过程中情绪也较为激动。二是近期他有想升学考研的想法，因为一开始这个专业不是自己喜欢的，是他在父母强硬要求下选择的，但现在他自己感觉学起来难受。他更喜欢另一个学科——心理学，因为在这接近四年的痛苦挣扎中，他接触到一些心理学的书籍，也在慢慢调整自己的状态。但是因为自己的精神状态学习起来很费力，导致他对自己升学结果感到焦虑，对自己目前学习的专业也感到毕业机会渺茫。咨询老师也感觉到他深深的失落和无助。

随着咨询的持续进行，小宇在和咨询老师的交流中，重新梳理了自己的成长经历，重新审视了自我认同。慢慢的，他觉察到自己并非自己所想的那么糟糕，与室友的摩擦所带来的苦恼也远没有他所想的那么深。他在咨询的历程中，也在通过学习一些自我调整的方法去调整自己的心态，情绪起伏也逐步朝向积极平稳的状态迈进。例如他会将室友的讽刺看作是室友的错误归因，不能把这种愤怒和不满传递给他人；在图书馆看会儿心理书籍，根据自己身体状态制订适合的学习计划，调整自己的学习目标，不再被动地受到他人和自我认知所带来的负面情绪中。他发现他人的恶意评价甚至自我贬低只会给自己带来无尽的痛苦，只有自己转变了对事和人的看法以及采取积极行动，不必太在意他人的评价，也不再贬低自己的渺小和不足。其实，他觉察到自己与寝室其他室友相处融洽，人际关系和谐，自己对未来有清晰的人生规划，想升学考研，即使最后结果不尽如人意，自己也能坦然接受。这种积极的心态调整让他逐渐找回了自己，也拥有了面对生活的勇气和自信。

辅导过程

1. 共情与理解：建立良好咨访关系

小宇是由其辅导员带来咨询室的。一开始，小宇有较为明显的回避心理，只透露出其最近感觉很焦虑，经常失眠，躯体化症状加强。通过咨询老师与其进一步交流，小宇提到令自己感到焦虑的很多缘由，对学习和身体健康的担忧较为明显，并将这种焦虑扩散到生活中的诸多方面。在咨询初始阶段，这种心理的痛苦和挣扎需要进行宣泄。在整个咨询过程中，小宇逐渐放松心理防御，开始倾诉自己近段时间的心情和心理状态，咨询老师在倾听的过程中也帮助他理清目前的心理困境及导致原因，追根溯源，近段时间对学习状态的不满和对身体不适的烦躁源自对健康的过度忧虑。咨询老师采用具体化咨询技术，让小宇针对"我整个人都很糟糕"具体化阐释并举例说明。在叙述过程中，小宇将自己认为的很糟糕的经历与心情都表达出来，将内心挣扎的感受予以外化，并通过面质技术指导让小宇觉察现实的真实情况与其认知和感受存在部分不一致情况，从而明白自己的实际情况并非自己所认为的那么糟糕。在咨询中途小宇有明显的躯体反应，身体出现发抖、心慌、心悸、胸闷等躯体反应，咨询老师采用放松训练的方法帮助小宇进行了身体的短暂放松，躯体反应有所缓解。咨询过程中来访者可能因为情绪激动会出现躯体反应、认知偏差等问题，需要咨询老师采用心理咨询技术做出适当的干预与处理，以建立良好的咨访关系。

2. 聚焦情绪：焦虑和失落感

第二次咨询过程中，小宇看到咨询室里摆放着沙盘，跃跃欲试，在咨询老师的鼓励下，他完成了一次沙盘作品。咨询老师发现他自我的评价较低，渴望与外界产生联结，在沙盘结束后他也敞开心扉，主动讲述自己对学习的焦虑以及对自我身体不受控的失落，倾诉其在自我救赎过程中所经历的心理苦楚。在讲述过程中，小宇表达了对曾经的老师以及家人的不满，但更多的是对自己的无奈，认为自己因为身体原因而导致自己状态糟糕，高考没发挥好，现在的学习和生活状态也仍受到影响。这样，消极的情绪感受慢慢演变为消极的思维及行为方式，做其他事情也没有较高的成效，所以想自暴自弃，以致在近段时间里变得一蹶不振。

3. 调整认知：接纳不完美的我

人们总习惯于把自己的不良情绪归结于环境事件，但认知行为疗法的理论家埃利斯提出 ABC 理论却推翻了这一结论，他认为在生活中，我们对事情的看法 B（Belief）才是导致情绪和行为 C（Consequence）的关键因素，而并非事件 A（Activating event）直接引起，改变自身在人际互动中的想法，将自身消极思维方式转化为积极应对技巧，可以改变情绪和感受。同时，他也提出产生健康还是不健康的焦虑心理，主要取决于个体的思想、感觉、行为，消极的教条化式的思维会导致人们朝坏的方面看待自己和他人，对自己和他人缺乏容忍度并进行责备。小宇由于高中时期被忽视和身体不适所带来的痛苦导致他现在已经习惯自己处于糟糕的状态，如自己付出再多也没用，与室友有冲突没法改变，每天就这样痛苦煎熬着吧等。但这种消极的想法和感受并非源自他受挫的事件，而是由于他内心对受挫事情的消极看法，并辐射至他整个生活方面，以致他深陷于恶性循环中。在咨询过程中，咨询老师就小宇对自己受挫的事情及想法展开了深入的交流，一起讨论他在高中时期对自己整体评价是否存在合理性，以及因身体状况欠佳导致的学习效率低下、自卑等问题，如他一直谈论到"我因为自己身体状况不好而什么事情都做不好"，咨询老师采用苏格拉底式的提问法向小宇提出："你觉得你做不好，那体现在哪些具体的方面呢？"小宇回答道："因为自己最近学习效率很低，觉得自己很糟糕。"咨询老师接着问道："你觉得一个人暂时的学习效率低就能说明这个人很糟糕吗？"小宇回答："好像不能。"小宇领悟到原来自己因为最近的学习情况不良而产生错误的信念，人生路上我们会遇到暂时的困难，有时我们要允许自己停下一会儿，接纳自己的暂时受挫，调整好再出发。与他一起探讨的同时，他也开始觉察到自己身上有可利用的积极资源，他有积极自我救助的意愿和行动，有阅读心理学相关书籍的基础，以此来调节自己的心理状态，并开始理解寝室成员之间的互动方式，理解每个人有不同的行为处事风格。他提及同宿舍的一位男生，他父母离异，从小由爷爷奶奶抚养。近段时间这位室友情绪状态不太稳定，在之前的一段时间，小宇都认为是这位室友对自己有意见，所以自己躯体出现反应引起床铺异动会让这位室友恶语相向。在这次咨询时，咨询老师让小宇扮演室友，以室友的角度来看待他自己，他站在室友的角度，突然觉得那位室友把气撒在他身上不是因为针对他，而是近期出现的负性事件没法调整他自己的情绪，他表面上是与小宇产生对抗，实际是在内耗自己。虽然他还是很在意那位室友对他的不友好态度，但他开始理解每个人情绪产生的原因以及对事情的看法是不一样的，以此导致的行为和结果也会有所不同。因此，他开始学会理解那位室友的行为模式，尝试着与那位室友私下坦诚地交流。那位室友在了解小宇的真实情况后，为之前对他的语言攻击表达了歉意。在之后的相处中，虽然室友没有表现出明显的友好行为，但在小宇出现之前类似的躯体反应时，那位室友不再对他有语言攻击了。在咨询老师的指导下，小宇将自己所学习的心理学知识运用到自己的人际关系冲突和情绪调适中，他开始试着用他人的角度思考他人行为背后的认知情况，学会理解他人，与室友友好相处。针对学习过程中产生的焦虑情绪，他也开始坦然接受自己身体不适的现实情况；对于学习效率稳定与否以及升学目标能否实现，他都能坦然面对。

4. 行动：抛弃焦虑和自卑，走向成长

小宇从高中到大学，一路上经历了许多艰险。从高中开始因为学习压力较大，无法调整导致自己长期处于焦虑和抑郁状态，在咨询老师的指导下，自己开始反思目前的学习计划存在的问题，调整了自己的学习动机和目标。在寝室人际关系上，也能够站在他人立场出发，主动迈出脚步与他人交流沟通以解除误会。随着几次咨询的进行，小宇的精神状态改善了许多，每天按照自己的学习计划展开学习活动，对学习结果的期待也保持在中等水平，与家人和老师也主动聊了自己最近的身体状况，家人和老师也给予了自己关心和温暖。他希望自己一直保持这种状态，能积极面对未来的困境。

个案点评

（一）咨询方法

1. 合理情绪疗法

在咨询过程中，运用合理情绪疗法，与来访者探讨情绪背后产生的原因。例如，来访者存在自我贬低、以偏概全的情况，这体现出明显的认知偏差，引导学生认识并理解自身的认知误区。

2. 放松训练法

在咨询过程中，来访者一开始身体状况较差，有明显的躯体反应，通过简单的放松训练，能够帮助来访者缓解身体不适。

3. 角色扮演法

在咨询过程中，来访者自述与室友发生不愉快，通过角色扮演的方式，让来访者站在室友的角度出发，理解室友的行为与想法，学会用人际交往方法去处理人际交往过程中遇到的问题。

（二）来访者成长

由于社会的高速发展、原生家庭的不良影响以及个体创伤经历的累积，大学生更易出现出现由家庭、创伤经历、学业、人际所带来的情绪问题。本案例中小宇的经历具有代表性。他在成长过程中，经历过同学与老师的语言欺凌和孤立，因为父母认知水平有限，未能提供必要的心理支持，形成了容易自我贬低的性格，影响其正常的学习和生活。在咨询过程中，咨询师需做的重要工作是打破来访者自我贬低的歪曲认知，激发其潜在的自信，重塑自我价值。

本案例中，咨询老师采用了合理情绪疗法、放松训练、角色扮演等方法来帮助来访者缓解焦虑情绪，调整认知信念，正确处理人际交往中存在的问题。但来访者的成长一部分源于自身存在的积极心理资源，来访者曾在身心状态不佳的情况下接触了关于心理学相关书籍，并通过学习到的心理技术调整自身状态，心理状态也逐渐得到改善。

（1）来访者：首先是在人际交往上，最近感觉和室友之间的交往较之前要更轻松一点，能在遇到人际冲突时自主去与他人进行沟通，也能运用自学的心理防御方式分离自己与他人的想法，认知调整更加客观、理性地看问题。

（2）来访者辅导员：来访者近期走路形态、动作明显较之前有所放松，自述近期精神面貌感觉舒展了许多，没之前那么低沉了。焦虑情绪也得到较大缓解，对于学习目标的建立也更加合理化，根据自身的身心状态制订学习计划，也能调动内心的积极心理资源，调整自我心理状态。

（3）来访者室友：来访者自述曾经朋友不多，虽然与室友交际关系并不亲密，但是近期有积极主动增加交际机会，寝室关系也变得缓和了起来，室友对来访者也带有更包容的心态去接纳他因心理疾病导致的躯体反应。

基于个案反思的积极家校共育策略

青少年阶段的学生正处于成年早期，身心发展正处于独立性与依赖性的矛盾心理中，加上自身心理调节机制的不完善，缺乏对外界变化的弹性应变能力，缺乏对心理活动的调节和支配的意志与能力，从而使青少年身心发展不平衡，以此导致情绪变得复杂、易波动；同时也因处于这一年龄阶段，青少年不易将情绪坦率直露，而是将情绪隐藏起来，体现为内在体验与外在表现不一致，从而导致同学之间的互相交流产生摩擦以及学习效率低下，使青少年产生焦虑和失落。青少年心理健康成长是需要全社会共同参与，针对小宇这一类的个案，可以引导他们调整错误认知，调动青少年已有的积极心理资源学会自助，管理好自己的情绪，调整自己的身心状态，促进他们心理健康成长。

（一）学校

（1）开展心理健康教育，通过心理健康教育课程、心理健康教育活动、心理情景剧、心理主题班会等形式多样的活动宣传心理健康基础知识。让学生了解不同年龄阶段的发展任务和心理特点，同时也明确青少年阶段可能遇到的心理困扰以及应对方法。

（2）创设活动情境，营造和谐的人际环境。学校心理健康中心可联合学院创设相关心理活动，为学生搭建人际互动平台。学生在活动中能与来自不同家庭环境、不同地区、不同专业的同学相互了解，通过真诚交流，理解各自的认知差异，学会尊重与接纳他人。

（3）加强家校合作，共促学生成长。部分家长在学生遇到心理问题时常常忽视和否认，并认为这样可作为对学生的保护措施。因此，学校要渗透积极的心理教育理念。通过积极推送心理知识相关资源等方式向学生及家长普及医学、心理健康的知识与策略，让学生学会正确看待心理疾病，理解心理疾病的预防与治疗方法，引导家长动员学生积极接受专业治疗；同时，学校要澄清对学生的关注是为了改善学生目前的心理状态，以此消除家长认为学校是给学生"贴标签"的误区，引导家长及老师给予专业性、针对性的帮扶。

（二）家庭

（1）调整教养方式，关注孩子成长。青少年时期，孩子的性格塑造，身心状态主要受到家庭环境和父母教养方式的影响。很多父母由于代际教养方式及认知水平的限制，缺乏对孩子的关心与悉心照料，容易忽视孩子的身心状况。因此，作为父母，当孩子出现身心不适时，要给予足够的关心和理解，自主提升心理健康知识储备，冲破传统思想观念的束缚，消除对心理问题的偏见与误区，给予孩子科学的心理救助方法。

（2）加强亲子沟通，建立良好家庭关系。大学生虽然是表面上已经是成年人，思想已经独立与成熟，但是仍然体现着独立性与依赖性并存的心理特点。处于这一年龄阶段的孩子仍然渴望父母的关爱，依赖家庭亲密关系所给予的安全感。小宇在咨询过程中很少谈及自己的父母，自我感觉父母对自己的关心和帮助有限，自己高中时期躯体症状就已明显，父母虽及时带他就医，但也仅提供了物质支持，这让小宇感到无奈，在高中到大学的这段时间，父母也很少关心他的情况，让小宇感到孤独与失落。良好的亲子关系会给孩子提供安全亲密的感觉，有利于改善孩子心理不良状况。因此，父母应主动与孩子沟通，积极主动改善教养方式，增强家庭成员之间的亲密感，提升家庭幸福质量，促进孩子心理健康成长。

（三）社会

（1）加强心理健康知识、正确价值观的宣传与引导。经济快速发展，代际传递之间的教养观念与新时代社会发展之间存在不符的情况，传统的教育观念、思维方式不再适应现代社会发展的需要。社会各界人士和报刊、影视作品等媒体应充分发挥积极的宣传和引导作用，普及心理健康理念与基础知识，提高大众心理健康素养。

（2）开展专业化、多样化的青少年心理健康指导服务。国家相关部门联合学校应积极响应国家心理健康教育政策，通过社团联合、公益组织等形式搭建青少年心理健康教育指导服务平台，为社会、家庭、孩子输送积极正确的心理健康教育理念，积极完善青少年心理问题的预防、矫治与发展工作，以此让孩子能正确看待身边的心理问题。小宇在自身患有抑郁症的过程中，无意中接触到心理学书籍，对心理学知识非常感兴趣，并学以致用，但他因处于青少年期，认知与能力有限，需要专业的心理教育指导提供心理帮助。因此，家庭、学校、社会三位一体的心理健康教育指导体系应互相配合，构建完善的心理健康服务指导体系，搭建青少年心理健康教育服务平台，挖掘青少年身上可利用的积极心理资源，为青少年们的健康成长增添新的生机与色彩。

▌案例三

在压抑中寻找成长

个案故事

易元（化名），男生，22岁，大学一年级。家中独生子，从小被父母寄予了很高期望，严加管教。由于高考失利，考入省内某大专学校，后来升入本科学习。进入本科学校后，感到学业吃力，多门课程出现挂科，也因为作息时间冲突跟室友发生龃龉。自小性格安静、内向、守规矩，内心的不满不敢随意表达出来。跟父母关系不亲密，在学校无知心的朋友，内心冲突无人可说，迷茫、压抑、矛盾、失眠，上课走神，经常流泪。长时间的痛苦甚至让易元生出了自杀意念，并且有过一次自杀尝试，最终因恐惧疼痛及舍不下家人而放弃。之后，易元也知道自己心理出了问题，自行前往市精神专科医院做检查，被诊断为焦虑状态，从此配合医院接受药物治疗。

易元第一次来到咨询室时，戴着一副黑框眼镜，干净整洁，身形瘦弱，显得很斯文。咨询过程中，易元思维清晰，表达流畅，说话声音很小，眼神闪躲游离，拿起水杯喝水时还在微微发抖，拘束、紧张，这跟他 175cm 的高个子形成反差，倒像是一只误入陌生环境的惊慌无措的小鹿。慢慢适应下来之后，他逐渐说出自己的最近的烦恼。

提到寝室关系，他说很希望能够有个安静的休息和睡觉的环境，但是大多数室友喜欢在晚上打游戏通视频，大声嚷嚷，不关灯。自己不敢开口提意见，室友 A 提醒过多次也不见得他们收敛。易元说能理解每个人的作息时间不一样，或者理想追求不一样。但这样烦闷的环境确实也让自己很烦躁，睡不好，也不敢惹室友，特别害怕与他发生冲突，因为室友是退役军人，体格高大威猛，脾气火爆。易元极度憋闷之下引发自伤行为（用烟头烫自己）。

关于家庭关系，易元的父亲是一名工人，大专学历，母亲是普通公司职员，父母关系不好，长期分居。在易元的印象中，父亲思维古板，酗酒，酒醉之后情绪不稳定，经常动手打人，是一个典型的大男子主义者。父亲对易元很严格，小时候的易元经常会被父亲无故扇脸，如作业不会做会被打，写字不好看也会被打，吃饭过程中也会被打，被暴力对待后也不准大声哭出来。而母亲也总是来劝易元要听话，要理解父亲的一片苦心。易元说，自小就跟父母关系不亲密，高考失利后，父母转变很大，管教没那么严格了，认为是自己让他们失望了。

关于成长经历，渐渐长大的易元性格内向、安静，常被同学评价"像女生"。在高中时期，曾被班级孤立、欺凌，被动挨打也不敢反抗。在读大专期间，易元有一次被评上优秀班干部，结果被团支书打电话侮辱，并联合同学投票让易元放弃资格，"我当时被骂得脑袋一片空白，身体都僵住了，不知道该干什么"，他无奈摇摇头。进入本科之后，易元被分入混合寝室，在班上没有归属感，在学校没有说话的对象，时常感到孤独、压抑、敏感。父母在这个时期选择了放手，但这样突然的"自由"让易元一时之间感到无所适从，丧失了方向，迷茫；学业也逐渐跟不上，焦虑，失眠；害怕跟他人相处，行为退缩，自我否定，找不到存在的意义。

辅导过程

（一）第一阶段（第 1～2 次咨询）：了解信息，建立良好的咨访关系，商定咨询目标

此阶段主要探究了易元目前的困扰和症状表现，了解既往病史、治疗史、家族史，同时评估了易元当前社会功能损害情况及危险性。此外，共同商讨了咨询问题：一是由不良人际关系引发的痛苦情绪和行为失调；二是父母的高期望所带来的自我无能感；三是童年时期粗暴的家庭教养方式所造成的不良行为模式。

在此过程中，咨询老师注重倾听，提问，共情，重述，情感反应。对于易元紧张发抖的生理反应，咨询老师多次回应"咨询室里一切情绪都是被允许的，包括沉默"，并引导他进行了呼吸冥想练习，帮助他缓解紧张情绪，放松身体。在建立起安全、信任的咨询关系的前提下，易元渐渐开始诉说内心的负性情绪体验。

（二）第二阶段（第3~4次咨询）：**回望创伤，自我觉察，宣泄情绪**

此阶段主要通过自由联想、澄清、解释、具体化、空椅等方法，回顾易元童年早期经验及成长经历中的重要事件，在一遍一遍回顾"扳机点"的过程中逐渐揭露易元潜意识中的想法、记忆和情感，包括对室友的不满和愤怒，对不公对待的委屈和无助，对父母的埋怨与依恋，对自己的贬低和否定。进一步引导易元觉察内心的期待和愿望，包括安全稳定的生活环境，爱与尊重的人际关系，自尊、自信和自我价值感。同时，也引导易元看到早期父亲的情感忽视、打压、控制型教育的家庭经验对现在行为模式的影响。

说到动情处，易元明显情绪不稳，眼眶红了又红，最后还是哭出来了一次，宣泄之后表情终于放松了些。在此过程中，易元多次表现出了无意识阻抗，如迟到，或者咨询过程中的回避和长时间沉默。咨询老师均无条件接纳、尊重和支持，继续培养易元薄弱的自我意识，让其有足够的成长时间来面对无意识的力量。此外，在构建了更加安全、接纳、信任的咨访关系后，易元得以发展出新的人际关系模式，获得了新的经验，如意识到人与人之间的相处并不仅是攻击和贬低，还有平等、尊重和包容；意识到人生具有自主选择的权利，小到咨询室的座位，大到未来的就业方向；意识到情绪宣泄的方式除了自我攻击，还有更好的如倾诉、运动、创造等向外表达的方法。

（三）第三阶段（第5~7次咨询）：**调整认知，发掘内在力量，强化改变和成长的动机**

此阶段主要通过澄清、质问、解释等方法对易元的自动思维进行调整。在易元的认知中，只要没有达到父母的要求就是自己无能，父母会就对自己失望，上课回答不好问题就会被同学看不起等，负性的自动思维引发情绪上的焦虑和抑郁状态。咨询老师向易元介绍不合理认知的特征和情绪ABC理论，并布置了相关家庭作业，以帮助易元认识内心冲突背后的认知偏差，鼓励其用辩驳和现实检验的方法进行正确归因，平衡自己的不合理信念。同时，引导易元探索正向资源，激发兴趣和潜能，发掘内在的力量，重塑自我价值。

在此过程中，易元意识到父亲对自己严厉的背后也有着父亲自己的焦虑和代际传递问题，周围同学对自己的关注并没有想象中的那么多，别人对自己的评价并不像自己评价的那么低，学习成绩也并不是评价自我价值的唯一标准等。向内挖掘后，易元意识到自己原本就很优秀，在学习方面，曾获得过省赛一等奖；在兴趣爱好方面，在社交平台发布的摄影作品和投稿的文章都获得了非常多的正向反馈。重新构建故事后，易元发现身边还有很多人际支持力量，比如关爱自己的爷爷，引导自己的大专老师，约自己出去散心的朋友，崇拜自己的学弟等。此外，咨询老师也多次利用奇迹问句进行赋能，强化易元的改变动机。

（四）第四阶段（第 8 次咨询）：结束咨询

最后一次咨询，咨询老师主要通过无条件积极关注、倾听和情感反应引导易元回顾整个咨询过程，检验其新建立的合理的认知和行为模式。咨询老师对易元的成长和变化给予了积极肯定，并与易元探讨对未来的期许和规划，鼓励他继续将新的经验应用到以后的学习和生活中，掌握自己人生的舵，也鼓励他持续关注自身的积极力量。

个案点评

（一）主要咨询方法

1. 心理动力学疗法

该疗法的基本观点为个体受无意识思想与情感的影响和驱动，通过探索无意识冲突，了解自己情感、行为和人际关系中的潜在问题，进而发展出更健康的行为和情感模式。在本案例中，咨询老师通过自由联想、澄清、质问、解释、具体化等方法揭露易元的内在思想和情感。无意识意识化后，易元得以看到童年经历和成长阶段中未解决的情结，以及这些情结对自己现在的认知、人际关系和处事方式的影响。在易元还没有做好面对这些冲击的准备的时候，咨询老师通过支持法来帮助易元消除阻抗，处理强烈的情感，稳固自我功能，并内化出新的、更具适应性的调控自尊及与他人交往的方式。

2. 认知行为疗法

该疗法旨在通过改变思维、信念和行为的方法来改变不良认知，进而消除不良情绪和行为。在本案例中，咨询老师通过介绍不合理认知的特征和情绪 ABC 理论，利用思维记录表帮助易元觉察自动思维和核心信念，鼓励易元通过自我对话、辩驳和行为检验的方式去分析事件可能的原因和解释，进而重构认知，改变不良的想法、信念和行为模式。

3. 来访者中心疗法

该疗法的观点是坚信个体具有自我实现和成长的能力。在本案例中，易元主动求医，配合医院治疗，主动接受心理咨询，积极完成家庭作业等行为表现，均反映出易元具备较高的内部动力。咨询老师利用与易元建立起的新的、真诚的、无条件接纳及信任的咨询关系，使易元进行自我探索，发掘自己潜在的个人资源及能量，并做出积极的行为改变。

（二）来访者的成长

1. 来访者自我报告

感觉情绪好了很多，也不再那么自闭，难过的时候没有继续伤害自己，而是会尝试着换个方向思考，或出去走一走。以前和老师和同学沟通的时候会感到紧张和焦虑，现在没那么看重别人的评价了。愿意主动向辅导员求助，跟室友 A 协商好一同搬离了寝室。回大专学校聚会时，向老师分享了自己的摄影作品，给学弟分享了关于压力调试的方法，都被他们夸赞了很久。愿意跟父母联系，当父母前来看望自己的时候，自己也主动当起了小导游，安排了全程，一家人去周边景点玩得很开心。感觉自己真的成长了许多，也跟父亲和解了。未来还有一年的在校时光，决定不再逼着自己考研，而是遵从本心，活在当下。

2. 咨询老师评估

基本解决了最初商讨的咨询问题。建立了规律的作息时间，睡眠恢复正常。掌握了情绪调节的适当方法，积极情绪占主导。交谈中言语增多，愿意真实地表达自己的意见和想法。逐步建立起积极的认知模式，能正确看待学习成绩和他人的评价，人际交往行为增多，自我价值感提升。发展出了健康的兴趣爱好，坚持运动，对未来规划明确。

基于个案反思的积极共育指导

近几年来，随着我国经济的快速发展及社会竞争的日益激烈，大学生的心理健康问题也愈发凸显，主要表现在学习压力、自我认知、人际关系、社会适应等方面。分析其中缘由，相当一部分与家庭教育有关。原生家庭问题被反复提及，也反映出了因家庭不良教育导致孩子心理健康问题频发的现状。家庭教育是帮助孩子"扣好心理健康的第一粒扣子"，迈向人生健康的第一个台阶。根据精神分析理论，不良的人际关系可能是由于早期经历中的冲突或未解决的创伤所导致。如果家庭环境中存在冲突、忽视、过度保护或严厉管教等问题，可能会造成孩子不健康的认知模式、情绪调节困难和人际交往障碍。在本案例中，易元的经历具有代表性。易元从小成长环境相对比较粗暴，因为父亲专制的教养方式，不稳定的教养情绪，以及冷漠的家庭环境和氛围，形成了易元畏惧权威、社交退缩、自我贬低、自我丧失、自伤自杀等心理和行为问题。

针对易元一类的个案，建议从打破自我贬低的歪曲认知，激发潜在的自信，重塑自我价值等方向入手，通过家校协作，共同促进孩子的心理健康和全面发展。

（一）学校

（1）加强心理健康教育，结合学生的个体差异，提供个性化的指导和支持，帮助学生发现和发挥自己的优势。

（2）创新心理健康知识宣传的渠道和方式，通过开展特色活动，为学生提供多种自我展示的机会，如心理情景剧、心理知识竞赛、志愿服务等，让学生在学习心理健康知识的过程中体验成功，培养自尊自信的健康心态。

（3）发挥朋辈支持的作用，建立学习小组或互助小组，鼓励学生相互学习，共同进步，让学生在协作中提升自我价值感和归属感。

（二）家庭

（1）给予孩子足够的情感支持和鼓励，情感反应及时、稳定、恰当，帮助孩子建立安全的依恋关系和积极的自我形象。

（2）建立开放、平等、民主的家庭沟通环境，避免"大家长""一言堂"，鼓励孩子勇敢表达自己，多倾听孩子的感受、想法、观点或困惑，多提供正向反馈，帮助孩子建立自尊心和自信心。

（3）多组织亲子活动，增强家庭成员之间的情感联系和相互理解。此外，鼓励孩子进行积极的社交行为，帮助孩子构建健康的人际支持系统，让孩子有机会接触不同的人、体验不同的文化和环境，提高孩子的社交能力和适应能力。

（三）社会

（1）加大心理知识宣传普及力度，通过媒体和公共活动，提高社会对大学生心理健康的认识，倡导积极的生活态度和自我价值观。

（2）拓宽职业规划服务，增加实习和就业机会，帮助大学生了解自己的兴趣和能力，规划未来的职业道路，并在实际工作中找到自己的位置，增强自我效能感。

（3）完善社会支持网络，如心理咨询热线、社区服务中心等，为大学生提供便利的心理健康服务。

参考文献

［1］张小梅，石茹．1例人际适应不良引发焦虑情绪咨询案例报告［J］．心理月刊，2024，19（2）：178－181，193．

［2］邱国成，普兴富．一例抑郁发作的咨询案例报告：认知行为疗法的应用研究［J］．玉溪师范学院学报，2023，39（5）：88－96．

第五章　成长中的经历

　　世界知名心理创伤治疗大师、波士顿大学精神科教授巴塞尔·范德考克在其开创性著作《身体从未忘记》中描述过：童年早期的创伤会伴随我们到成年，阻碍我们实现个人和职业理想。心理学界最早研究创伤的是弗洛伊德。在心理学上，创伤一般是指由外界因素造成的身体或心理损害，而心理创伤就是和一些生活事件相关的一种强烈的情感反应，它会影响个体对自己、他人和世界的基本信念。童年时期的创伤主要分为三种：期待性创伤、分离性创伤和忽视性创伤。由于人类特有的心理保护性机制，个体的创伤性记忆易被压制，隐藏到意识层面以下。简单来说，就是人会选择性地遗忘不好的事情，但这些创伤性的经历并未消失，仍会发挥作用，继续影响个体当下的行为和情绪，甚至可能造成创伤后应激障碍。所谓"创伤性成长经历"，是指在青少年成长历程中，突发或者持续的创伤性事件给个人带来心理上的伤害，影响个人心理健康发展。这些影响在青少年个体上多以情绪障碍和人际关系障碍的方式呈现出来。青少年往往因为不懂得识别和管理自己的情绪，容易引发内在冲突，外在表现为压抑或者冲动。人际关系中往往表现为缺乏安全感、不能信任或者过度依赖他人、行为退缩（心理年龄停留在某个比实际年龄更小的年龄段）等；缺乏价值感，不认同自己，也不易认同他人，易产生伤害自己和他人身体的行为等；缺乏同理心，难以与他人产生联结，难以感知爱与被爱；过度顺从，缺乏独立自主的能力等。但创伤造成的影响并非总是负面的，也可能会给个体带来创伤后的积极变化，如具备更多的同情心和感恩心、拥有更强的信仰、和谐的人际关系等，即所谓的"创伤后成长"，具体是指个体在与重大危机进行抗争的过程中所产生的积极心理变化，发展出更高的适应水平和心理功能。创伤焦点的认知行为治疗（TF-CBT）和认知加工治疗（CPT），可以帮助人们从创伤和创伤后应激障碍中恢复。特别是CPT疗法，探讨了创伤可能破坏或证实一个人核心信念的许多方式，意在帮忙个体挑战，并以健康信念取代不健康的信念。对个体而言，创伤性经历属于陈旧性事件，即无法撤回改变，也不能坐视不理。找到创伤源头，接纳和正视创伤的存在，与过去的自己建立必要链接，尝试阻断创伤和建立支持性的资源……这些无疑都是应对创伤性成长经历的有效方法。

梦魇

"放学的时候，别人都有爸爸来接，为什么我没有?"
"奶奶，我不想吃这些药了，让我死了算了……"

个案故事

初秋小雨的某天午后，晓芯（化名）在老师和奶奶的陪同下来到了咨询室。11岁的晓芯正在上小学五年级。她清秀的脸上没有笑容，怯怯地跟在奶奶身后。陪同她们前来咨询的老师是晓芯的班主任方老师。她说，最近一年来因为晓芯患上了甲亢，需要一直服药治疗，但是有一天，晓芯突然对奶奶说："我不想吃这些药了，让我死了算了……"这句话让一直为晓芯的状况担忧的亲人们更加紧张起来，他们找到了方老师，在方老师的帮助下为晓芯预约了这次咨询。

眼前这个瘦瘦小小的孩子丝毫没有同龄人的天真与快乐，她坐在奶奶和老师中间，一直低头不语。事情要从5年前讲起，那时6岁的晓芯还在上学前班。一天夜晚，小晓芯躺在床上正要进入梦乡，忽然听到家里一阵可怕的响动，她睁开了眼睛，只见一个陌生人闯进了家里，手里拿着一把刀捅向爸爸的肚子，一捅就是7刀，痛苦不堪的爸爸用手捂住肚子，跟跄着往前跑，想要逃脱陌生人的谋害，但是没走几步就倒在了血泊之中，爸爸就这样离开了这个世界，离开了亲人们。后来得知这个陌生人是为了报复某个生意上的竞争对手蓄意谋杀，而晓芯的爸爸很不幸被误杀。听到这个惊悚、悲伤的事无人不为之惋惜、落泪。爸爸的离开只是晓芯灰暗日子的开始，那个可怕的夜晚、爸爸的痛苦表情是晓芯脑海中挥之不去的画面，虽然已经过去了好几年，晓芯的脸上仍然没有一丝笑容。

晓芯从小和奶奶生活在一起，爸爸妈妈长年在外地打工，出事前的两年妈妈和爸爸离了婚，组建了新的家庭，晓芯由爸爸抚养，妈妈从此不再跟晓芯联系。爸爸为了照顾好晓芯，从外地回到了老家，又为晓芯找到了新妈妈，晓芯很喜欢这个新妈妈，一个残缺的家眼看变得圆满。可这个新家刚刚组建不久，晓芯的爸爸就因意外离开了。新妈妈在爸爸去世后不久也离开了这个家，重新又有了新的家庭，晓芯又重新回到了和奶奶生活在一起的日子。多年前已远嫁他乡的姑姑为了照顾这个残破的家，带着自己的女儿回到老家，和晓芯、奶奶生活在一起。了解到晓芯的经历，班主任方老师一直对她关怀备至，尽量给予她温暖，是晓芯口中的"方妈妈"；以前的新妈妈也时常跟晓芯和奶奶联系，关心晓芯的成长……但是这些来自外界的关爱、帮助都不能弥补爸爸的离开，对于晓芯来说，这似乎是她内心深处一个永远无法填补的黑洞。晓芯总是用各种各样的方式表达内心的情绪：每次看到同学的爸爸去学校接其放学回家，晓芯就会特别伤心、生气，"为什么我的爸爸不来？"这让奶奶和姑姑也更加难受。虽然奶奶和其他亲人都对晓芯关爱有加，但晓芯还是会因为一些小事想起爸爸，然后情绪发作。晓芯常常表现出同龄孩子没有的敏感和悲观，姑姑和姑父又生了个小妹妹，她也会伤心、流泪，说："又是一个妹妹，家里没有一个男的，可怎么办？"晓芯很生气亲生母亲跟她断绝联系。她说："她不管我，我要去法院告她！"在晓芯的心里，除了悲伤还有愤怒。晓芯的成绩不好，老师说她学习其实也很努力，但就是老师讲过的东西总是记不住，常常坐着发呆。

一年后，咨询师就晓芯的情况对方老师进行了回访，方老师告知晓芯的甲亢已经康复，现在在当地的一所初中上学。自从上次咨询以后，晓芯的情绪稳定了很多，她告诉方老师："我现在看到别的同学有爸爸接，心里没有那么难过了。"晓芯的脸上渐渐有了笑容，那个痛彻心扉、惊恐无助的夜晚慢慢从脑海中淡去，爸爸也开始以另外一种方式留存在她的心里。

辅导过程

1. 初次接触：关系建立与症状评估

第一次咨询，晓芯的话很少，对于往事，她表面上不愿提及，实则无法放下。当方老师和奶奶再次讲起那段可怕的经历时，晓芯已经在一遍遍讲述中变得有些麻木，但是说到爸爸的离开她还是忍不住眼泪在眼眶里打转，随即又恢复到往常的平静。透过这张鲜有表情、神色凝重的脸，我们可以轻易读出本不该属于她这个年龄的抑郁。

弗洛伊德说抑郁是转向自己的愤怒。晓芯正是这样一个面对突如其来的巨大伤害无力还击的孩子，她只好将内心的愤怒以各种形式转向自己和最亲近的家人发泄。晓芯像是一株被晴天霹雳击中的幼苗，在风雨中摇曳，满心愤怒却无法言说……听完她的故事，咨询师也不禁流出了眼泪，走过去给了坐在一旁默不作声的晓芯一个深深的拥抱，"晓芯，你很勇敢！你的不容易我们都看得见。"晓芯没有拒绝，也默默伸出了双臂。咨询师通过表达自己对晓芯的共情，促进了咨访关系的建立，也肯定了来访者在创伤后的成长过程中所付出的努力。

根据DSM-5的诊断标准，晓芯被评估为典型的创伤性应激障碍（PTSD），即指个体经历、目睹或遭遇到一个或多个自身或他人伤害后，导致的个体延迟出现和持续存在的精神障碍。PTSD对于6岁或更小儿童的诊断包括至少以一种下述方式接触威胁的或真实的死亡：①经历创伤事件；②目睹事件发生在他人身上，例如父母或重要照顾者；③获悉父母或照顾者身上发生了创伤性事件。同时，至少有以下侵入性症状之一且创伤事件后延续一个月或更长事件：①创伤记忆无预兆地再次出现，导致痛苦（"侵入"当前生活）；②反映创伤中细节或感受的噩梦；③那些引起儿童感觉到的或行动的闪回，好像创伤再次发生一样；④当接触反映创伤各方面情况的想法、记忆或其他提示物时产生强烈或持续的痛苦；⑤有作为对创伤提示物反应的躯体症状（如快速心跳、感到眩晕、出汗）；可能出现对创伤提示物的持续回避，或思维、心境上的负性改变；例如回避能够唤起事件记忆的活动、地点或物品，与他人交往时退缩，很少表现出快乐、正性或爱的感受。在觉醒（紧张）和反应方面表现出至少以下两种主要的改变：①易激惹或愤怒的爆发（甚至在没有受到挑衅时），经常表现出针对人或物品的语言或躯体的愤怒；②过度警觉（对威胁或危险高度警觉，持续监视环境）；③对大的噪音或惊讶的事情有显著的惊跳反应；④难以聚焦想法或注意力；⑤睡眠困难。这些症状会导致患者产生严重的痛苦，损害其与父母、兄弟姐妹、朋友或其他照顾者的关系，影响学业行为。

可以看出，晓芯在学业上的"木讷"（对于学习内容听不懂、记不住）、情绪的易变与易激惹（既在意每个家庭成员的感受，又常常不顾家人的感受随性而为、发脾气）、经常性的创伤记忆侵入（即便过去了五年，依然时常想起父亲，体验到因父亲离世而产生的强烈的悲伤、愤怒、无助等情绪）、心理压力带来的躯体疾病（甲亢）等都体现了PTSD的典型症状。因此，咨询师首先对晓芯的评估结果进行了说明，帮助晓芯和家人了解她行为背后的原因。

2. 创伤记忆处理：意象对话与放松训练

事发时晓芯只有6岁，她不知道如何将创伤记忆带来的情绪体验表达出来，也不知道应该如何回应其他家庭成员对创伤情绪的表达，如奶奶和姑姑时不时在家里会提起爸爸、掉眼泪。因此，5年来，这样的情绪就一直积压在晓芯的心里，她找不到合理的宣泄途径。

接下来咨询师首先对晓芯的创伤记忆进行处理。咨询师慢慢地将晓芯带入了想象的状态，引导晓芯想象一座房子，这是了解一个人心理状态的基本方法。晓芯想象出的房子不大，房门是锁上的，拿钥匙将门打开，里面像是很久没有人住过似的，屋子里的东西比较凌乱，灰尘很多，看不清东西，只能依稀看到几件她小时候玩过的玩具和几本书。这些想象出的场景就是一个人心理的表征。紧锁的房门、凌乱的家说明晓芯的内心是封闭的，她有很多想法和情绪是被压抑的、混乱的，那些灰尘是她积压已久的负面情绪。咨询师接下来让晓芯想象将这些灰尘扫去，想象自己拿着扫帚、拖布一点点将这个房间清理干净，让灰蒙蒙的家接受阳光的照射，并且重新摆放散落的玩具和书。咨询师用这种形象化的方法引导晓芯将情绪进行整理，并注入更多的积极情绪。

然后咨询师运用渐进式肌肉放松训练来帮助晓芯真正面对并逐步接受有关父亲的创伤记忆，这一部分在前面的想象练习里晓芯并未提及，只呈现了创伤经历造成的心理状态，因此放松训练重点是处理由父亲意外离世的创伤记忆所产生的紧张情绪。由于心理的紧张和躯体的紧张是相互关联的，所以来访者可以通过学习躯体的放松方法来缓解心理上的紧张情绪。在放松的过程中，引导来访者在头脑中回想创伤记忆，主动接受创伤记忆的"侵入"，通过身体放松缓解由创伤记忆带来的紧张情绪。

渐进性肌肉放松训练遵循自上而下的顺序，放松一部分肌肉后再放松另外一部分，直到全身放松。

（示例）咨询师："请你以舒服的姿势坐好，握起拳头，将手向手肘弯曲，将手腕向前臂靠近，再将你的前臂向上臂靠近，现在放松下来，让你的手、前臂、上臂放松，仔细观察放松和紧张之间的差异，让自己被这种轻松感包围。"

……

"现在只要放松并释放身体上所有的紧张，同时进行深而慢的呼吸，将注意力集中在你的呼吸上，体验呼气时的放松感。"

晓芯逐步掌握了这一放松方法，也愿意在紧张感等负面情绪出现时用这一方式进行调整，用合理的方式表达自己的情绪。

3. 换种方式与爸爸同在：认知调整与艺术表达

晓芯在爸爸离开后的五年里，只要一看到别人的爸爸和孩子在一起，情绪就会变得非常不好，并且这种情绪还会波及家里的其他成员（比如奶奶、姑姑），使整个家庭陷入负面情绪的漩涡。因此，解决痛失爸爸给晓芯造成的心理情结是咨询的重点。咨询师首先运用认知行为治疗的方法，和晓芯一起探讨了反复困扰她的消极情绪源于她对这一创伤事件怎样的认知。晓芯发现自己仍然不能接受爸爸离开的事实，总觉得爸爸的突然离开使她成了世界上最孤独、最不幸的孩子，这让她被糟糕至极的非理性理念紧紧包裹，对与爸爸有关的情境非常敏感，难以感受到来自周围人的善意与关爱。

咨询师："有没有哪个时刻当你想起爸爸或是看到别人的爸爸时，心里面没有那么难过？"

晓芯："当我承认爸爸已经不在了的时候，不过很少有这样的时候……"

咨询师："所以很多时候你不愿意承认爸爸的离开，是吗？为什么不愿意承认？"

晓芯："是的，因为那样我会觉得自己很可怜，我觉得不公平，我不希望爸爸离开。"

咨询师："你觉得还有哪些人也不希望爸爸离开？他们因为爸爸的离开感到伤心吗？他们是怎么表达伤心的？"

晓芯："奶奶、姑姑、姑父、新妈妈……他们都不希望爸爸离开，他们也很伤心。奶奶和姑姑有时候会哭，但她们不希望我伤心，她们说爸爸已经走了，但我们还要好好生活。"

咨询师："是啊，爸爸在天上也希望看着你们能好好生活，你开心他也会很开心。有没有想过你想爸爸的时候可以做点什么呢？"

晓芯："也许我可以在心里跟爸爸说话，跟他讲我身边发生的事情。"

咨询师："嗯嗯，你会折纸鹤吗？每次想爸爸的时候都折一个纸鹤，把你想说的话写在上面，纸鹤会悄悄飞到天上，这样爸爸就能看到你写的话了，就好像你们又见面了一样。爸爸虽然不能来接你放学、跟你说话，但他会一直在天上看着你、祝福你的，这是你和爸爸另外一种方式的相处。"

晓芯点了点头，有些蜡黄的脸蛋上终于掠过了一丝笑意。

4. 家庭契约：支持与见证

爸爸的离去不仅对晓芯的身心产生了巨大的影响，也让这个家庭处于混乱之中。除了晓芯，奶奶和姑姑也常常提起爸爸的事情，情绪反应很大。虽然她们都在努力掩饰和控制自己的情绪，但也都无法真正放下，最终还是避免不了将消极的情绪相互传递。于是，咨询师以一段轻柔的音乐为背景，邀请晓芯、奶奶、方老师一起将手臂搭在一起围成一个圈，大家一边感受音乐带来的温暖与感动，一边感谢彼此的陪伴，体恤对方的不容易，约定不再用自己的消极情绪影响其他的家庭成员，真正做到相互支持。

然后咨询师又"请"出了爸爸作为未来生活的见证者。

咨询师："晓芯，请你想象一下，五年后爸爸见到 16 岁的你会对你说什么？"

晓芯："看到你们过得这么好，我很放心，晓芯考上了高中，病也治好了。你们不要担心我，我在天上也很开心，你们开心我就开心，我会祝福你们的！"

这一见证的过程激发了晓芯向着美好愿景展开行动的勇气，极大地鼓励了蜷缩在创伤阴影里的晓芯和家人，自我疗愈与改变的行动即刻展开。

个案点评

在本案中，来访者晓芯只有 11 岁，是在班主任的帮助下来到咨询室的。对我而言，首先要做的是咨访关系的建立，这是成败的关键。晓芯的话很少，在咨询过程中，一开始的叙述主要是由监护人奶奶和方老师一起完成的。这个过程中，我一边认真地倾听，一边流下了眼泪。中途，我一直在关注晓芯的情绪变化，并在听完故事后，给了她一个深深的拥抱。和刚见面时低头不语、面无表情且有些麻木的样子不同的是，晓芯对此没有拒绝，还伸出手臂给予了回应。我心里很欣慰，一下轻松了不少。因为作为咨询师，准确把握、觉察到来访者的感受，适时表达出共情，是促成咨访关系建立的关键，也是维系咨访关系的纽带。

奥地利著名心理学家阿德勒早在 20 世纪 20 年代就指出："所谓同感共情，就是咨询师穿上患者的鞋子，来观察与感受患者的体验。"这个比喻十分形象，与"感同身受"一词表达的意思不谋而合。而心理咨询更是将其作为核心技术，耳提面命，始终贯穿于咨询过程始终。对于每个咨询师而言，这也是最为重要的基本功。与所有个案一样，接下来就到了症状评估环节。就像医生看诊一样，后续治疗无论繁简，都是以症状评估为前提的。《精神障碍诊断与统计手册（第五版）》简称 DSM-5，是由美国精神医学会权威制定的，是按照疾病的谱系障碍进行分类，从而制订出新的分组，内容涉及 11 个指标。我据此判断出晓芯属于典型的创伤性应激障碍，简称 PTSD。

对于像晓芯一样的来访者而言，她们的心中都有一道迈不过去的坎。这道坎随着时间的推移，不但未被填平，反而变得更加深不可测。对于常人来讲，在遭遇类似挫折互相陪伴倾诉时，我们惯性的解决思维是"逃避"。比如，建议对方"忘记不愉快的，向前看"。的确，一直沉沦过去等于自掘坟墓，但忘记并不代表结束。遇到类似个案时，心理咨询师的处理逻辑恰恰相反，即便有的来访者会表现得"看起来正常"。作为咨询师，千万不要被来访者外在所表现出来的类似不屑一顾或淡定的样子所蒙蔽，多重诊断是必须的，只要发现 PTSD 的症状就要紧张起来。抓住个案本质，正视创伤性应激事件，确定咨询目标才是正确的处理思路。

作为咨询师，建立并维护良好的咨访关系是基础，做出准确的症状评估是前提，为本案确定咨询目标是关键。在经过综合分析晓芯的个案后，我快速制订了个案咨询目标：帮助来访者整理情绪—重塑来访者对创伤性事件的认知—纠正其不合理信念—重建情感支持系统—促其自我疗愈与行动改变。这期间，万分感谢晓芯的班主任方老师的帮助，如果没有她从头到尾的"主动参与"，对于 11 岁的晓芯和她原本就存在问题的家庭系统，我们的咨询必然少不了走一段弯路。事实证明，我的咨询思路是正确的，效果显而易见。在一年后的随访中，我从方老师处了解到晓芯的成长与变化，就仿佛亲眼看见了她脸上绽放的笑容，心里由衷为她感到开心。

基于同类问题的咨询总结

本案例来访者的经历让人痛心，她在儿童时期经历了一系列的创伤（留守儿童、父母离异、目睹父亲遭遇意外而丧生、亲生母亲在父亲去世后仍拒绝与来访者联系、患病等），因此，来访者的心理基础非常脆弱，不堪一击，导致生活、学习、人际关系等方面极易出现问题。但无论你的家庭以何种形式组成，都要记住它最终的模样取决于你有勇气把它塑造成什么样。

（一）学校

（1）具有创伤后应激障碍的青少年在认知方面都会存在不同程度的问题。正如本案例中的来访者，对创伤经历的选择性遗忘与相关情境过度敏感的矛盾状态使其认知功能下降，学习受到严重影响。因此，老师不应只局限于对该类学生学习能力的直接提升方面，而应该更多关注其心理因素，从问题的本质入手解决问题。

（2）增进该类学生的健康行为，如积极锻炼、充分休息、平衡饮食等。

（3）为该类学生提供正性的情感支持，帮助其结交积极上进、富有正能量的朋友。

（二）家庭

（1）加强家庭成员间的相互支持，不将负面情绪带入家庭成员间的日常互动。

（2）建立一致的生活目标，将渡过难关看作每一个家庭成员的责任，帮助家庭应对出现的问题。

（3）每一个家庭成员都悉心照顾自己，避免因情绪困扰导致的成瘾行为、极端行为。

（4）家庭成员积极共度美好时光，留下一些快乐而有价值的家庭记忆。

（三）社会

（1）建立规范、专业的创伤处理流程和工作人员体系。

（2）聚集志愿者的力量为有需要的人群提供专业化、长期化的服务。

（3）科普心理创伤恢复的相关知识、方法，多平台、多渠道提供帮助。

▎案例二

厌学的背后

"我不想上学。"他随意地瘫坐在椅子上不时地拨弄着手指，伸出瘦削的大长腿，淡淡地、忧伤地说。

"唉……可是怎么能不上学呢？"妈妈努力保持着耐心，压低嗓子急促地说，"你这么小不上学可以去干啥？你现在不读书将来又可以干啥？"

"我就是不想去学校。"他斜眼看向妈妈，懒懒地说。

个案故事

被妈妈带到咨询室的这个男孩叫阿晨（化名），15 岁，初三学生。他前额的头发有点长，挡在眼镜上，背有点驼，高大、瘦削。秋季开学不久，因为阿晨无法坚持上学，妈妈担心儿子放弃学业，焦急万分，带他来到咨询室。

阿晨是由爷爷奶奶带大的孩子。虽然妈妈一直都在身边，但是因为妈妈要上班，就一直由家里的老人照料孩子的饮食起居，这样妈妈可以安心上班。阿晨的爸爸工作性质很特殊，特别忙。阿晨跟爸爸说不上几句话，跟妈妈比较亲近。比起父母远在外地的留守儿童，阿晨更像是一个待在妈妈身边的留守儿童。

阿晨家里的经济情况不错，父母收入稳定。作为家中的独子，他从小被寄予厚望，父母对他的学习成绩自然要求也很高。阿晨很聪明，小学时成绩在班级一直名列前茅。

爷爷奶奶一直在照顾阿晨，父母虽然觉得在生活上轻松了不少，但还是觉得老人平时太宠溺孙子了，以致孩子如此懒散。眼看着亲朋好友家的孩子到私立学校上学的越来越多，爸爸妈妈决定让阿晨也去上私立学校。就这样，阿晨顺利地考进了某名校，从此成为一名住校生，每周末才能回家一次。然而周末他仍然需要到老师那里去补课，真正待在家里的时间也不多，即使待在家里，还有许多功课要完成。阿晨除了学习，什么都不做，但因为成绩很优异，爸爸妈妈为此感到很满意。

两年过去了，阿晨已经完全适应了寄宿生活，并以优异的成绩升入初中。可是半学期刚过，他父母就被老师召见好几次，直言孩子适应能力差，功课跟不上，跟老师有冲突等，建议阿晨转学。阿晨妈妈一直配合老师给孩子讲道理、做思想工作，甚至参加老师建议的各种补习班等。面对老师和妈妈的教育，阿晨没有反抗，他总是彬彬有礼，从来不说让父母为难的话，但是学习成绩却一直没起色……如此又勉强维持了一个学期。

　　七年级下学期开学的时候，阿晨多次表达不想去上学了，父母很焦急，在口头承诺加上各种威逼利诱下，阿晨最后还是乖乖去了学校。可开学没多久，阿晨的学习状态越来越差，似乎完全不在意老师的要求，也不再惧怕老师的态度了。除了作业困难外，他和同学之间的矛盾也越来越多，人际关系纠纷不断。老师对他不冷不热，态度也很明确，就是希望他转学。

　　迫于无奈，在八年级上学期，父母将他转到另一所离家很近的私立学校。学校是封闭式管理，仍需住校。一年很快过去了，他的成绩没有任何起色，人也更加疏懒。也许是因为成绩，也许是因为老生病，总之班主任也委婉地向阿晨父母表达了希望他转学的意思。于是在升入九年级之前，他才再次转学到现在的学校，重读八年级。

　　转学之后的阿晨不再住校，他像小时候那样，平常在爷爷奶奶家吃饭，晚上回自己家住，偶尔可以见到爸爸，妈妈虽然也很忙，但是每天都会回家。

　　因为留级，功课的压力似乎没那么大了。阿晨早上偶尔也因为起床拖延而迟到，或者不想上学请个假。班主任了解过他的一些经历，对他很宽容，不会严厉责罚。但是爸爸妈妈对他这样不求上进的状况很焦急，对他不好的学习成绩也总觉得脸上无光。适逢二胎政策开放，父母每每劝说阿晨好好读书无效，就会开玩笑说不如再生一个二宝。阿晨先是盛怒，说是要去死。爸爸妈妈于是趁机教育他好好上学，考个好大学光耀门庭。说的次数多了后，他就不耐烦地大声回答："随便!"

　　渐渐的，阿晨因为身体各种不适要求去医院的时候越来越多，在各种检查无果后，医生建议他去看精神科。考虑到阿晨激烈的情绪反应甚至多次表达过想死，于是爸爸妈妈都请了假陪他在精神科住院观察。两周以后也没有确诊结果，医院开了些抗抑郁的药物，阿晨就出院了。回家后，妈妈请假照顾他，发现在家里只要不提上学，他表现一切正常。像玩手机游戏，妈妈多说几次，他也就不玩了，似乎比别的孩子还自律些。然而让妈妈不安的是：阿晨有事没事总是想靠近妈妈。夜里他说自己怕黑，所以要睡在父母床上；坐在沙发上，他也总是贴在妈妈身边，黏糊得像个婴儿；有时候好似很无聊，他还会掀妈妈裙子……阿晨妈妈要求丈夫多回家陪陪孩子，但是阿晨爸爸都推脱工作忙，对孩子的状况感到厌倦和无能为力。阿晨爸爸偶尔待在家时，也好似应付一般，难见笑脸。夫妻间因为儿子的教育问题意见不一，矛盾越来越大。

　　因为生病耽误了很多时间，妈妈给阿晨请了家教。阿晨常常跟妈妈说读书没有用，但对于妈妈安排的补课还是接受了。他虽然常常不去上学，但成绩还勉强过得去，不是班上最差的学生。这样，跌跌撞撞又过了一年。

到了九年级，阿晨对于学校的厌倦更加明显了。开学以后，他只要不想上学，就坚决不去了。妈妈带他见过几个心理咨询师，也有一点变化。然而好景不长，比如好不容易连续上了几天学，他又开始要求不上早课和晚自习，于是每天都等别的同学上了早课后他才到校；下午别的同学还没开始上晚自习，他就已经回家了。回到家里，他无所事事，除了睡觉就是千方百计找手机玩游戏。妈妈为此不得不和他斗智斗勇。如此又过了一个多月，逼近半期考试时候，妈妈决定带他来见新的咨询师。

辅导过程

第一阶段：评估阿晨的情绪状态，了解他的感受和期待，处理情绪问题。

咨询师运用冰山模型评估他的应对模式，了解他的感受、观念和期待以及他对父母的爱，确定当下的目标，让他被掩盖的孤单、悲伤和恐惧能够表达出来，体验表达后被接纳的感觉。

阿晨自述他在七年级换了新学校以后的孤单、无助和绝望。他觉得自己没有考出好的分数，被同学瞧不起，这让他很难过，他觉得老师贬低他就是因为自己无能；当他告知父母想要转学的时候，父母是站在老师那边来指责和批评他的，所以他更加无助；当他的父母表现出因为他的成绩不好而羞愧的时候，他越发觉得自己没有价值；当他的父母表示要再生养一个孩子的时候，进一步强化了他内心"我没有价值"的理念。加上学校老师对于作业完成和考试成绩的高标准、高期待，阿晨难以在学习中获得认可和成就感。他内心充满无助，也没有办法宽容地对待那些瞧不起他的同学。因此，每次小小的摩擦都会激发他更多的怨恨和愤怒，最后升级成为打架斗殴的大冲突。冲突发生后，他又感觉到老师总是偏袒成绩好的同学，自己只是不被重视和不配得到公平对待的人，于是他的自我价值感越来越低。他渴望被认可、被重视，获得公平的对待和支持。然而老师根本不了解阿晨的心思，照旧忙碌，只觉得他性情古怪，无奈之中也只能顺其自然，更加忽略他的存在。以上这些不愉快的经历都给阿晨脆弱的心灵带来了一次又一次的暴风雨。他内心很缺乏安全感，也不知道如何在陌生环境里应对竞争，所以自暴自弃，习惯用敌对的方式处理遇到的人际关系。

几次转学也并没有从根本上给阿晨带来转变，相反他的性格变得更加孤僻了。妈妈虽然还在身边，但对阿晨的管理失效，妈妈掩藏不住的失望令阿晨再度想起幼时被"抛弃"的感觉；爸爸对阿晨的冷漠态度又似乎在狠狠地指责阿晨：你是个没用的小孩！都是你的错！如果说这些进一步让阿晨感到自己没有价值，那么当父母不止一次地用生二胎来提醒阿晨时，那种被抛弃、毫无价值、没有人爱的感觉就像海浪一样扑打了回来，最终使阿晨产生了放弃学习、放弃生活的想法。

当一个人价值感极低、低到绝望的时候，生命也就失去了意义。阿晨从最初的退缩、厌学到后来感到生活没有意义直至想到实施自杀，皆因为他一直活在"不被爱""不值得被爱"的执念中，而这些错误的想法能够根深蒂固绝非一朝一夕养成的结果，都是长久以来阿晨在父母的忽略和指责中逐渐形成的心结。

在咨询师看来，阿晨在医院住院时，并不是药物起了什么作用，而是阿晨感觉到当他生病时会得到父母的关注、重视和爱，会有陪伴、被倾听，会被满足一些物质和精神的需求，所以他产生了一种错误的想法，认为生病就可以被爱，于是常常反馈身体不舒服，也常常生病。

首先，咨询师让阿晨学习如何表达个人情绪和需求，如何与父母沟通；其次，咨询师尝试改变阿晨妈妈的认知和指责的行为模式，帮助她学习使用一致性表达（一致性表达是萨提亚理论中的理想沟通方式，即在尊重对方的前提下，不指责、不讨好、不讲大道理、不逃避地表达需求和渴望）的沟通方式，以降低她的焦虑感；最后，咨询师通过阿晨妈妈的变化顺势改善阿晨父母的夫妻关系，让健康的爱在家庭关系里流动起来，以增加和巩固阿晨的安全感，而安全感的增加也使阿晨的价值感有了很大提升。

咨询师用冰山模型评估了阿晨的状态。

行为表现：不想上学；跟妈妈过分亲密。

应对模式：讨好、打岔，略有指责（不敢指责）。

感受：孤独，不被理解，我不重要，我不被重视，我没有价值，我是一个不好的人。

观念：我不值得被爱。读书没有意义，生活没有意义，生病才会被爱。

期待：渴望被肯定、认可，渴望与他人联结，渴望被爱。

资源：阿晨跟妈妈关系好，信任妈妈。

咨询师用心理剧的"空椅子"方法（"空椅子"是心理剧治疗中的对话技巧之一。"空椅子"可以根据当下需要代表任何事物，心理剧导演可引导来访者与椅子所代表的人或其他事物完成对话）让阿晨分别跟老师、同学、爸爸和妈妈对话，表达自己的感受和期待，用固定句式来训练阿晨的一致性表达。在完成这个对话后，他的脸上开始有了一些笑容。

第一次咨询结束后，妈妈要求阿晨上学，他开始有些迟疑，但最后还是答应了去上学。在一周之内，阿晨偶尔有迟到的情况，但基本能够去上学了。

第二次咨询时，阿晨强调他的脚受伤了，但自己还是坚持参加了体育考试。咨询师觉察到他内心对"被肯定"的渴望。这一次他主要讲述了自己和妈妈的生活琐事，他说妈妈对他要求很多，但父母对他的要求各不相同，他们会吵架，妈妈很唠叨、很焦虑，爸爸不愿回家等。咨询师肯定了他受伤后仍坚持体育考试的勇气，以及他过去虽常常请假耽误课程，但学习还过得去，说明他很聪明。听完这些评价，阿晨十分兴奋，快活地转起圈来。

接下来，他突然说起："我好像有那个……遗精……"

咨询师平静地看着他，等待他继续说下去，但是他又不说话了。

"所以呢?"咨询师接着问，语气中充满了鼓励，"你是很高兴还是有些担心呢?"

他迟疑地说起住校时，男生们对于生殖器官的谈论和自己对于性的好奇与迷茫。咨询师评估阿晨对于青春期生理知识点的掌握和生理反应是没有问题的，但他内心很孤单，不知道可以跟谁讨论这个令他兴奋又有些隐秘的话题。咨询师认为，除了需要科学的性知识学习辅助渠道，阿晨更需要同伴和朋友。

第三次咨询时，阿晨已经能够正常上学了，只是不上早读，一周之内也有一两次迟到。阿晨妈妈说他已经好多了，在家情绪也比较稳定，但还是喜欢黏着妈妈，这点让她很烦恼。

咨询师继续保持跟阿晨每周一次的咨询频率，同时约见了他的妈妈。

第二阶段：减少妈妈的焦虑，改善阿晨父母的关系，增加阿晨的心理"营养"，其中主要是安全感和价值感。主要工作目标：咨询师评估与确认妈妈的情绪状态，评估妈妈最近与儿子发生冲突时各自的应对模式；让妈妈看到自己的表现和孩子期待的不一样，让她看到不稳定的情绪、自己对亲密关系失望而产生的焦虑，这些都会给孩子带来影响。

阿晨妈妈讲述了儿子的成长经历，她说这是她第一次有机会哭诉自己的担忧、恐惧。咨询师让她进行角色扮演，体会儿子听到妈妈的哭诉以后的感受和需求。妈妈渐渐能与儿子产生联结，了解到儿子对于自我失败的沮丧和恐惧，了解到儿子对于父母认可的渴求。当她感受到儿子的孤单、恐惧和期待时，那些原本没有被满足的期待带来的愤怒渐渐消退了，妈妈终于可以真的体谅阿晨了。

阿晨妈妈第二次来咨询时，咨询师用心理剧、冰山模型来处理他们母子关系过于亲近的问题，提出"边界""侵犯"等概念，也让她觉察到自己在与孩子相处的过程中，因为夫妻关系冷淡，孩子无意中已替代丈夫、扮演妈妈陪伴者的心理演变历程。

在阿晨妈妈的软磨硬施下，咨询师见到了阿晨爸爸。在不断明确咨询目标的过程中，他们呈现了家庭关系的雕塑（雕塑，简单来说就是用身体姿态来表现一种情绪或者关系的状态。心理剧和萨提亚治疗都常常使用这个方式，简约而高效）。阿晨爸爸改变的意愿虽然不强烈，但他的情绪变得平和、稳定多了。他认为儿子的问题并不严重，但他们夫妻对待孩子的观点和态度有差异。阿晨爸爸更能接受孩子目前学习成绩不好的事实，而妈妈也能接受儿子是一个普通人，不能寄予过多期望。但因为妈妈急切地希望儿子走上正轨，显得焦虑过甚，夫妻间的矛盾反而越来越多。家庭关系的雕塑呈现对于渴望改善关系的阿晨妈妈来说是很有帮助的。

在后期的咨询中，阿晨妈妈不再抱怨丈夫的不改变，她自己身上有了一些变化，比如增加了健身、与朋友聚会、读书学习等活动，整个人看起来越发轻松和开心了。

第三阶段：咨询师评估和处理阿晨与父母的关系冲突，指导父母持续相互给予心理营养，增加夫妻关系的亲密感和幸福感；持续给予孩子心理营养，增加阿晨的安全感、价值感并提升阿晨独立自主的能力。

阿晨的咨询还在持续进行中，咨询的目标已变成他近期遇到的问题和如何处理当下不安的情绪。有时候他不太清楚当下的目标，咨询师会带着他玩 OH 卡牌、讲故事、绘画等。之后，他会提出一些重要的问题。一般情况下，咨询师会带着他按照冰山模型的流程走一遍，问题也就消失了，他重拾了信心，相信自己是一个被老师信任、被妈妈爱而且学习能力很强的人。能感觉到，他在妈妈那里得到了很多的肯定和认同，情绪也更加稳定。有时候他也会提及爸爸，说爸爸如何带他出去与其他家庭的孩子一起玩耍，并说爸爸表达了即使他考不上大学也没关系，身体健康才是最重要的。听起来，爸爸对他的态度也在发生改变。家庭系统里，爸爸的变化增加了其他角色的安全感，家庭成员的情绪更加平和与稳定。

阿晨来咨询的次数在逐渐减少。咨询师的评估是，由于安全感和价值感的增加，他对于自己是否要学习的主动性和积极的决定权明显增加了许多，这是好现象。咨询师也知道，阿晨家庭的咨询已接近尾声。

个案的结果是阿晨能够正常上学了，而且在班上也有了朋友。中考结束，他的分数还超过了当地省重点分数线，全家都很开心。

个案点评

在本案中，针对来访者的情况和家庭反馈的问题，很容易与学习障碍混为一谈。从表面看，来访者身上呈现的主要就是学习问题，而家长反馈的也是学习问题。但作为咨询师，在听完整个故事后，我的直觉告诉我"没那么简单"！于是我慎重地选择了用冰山模型来评估阿晨的应对模式。

冰山模型是美国心理学家麦兰在 1973 年提出的一个模型，他将人员个体素质的不同表现形式划分为表面的"冰山以上的部分"和"冰山以下部分"。冰山以上部分包括基本知识、技能这些外在表现，是容易了解与测量的部分；而冰山以下部分包括社会角色、自我形象、特质等是人内在难以测量的部分，不太容易通过外界影响而改变，但却对人员行为和表现起着关键作用。通过这个模型，随着阿晨的"冰山以下部分"渐渐浮出水面，在看似表面的学业问题下，他的个人感受、矛盾、情绪和期待也才渐渐凸显出来。

从表面上看，阿晨现在的症状就是不想上学、和妈妈过分亲密。通过个案复盘，评估他的应对模式是：讨好、打岔和略有指责。阿晨的个案可以看作是由很多个前后关联的小故事集合成的一个故事绘本。每当他在讲述其中的一个故事时，我的脑海中都会浮现出一幕幕的场景，它们彼此看起来独立，却也有着必然的联系，我会适时地提问他当时的感受。而感受、观念和期待之间确有着因果关系。阿晨在自己的小故事中多次提及"孤独""不被理解""不受重视"的感受，也正因如此，他实际得出自己是一个没有价值的失败者的结论。诚然，这些都是阿晨的片面认识，阿晨的父母事实上还是关心他的。但他们夫妻之间、母子和父子之间好像都缺乏理解和正向的沟通与交流，错误的认知和行为模式又加剧了彼此的焦虑。

我坦言，这是一个存在问题的家庭系统。在这样的环境中，任何家庭成员都无法独善其身，个体不但得不到滋养，还可能互相伤害。但人性天生是向往被关注的。即便是在问题家庭中，病态家庭系统也会催生病态的成员互动模式。阿晨发现生病的时候父母会放下工作来陪伴他，这个时候他不用上学和取得好成绩就能获得父母的关注和爱护。这种错误的认知如果不加纠正，就会像罂粟一样种下根。从表面上看阿晨身体不好、经常生病，这就像"冰山以上的部分"容易被察觉，但真实的原因是他潜意识里希望被父母关注和爱，希望成为焦点。在生活中，如果个体的一些合理性的诉求一直被压抑，而长时间未被满足，那么这些诉求一定会以另外一些形式表现出来。

"一个人行为的背后，往往隐藏着心理动机"，不是吗？

基于同类问题的咨询总结

（一）学校

升学阶段，很多青少年都有适应性的问题需要被关注，特别是留守孩子和住校生，面对新环境、新的教学方式，如果缺乏安全感，在新环境未能较好建立人际关系，则容易陷入混乱的情绪状态之中，影响学习。在这样的情况下，还要去应付较大的学习压力，可能会让一个脆弱的孩子感到崩溃，身心健康受到影响。

很多私立小学对学生的人文关怀都做得很好，大多数孩子在老师精心的照顾下都能逐渐适应寄宿生活，但这不代表能适应小学寄宿生活的孩子都有足够的安全感，恰恰相反，有些孩子的担忧和恐惧会在某一个突变的环境中爆发出来。

老师应在一个不完美的学生身上发现其优点，并给予肯定、赞美和认同。很多缺乏心理营养的青少年受到老师的肯定、赞美、认同，会把老师视为生命中的重要他人，这样良好的师生关系能为后面的教学、教育奠定了基础。

班级团队建设也遵循这个原则。班主任通过开展一些活动，让学生在活动中体会到团队合作的愉悦，逐渐产生对班集体的归属感，为学科学习中的合作与竞争打下了良好的基础。

如果一味强调竞争，学生之间关系紧张，就会让那些原本就缺乏安全感、十分敏感和脆弱的孩子陷入矛盾和恐惧之中，会失去好好学习的能力，渐渐成为老师眼中的"问题孩子"。而被贴上"问题孩子"的标签，仍然得不到救助的孩子，最后就会真的失去学习兴趣。

然而老师的精力是有限的，比如冷静型（参见林文采《心理营养》中的气质分类）的孩子天生不爱表达，老师可能永远都不会注意到其发出的信号。在阿晨的案例中，如果父母每天都有机会跟孩子见面，就会敏锐地捕捉到孩子的情绪变化，收到孩子的求救信号并及时寻找解决问题的办法，那么孩子遇到的困难就成为一个成长的契机。

如果父母发现孩子的困难并及时与老师沟通，那么事情的发展方向可能就会完全不一样。持续给予孩子心理营养，就会增加孩子的勇气和自信心，增加孩子的安全感和稳定性，帮助他们顺利度过"黑暗"时期。

（二）家庭

贝曼老师曾经说过，只要这个人此刻还站在你面前，那么他都是有希望的。本案例是一个病态的家庭，夫妻关系疏离，父母养育孩子的方式让孩子没有安全感；父母对孩子的高标准、严要求让孩子觉得自己没有有价值。一个没有安全感、缺爱的孩子，价值感低到尘埃里，怎么可能不出问题呢？我们认为没有"问题孩子"，只有"问题家庭"和不当的养育方式。

在阿晨的案例中，阿晨的安全感缺乏、自信心不足、低自尊和低价值感主要源于他早年的家庭模型。妈妈虽然在身边，但是妈妈对孩子的接纳是有限的，所以孩子的安全感严重不足；爷爷奶奶虽然对阿晨的生活照顾有加，但是孩子并没有接受爷爷奶奶作为他的重要他人，阿晨只认同父母是他的重要他人，但这两个人都不能在他需要的时候及时出现，他内心的孤单和恐惧、希望得到父母重视的渴求都只能压抑在内心深处，一旦处于陌生环境和不被接纳出现，就会触动他被忽略的感受，而他又不具备处理自己情绪的能力，问题和冲突自然就会爆发出来，从而影响学业。

让孩子独立是每一个父母养育孩子最终的目的。如果孩子在幼年时期从父母那里获得足够的爱，就会足够勇敢、足够自信，主动去探索外面的世界，顺利成为一个独立的个体。对于一个还没有准备好的孩子，父母应给予耐心陪伴和支持，不要早早地把他推出家门。

即使是行为有偏差的孩子，父母也一定要永不放弃。偏差的行为是求救的呼喊，想要看到孩子行为的改善，做父母的要在偏差行为的冰山里看到孩子对爱的期待与渴求，持续地用心理营养去滋养孩子，这样，孩子就会在安全的环境下产生爱的联结，重建自尊和自信。那些犯错而被接纳的孩子，往往会有更强大的生命力去创造更大的价值。

林文采老师说过，养育孩子的最好办法就是给予其心理营养，疗愈受伤的亲子关系的方法也是给予心理营养。那为什么很多父母都做不到呢？一方面是父母不懂得如何给予孩子心理营养，如何爱孩子；另一方面是因为父母自己处于求生存的焦虑状态之中，情绪极不稳定，一不小心就忍不住指责甚至羞辱犯错的孩子。他们不明白在这个世界上，有不犯错的孩子吗？

因此，无论我们的孩子处于哪一个阶段，父母应该和孩子一起成长，做学习型的好父母。没有完美的父母，只有不断学习的父母。在孩子成长的路上，父母应换个角度看问题，接纳孩子所有的缺陷，帮助他们更好地成长。

（三）社会

目前，国内一些心理咨询机构设置了一些公益课堂，也有利用一些 App 推出公益的学习，让那些愿意学习的父母免费学习如何改善自己的婚姻关系和亲子关系，改善家庭教育模式。

能够看到，我们赖以生存的社会仍然以美好的姿态给予我们爱。

案例三

都不好

个案故事

第一次接到这位求助母亲的电话时，我正在旅途中。这位母亲急切地描述了一个高三女孩因为在学校与同学打架后不上学、要求在家自学的故事。她的紧张、焦虑仿佛弥漫了整个天空……因为在旅途中，我温和地推荐了其他咨询师给她。

然而几经辗转，这位妈妈还是坚持要找我做她女儿的咨询师，说孩子很信任我，非我不可。我很好奇……于是，开始了一段漫长而又艰难的咨询历程。

萍萍（化名），女，17 岁，独生子女，高三，短发，圆脸，身形壮硕。她说话的时候身体紧绷，眼神时而躲闪、时而坚定，语速快而略有些含混。她特别苦恼的是，班上总是有几个女生纠集在一起说她的坏话，最近一次因为几个女生当着她的面说她的坏话。她就一改往日温良恭俭让的形象，冲上去打了起来。这件事让老师也很惊讶。学校处理完打架事件后，萍萍不满意，但也不知该怎么办。妈妈总是跟她讲做人要宽容、要体谅，所以她放弃了再去找人理论想法。但事后她老是感觉有人在骂她，甚至好像可以听见别人骂她的内容。因为这些，她不喜欢班级、学校，也不想上学，但她又觉得自己必须上学，必须考上一个好大学。所以她的情绪起起伏伏，学习效果也起起落落。她觉得爸爸对自己严苛，既不会照顾妈妈，又不会挣钱养家（爸爸退休后收入低）。为此，她很讨厌爸爸。妈妈对萍萍很好，自从自己生病后，妈妈经常请假来陪萍萍，但妈妈的工作是家里主要的经济来源，因此妈妈经常要加班，萍萍觉得妈妈太辛苦了，她一边享受妈妈的照顾，又一边责备自己太让妈妈操心。

萍萍妈妈身体有些僵硬，脸上是满满的哀伤，当她听到女儿的讲述时，眼里都有闪烁的泪花，脸部的肌肉也放松很多，好似被理解、被体谅的欣慰。

当咨询师倾听的时候，萍萍的妈妈开始急切地陈述自己的经历、孩子的遭遇以及丈夫的粗俗与简单……她的身体僵直不灵活，似有人催逼使她不得不说，却又好像因诉说而饱含愧疚。她的身体语言和女儿有太多相似的地方。她紧张和焦虑的眼神，让咨询师产生一种错觉，仿佛她才是真正的来访者。然而，妈妈所有倾诉的目的只有一个——"救救我的孩子"。咨询师很清楚地告诉她："如果你希望女儿好起来，第一步要做的，是自己要有改变。"妈妈呆愣片刻后，声泪俱下："好，我愿意为了孩子改变！"

惶惶不安的萍萍到医院做了诊断，住院、出院，接受持续服药和门诊随访及长期的心理咨询。在为这个家庭制订长期工作计划的同时，咨询师还制订了长期的督导课程，使萍萍继续保持紧张的自我成长训练，以期有更多发现。

萍萍的第一个困难是她的身体看起来明显僵硬，但她似乎并没有察觉，也不能表达僵硬的感受。同时，她的头脑里有一个观念非常强大："只有学习好，考上好大学才能被认可，才算有出息！"

很明显，17年来，这个家庭在两个方面的教育显得特别"成功"：一是"万般皆下品，唯有读书高"，凡是与读书不相干的，都是错的；二是"凡是错的行为，都是羞耻的"。

在萍萍看来，父亲最擅长的就是指责。父亲说得最多的就是"我16岁的时候，已经独当一面挣工资养家糊口了"。潜台词就是17岁的女儿还在养尊处优，不好好上学就是一个废物。当父亲的指责终于激起一场更大的冲突，妈妈也加入进来声讨丈夫对孩子的指责时，父亲则改用超理智模式絮絮叨叨讲各种大道理。强壮又不上班的父亲永远有很多正确但冰冷的道理，所以，17岁的萍萍虽然内心想要反抗父亲，但她感觉周围似有铜墙铁壁，几番挣扎都无能为力。

萍萍妈妈节俭、勤劳，又很聪明。对女儿来说，妈妈包容温和，又通情达理。然而萍萍妈妈总感叹自己命运不好，嫁错了人。所以，期待女儿将来能更好、更幸福。

因为妈妈害怕萍萍重蹈婚姻的覆辙，所以她在夫妻关系里总是委曲求全地讨好丈夫和女儿，希望求得家庭的安宁与和平。实际上，妈妈跟萍萍的关系很好，萍萍对妈妈的了解和体谅，也超过了妈妈对自我的体谅；但是妈妈对于爸爸的抱怨和不满，萍萍也看在眼里。咨询师看到，在母女关系里，似乎萍萍更像是母亲，理解、体谅和保护着对方。同时，因为父母关系不好，女儿选择站在妈妈身后，反对甚至记恨爸爸。但是，爸爸的被孤立一定会引发新的关系冲突。

在咨询师与萍萍妈妈的交流过程中，一张老旧的家族图谱，一点点被翻开。萍萍的外公、外婆几十年相互怨怼，婚姻关系名存实亡。萍萍妈妈是家里的老二，比弟弟大五岁，上面还有一个聪明伶俐的大姐。大姐聪明漂亮得到父母很多的偏爱；弟弟因为性别而天然受宠；唯有萍萍妈妈，必须要做到温良恭俭让，才能被父母认可，还必须通过各种努力抗争，才能被人看见自己存在的价值。所以，萍萍妈妈性情温和，却又刚强独立，特别能吃苦，也特别节俭。她努力地工作挣钱养家，还要偷偷地补贴娘家的父母和弟弟。

实际上，萍萍妈妈就是一个典型的父母恶劣关系的受害者，加上一直生活在重男轻女的环境里，从而自卑，自我价值感低，安全感不足。这些原生家庭的成长经历促使她因为恐惧而懦弱，进而形成委曲求全和讨好他人的人际关系模式。长大后，在选择伴侣的过程中，她还是不知不觉选择了父亲那种类型的人，却又因为不喜欢母亲的强势和唠叨，选择忍让以逃避冲突和争吵。妈妈不会想到，萍萍也会在父母疏离的关系里形成像妈妈一样的焦虑不安、软弱妥协性格。不同的是，青春期的萍萍爆发出了新的力量。

萍萍的爸爸是家里的长子，爷爷让他顶班成为一名有正式编制的工人。16 岁就独立生活的爸爸，不苟言笑，威严冷峻，说话更是不容置疑。这位一直生活在男人堆里的爸爸，不到 40 岁就领了退休金养老。身体健壮的爸爸，多次再就业受挫后，就一直闲居在家、买菜做饭，成了标准的"煮男"。面对没有生活情趣，也不懂得如何改善关系的爸爸，萍萍的内心是嫌弃的。

萍萍妈妈和爸爸刚结婚时，分居两地，收入微薄，物质条件极为艰苦。好不容易把萍萍拉扯到 4 岁左右，妈妈外出务工挣钱，爸爸退休回城照顾孩子。这个模式持续到萍萍读六年级，妈妈才回到萍萍身边，一家人重新在一起生活。妈妈很会理财，所以一家人生活还算富足。萍萍的生活甚至比同龄人更优越一些，但是，妈妈都是瞒着爸爸私下满足孩子的愿望。

初中三年，萍萍偶尔会与同学发生矛盾，与部分同学交往有些困难，但她对学习的强烈渴望和自我要求让妈妈感到放心。萍萍的目标一直很明确，希望考最好的高中，读一流的大学，出国留学，找好工作、挣很多钱，让爸爸妈妈脸上有光，后半生衣食无忧。她有一个坚定不移的信念：不上好大学的人生是没有出路的！只有好好读书，考上好大学，才可以找到好工作，才可能过上自己想要的生活。

然而，萍萍在中考遭遇了滑铁卢。虽然升入了不错的高中，但因为不是自己心目中最理想的学校，她一直耿耿于怀，觉得特别冤，感觉自己怀才不遇。因为各种不顺利，她对班上那些不爱学习的同学不屑一顾，尤其讨厌那些不喜欢学习还过得挺自在的同学，对他们整天家长里短又自私自利的市井价值观嗤之以鼻，她觉得自己和他们是完全不同的两种人。然而她倾尽全力也不能成为班上成绩最好的学生。她渐渐感到自己被其他同学讥讽孤立了，在新的班级里几乎没有好朋友。到了高二，人际关系更是不断亮起红灯，后来，即使是坐在教室的最后一排，她也仿佛听见教室前面的同学在说她坏话。在与同学爆发冲突后，她就干脆拒绝去学校了，要求在家自学。这个举动引来了爸爸的粗暴斥责，也让妈妈不能接受。

就这样，从讨厌同学到讨厌班级，再到不愿去学校上学，她感觉到自己真的生病了，烦躁、出汗、无法安静、出现幻听……类似症状越来越明显，直到医生说，她需要住院治疗。

评估：听见别人骂自己而打架只是一个应激事件，萍萍内心安全感不足、不自信、价值感太低才是她逃离学校、班级、人群的根本原因。

萍萍内心强烈的自卑，一方面可能来自父亲。从小到大，父亲对萍萍的打压、呵斥，甚至辱骂的教育方式，由内到外散发的不信任、不认同，都是萍萍不自信的主要来源。另一个来源是母亲在家庭关系里弱小和自卑的形象。从家庭系统来看，父母都是自卑愧疚、价值存在感低的人，只是表现形式各不相同。父亲表现为外表凶悍，嗓门大、声音高，气势上压倒一切。母亲表现为努力证明可以靠自己的能力活下去，自己是值得被父母疼爱的。这样的双重示范，促使萍萍接到的信息就是"我们（这一家人）都不够好"。

当然，萍萍父母关系的疏离，也给了萍萍另一个示范。任何一个孩子都会忠于父母，然而萍萍内心对父亲有很多抵触和愤怒，这又让她心底有很多不自觉的愧疚。潜意识里的纠结、混乱、困扰使她的情绪起伏不定、疲惫不堪。萍萍依恋妈妈，但妈妈的反复焦虑、情绪不稳定让她也没有安全感。17年来，如此的家庭关系只是给了萍萍活下去的基本条件。萍萍想从妈妈那里获得一些爱，但妈妈自身的紧张、焦虑，让她觉得如果自己如果不够好、不够优秀，妈妈就会像爸爸那样讨厌和羞辱自己，所以她拼命努力学习。当她尝试努力学习的时候，因为内在的困扰造成注意力无法集中，加上学习能力不够强，学习效果也不够理想。当萍萍在生活中表现出懒散、自理能力差的时候，爸爸不停地语言攻击，进一步让她觉得自己一无是处，如同生活在炼狱中。她想逃离，却又无处可逃，也许生病是唯一的救赎了。她一边生病，又一边羞愧着，觉得对不起爸爸妈妈。

这是一个慢慢侵蚀的伤害历程。父母按照他们的习惯和认识水平给孩子讲道理、做思想工作，他们没有意识到自己是有问题的。然而父母自己内心的自卑，在生活压力面前无法逃避的焦虑，加之夫妻关系中恶言恶语或是冷漠带来的不安全模式，都会通过言语（诅咒、粗暴的侮辱）和行为（打）毫无保留地传递给孩子。即使孩子的物质条件跟别的孩子一样，但因为内在养分的缺乏，却让她本来具备的生命力被压制，不能盛放出来。安全感、自尊心、价值感都成为一个按钮，一旦生活中遭遇这种事件——有些孩子打一架，能量释放就结束了。但是对于安全感和价值感都很低、天生并不喜欢打架的孩子而言，他们在打架后往往会不断闪回强烈冲突的画面，从而带来新的伤害。

诊断：针对这个现象，一是要回到伤害事件中，体验新的过程和获得新的感受；二是要从改善家庭关系的角度，去重建来访者内在的依恋关系，重建安全感和价值感，这是一个漫长的成长历程。

在这个案例中，改变妈妈内在的自卑很困难，如果妈妈不改变，出于对妈妈的忠诚，孩子可能最终活成妈妈的样子。所以帮助妈妈改变自己，活得更有质量是很重要的一个步骤。而孩子与爸爸的关系，主要取决于父母关系的和解。父母关系好了，爸爸对待孩子的态度也会变化，父女关系自然有望变得融洽。

当这个家庭里每个角色都焕发出力量和生机，用对方能接受的方式表达出自己真实的需求时，就是给了孩子最大的支持。在这样的氛围中，孩子才可能改善自己的情绪状态，也才有能力去应付强大的学习压力，为理想而努力。

辅导过程

（1）建立好的咨访关系，重建自体与客体。不断与萍萍核对她的身体状况，逐渐澄清她的观点，试图让她找到身体感受与观点之间的联系。

初期，萍萍保持每周一次的咨询频率。音乐、冥想、绘画、叙事、易术心理剧等技术都被用到，并重复使用她喜欢的一些方法来增加咨询过程中的兴趣。在这个阶段，疗愈作用最好的部分应该是咨访关系。在这个关系里，咨询师做得最多的是倾听陪伴。倾听和陪伴让萍萍感受到足够的重视、足够的安全和足够的联结。

（2）指导萍萍妈妈减轻自己的焦虑，成为孩子可以模仿的对象，用心理营养做好亲子关系。

对萍萍妈妈的心理咨询与萍萍的心理咨询在同一阶段内进行，这是相对来说最容易的部分，因为妈妈对女儿的爱使她成为最容易改变的人。

咨询师带着萍萍妈妈，一点点打开她的原生家庭图谱，让她看到家庭对她的影响，看到自己软弱后面的担心和害怕，看到自己要强后面的自卑……看到那些曾经阻碍她的力量养成的生存模式，再看到她是如何在绝望的石缝里养育出坚强和能力，成为今天有能力决定自己生活品质的人。

这是个觉察能力很强的妈妈，在咨询的过程中，她总是飞快地与现实生活比照，然后迅速地判断什么是好的，什么是不好的，并表达什么是她喜欢和要坚持的，什么是她不要的。

不仅如此，她还描述了丈夫的原生家庭图谱，为丈夫性格中的倔强、威严、冷峻，以及隐藏在后面的自卑、呆板、严格，还有害怕，指责、教条的应对模式等，都找到了形成的理由。

有了这些新的发现以后，萍萍妈妈对婚姻的态度也有了变化。"他在其他方面都是一个好人，"萍萍妈妈说："虽然脾气不好，但他从来没有做别的对不起我的事，他是一个很看重家庭的人。"萍萍妈妈选择理解、包容丈夫从原生家庭里带来的不足，呵护他天生的气质类型。除了做个人咨询，萍萍妈妈也开始参加自我成长训练。在系统的训练中，她从学习说话开始，把在生活里最想表达，却又因为内在的低自尊、低价值感作祟而不能表达的需求说出来。

说话方式的训练比较容易，但是这个自我探索的过程很漫长。咨询师评估萍萍爸爸的改变，他一定也是感受到了这个既柔弱又会挣钱养家的女人的变化，才终于接受妻子的邀请，出现在咨询室里。

（3）做家庭治疗，让每个人都看到自己，也看到对方，学习并训练一致性沟通的表达方法。

爸爸的到来让萍萍的肌肉又开始紧绷，她没有办法一直坐在椅子上，所以咨询师允许她在咨询室里有一些自己的活动。

萍萍爸爸也是很拘谨的，他笔直地坐在椅子上，表情严肃。当他开始说话的时候，每一句都是对女儿现状的失望和愤怒，是那种"我已经忍了你很久"的指责。他剑眉竖立，双眼圆睁，怒火仿佛要从眼睛里喷射出来。那怒火好像是冲咨询师来的，也好像是冲着女儿和妻子来的。咨询师的眼前仿佛有一幅画，一头备战的雄狮，竖立起它浑身的毛发，努力彰显出它所有的力量，试图赶走所有的入侵者。萍萍爸爸的防御能力很强。

与此同时，萍萍僵硬的表情、微微颤抖的身体和起身在房间里走来走去的样子，萍萍妈妈表情慌张的样子，这一切都被咨询师看在眼里。

咨询师把手放在萍萍妈妈的后背上，提示她选择一个合适距离，闭上眼睛深呼吸。然后让她用学过的语言表达方式，说出自己的感受。妈妈平静而温和地说出当她听到丈夫责骂女儿时的紧张和害怕，萍萍爸爸更加生气了，他几乎咆哮地说："我也是为她好！她现在这个样子，将来怎么办？"

咨询师再次让妈妈闭上眼睛，说出自己的感受。妈妈闭上眼睛，深呼吸，热泪盈眶，啜泣着温和地说："我看到你很爱女儿，担心她受苦！"

僵直和咆哮的爸爸似乎很意外，他含混地说了点什么，但是声音渐渐消失。

咨询师让萍萍过来，问："你现在感觉怎么样？"

"我知道你是爱我的，但是每次你这样吼我的时候，我都很害怕。"萍萍声音有点颤，但是很清晰。

萍萍和妈妈对于自己的情绪，都已经有一些管理办法了。她们并没有完全克服恐惧，但已经具备面对恐惧的勇气了。

这次会谈，爸爸清楚地看到自己的习惯模式给女儿和妻子带来的恐惧，看到妻女的期待，最后表明了自己的态度："我会改正。"但对继续训练说话的方式还是很不耐烦，只是承诺回家后会改变。也许，对于他来说，这已经是最迅速、最大的改变了。即使这位父亲没有能力完全改变，但妻子和女儿能在父亲面前温和而坚定地说出自己的感受，对他们来说未尝不是一个崭新的开始。

咨询师与父亲的交流仅有这一次。

在后来长达两年的工作里，三个人从疏离到逐渐亲密，都证明了这位父亲的变化。男人和女人天生就有很多不同，难得的是，在这个家庭里，夫妻虽然有许多不一样的地方，但他们彼此顾念对方的情意从来不曾消失。想起来，那应该是妻子愿意学习改变，丈夫最后悄悄改变的源泉和动力吧！

萍萍妈妈首先开始尝试在繁重的工作中，剔除不应承担的部分，对同事和上司练习说"不"。不需要隐忍那么多以后，她的焦虑感有所减少，面对丈夫和女儿时情绪也更加稳定。夫妻关系也在发生着微妙的变化，他们开始一同散步，妻子开始用语言表达对丈夫照顾家庭的衷心感谢。萍萍妈妈衣服的颜色不再只是黑白灰，色泽变得温暖和艳丽起来，走路的时候身体显得灵动和轻巧了。她现在常常夸奖丈夫的厨艺，感谢丈夫照顾双方的父母。丈夫依然不上班，似乎并没有太多变化。

"现在，我有时候会听见他在厨房里唱着歌做饭。"大约半年后，萍萍的妈妈再次来咨询室。她脸色红润、姿态优雅、声音柔润。"我现在有点谈恋爱的感觉"，她有点害羞地说。她在繁忙的工作之余，开启了个人成长的专业学习，和女儿一起来咨询室见咨询师的次数越来越少了。

萍萍的变化也是很明显的。高三学习紧张，学习压力大，咨询时间从最初的每周一次，逐渐更为两周一次。在这个过程中，药物的副作用加上学习压力，即使是保持咨询的外力支持，她也曾一度崩溃到不能上学的地步。在她的体内，身体对于学习的厌恶和理智对于学习的渴望常常起冲突。面对具体情况，几乎每次咨询都首先聚焦于困难中某个小小的具体部分，咨询师陪着来访者在破碎的事件里寻找价值，从而实现动力的转化，获得新的感受、新的认知。其间，萍萍的核心观念并没有改变，咨询师鼓励她将"读书才有用"的强大观念力量来作为她消除想要放弃念头的动力，这对咨询师也是一个挑战。这段陪伴的历程让咨询师也完成了一段关于移情和反移情的修炼。

幼年时因为缺乏安全感、不被认可带来的伤害，那些丢失了美丽和价值感的孩子，需要经历漫长的重寻自我之路。在这个历程中，如果有重要的人愿意参与进来积极改变，孩子便容易重新认识和构建"重要他人"，重建一个重要关系。如果孩子的"重要他人"不愿意或者没有能力改变，那么，让来访者看到那个重要他人的有限，和他有限的爱，也是一个重生的开始。萍萍的父母源于爱，愿意去改变。

在父女的关系中，父亲停止冷言冷语和粗暴的斥骂是一个莫大的救助。在萍萍不能上学待在家里的日子里，父亲选择为女儿做好饭，然后出门去排遣他的无奈和担心，再没有像过去那样责骂女儿。在女儿选择复读的一年里，他从担心焦虑到接受现实，依旧默默地承担家务，做妻子和女儿的坚强后盾。萍萍爸爸还是不善于说孩子的好，也没有时刻表露出肯定、赞美、认同女儿的言行，但能做到不责备、不增加孩子的焦虑，对他来说已经是个人很大的改变。

事实上，爸爸也有天生乐观的一面。

萍萍在来访中越来越多的时候会不经意地说出"爸爸"这个词汇，并在描述爸爸一些细微的变化时表示欢喜。直至后来，她能与父亲共处一室，相互开玩笑。到整个咨询历程结束一年多以后，咨询师偶遇他们一家，惊喜看到萍萍拍了拍爸爸的肩膀，做出一个撒娇的动作。

父母活在失望和痛苦的泥淖之中，孩子怎么可能快乐和幸福地长大呢？身为父母，如果懂得如何活出自己的生命价值，就像花一样绽放，自然也就能示以身作则，给孩子示范一种阳光正向的生活态度和生活方法。

萍萍妈妈活得越来越美好，萍萍也一定会找到美好的方法。在寻找美好的过程中，她只是需要学习处理个人情绪，学习在人际关系的困难中正视自己在安全感、价值感方面的欠缺。同时，在欠缺里学习自我爱护和自我滋养的方法。

经过一年的咨询，萍萍的咨询频率已经很低了，但是只要她需要，都会来咨询

青少年心理教育研究与辅导探索

室。我们有理由相信，在咨询师和父母共同陪伴的这段历程中，萍萍已经找回了那个美丽而又有价值的自己。

在众多的案例中，这个故事的确令我记忆深刻。

个案点评

幸福的家庭也许有不一样的幸福，不幸的家庭却可能有相似的不幸。作为咨询师，回顾本案，我最大的体会是原生家庭对一个人的成长影响深远，而为人父母恐怕是天底下最难的职业。在本案中，无论是萍萍的父亲还是母亲，观察他们的原生家庭图谱，不难看出惊人的相似。可以说，萍萍父亲和母亲在走上社会、步入婚姻生活后养成的习性，包括认知，无不打上了他们原生家庭的印记。他们从他们的父母相处中继承了对婚姻关系固有的一些认识和看法，他们在原生家庭扮演的角色并没有因为脱离家庭后就此消失，反而得到了新的继承。而萍萍，也就成了原生家庭关系模式下新的延续对象。

在本案中，对于成人已久、认知有限且固执己见的父母，陪伴孩子参与家庭集体心理咨询是不易的。萍萍爸爸的配合度有限，但在这个家庭系统中，所幸萍萍妈妈是非常配合和主动的。她对女儿的问题的焦虑，源于强烈的母爱。为了孩子，她愿意积极改变。这在客观情况下，促进了咨访关系的建立和维护。

在整个过程中，家庭治疗是最重要的一个阶段。通过对萍萍和萍萍妈妈的同期咨询，帮助她们疏导负面情绪、抒发隐匿而真实的感受，互相聆听对方的心声，梳理原生家庭图谱，她们渐渐找到了症结所在，原来固有的认知也发生了改变。而这样的改变，让被动配合家庭治疗的萍萍爸爸也有了新的觉察，从抗拒的姿态变成了适度配合，他的身上也有了变化。在这个三角家庭系统中，两角变化虽然不及三角的同频变化效果明显，但也会潜移默化地影响到夫妻关系和父女关系的改善。在咨询过程中，由于认知系统的调整，萍萍和妈妈对自我认知、对家庭其他成员的认知变得更加客观、公正了，她们学会了接纳不完美的自己，同时也学会了欣赏彼此、肯定家庭成员的付出，开始有了正向的互动和交流。认知的调整会带来行动力的改变。对于家庭而言，成员之间深层次的对家庭的依赖以及对彼此的爱才是促成改变不断持续推进的不竭动力。

萍萍是幸运的。正是因为母亲起初的一再坚持，才把她最终带到了心理咨询室。无论她和父母此前关系如何，但在整个咨询过程中，他们为她做出了最大的努力和改变。也许她的家庭不是完美的，像很多孩子背后的家庭一样，但爱让他们彼此之间愿意迈出重要的一步——面对问题、积极改善，尽可能地做出改变。现实生活中，其实还有千千万万类似萍萍的家庭，他们在哪里？他们会需要正确的帮助吗？

心理健康教育是一个系统建设工程。其中，不光需要心理咨询师、心理志愿者、心理教师、辅导员，需要学校、家庭的支持，还需要全社会的积极参与。无论如何，道阻且长，但让我们先从正确认识心理咨询、主动接受心理咨询服务做起吧！

基于同类问题的咨询总结

（一）家庭

记得曾奇峰曾说过，青少年个案是心理咨询中最难的。这些年在对青少年的心理辅导中，这个"难"不断地呈现出来。

在青少年偏差行为或者配合医生处方治疗的心理咨询个案中，做青少年工作犹如治疗一株生病的植株。当我们将植株清洗除菌结束，放回原来的土壤，植株还是很容易回到生病的状态。因此，如果我们要彻底改变一个孩子的偏差行为，只有让孩子父母或者孩子的其他"重要他人"参与到孩子的成长历程中来，学习和了解孩子行为表象背后的成因，并及时终止那个因，才更有可能改变孩子偏差行为。对于年龄更小的儿童的偏差行为，甚至只需要父母通过学习改善养育的方式，孩子的行为就会得到积极的改变。

基于这个理念，这几年的青少年咨询，凡是父母为孩子问题而来的，咨询师都更趋向于做家庭治疗。有时候，某些家庭成员并不愿意来做咨询，咨询师会专注于愿意改变的父亲或者母亲，积极探索和发展觉察能力，让他们学习改变的方法。通过家庭系统中一个重要角色模式的变化，来推动整个家庭系统的积极变化，从而达到改善青少年行为的目的。

这个方法比起只做青少年个人咨询来说，效果要好得多，也确实给很多家庭带来希望和光明。这些经验让咨询师更愿意在青少年心理健康教育工作中，推行萨提亚冰山模型和心理剧的行动方法，希望让更多人拥有自我成长的路径。

（二）学校

基于对家庭治疗的理念，学校教育在部分心理健康教育工作者的支持下，开始设计和实施推行一些家长课程，包括如何识别自己和孩子的情绪，如何处理自己的情绪，如何打造良好的亲子关系、青春期心理健康教育，甚至如何经营良好的夫妻关系，为孩子的成长提供安全和有爱的成长环境，都是学校家长课堂的内容。

在过去的一年里，我们开设的家长课堂有 20 次以上，有上千人次家长参与学习，其中有些家长还从此走上更深入的专业学习道路。这对于传播积极的养育方法，对于家庭关系、亲子关系的改善是善举。

新的一年，我们将继续推行这个家长公益课堂，继续推广萨提亚和心理剧的方法，让更多人了解和学习爱的养育方式，养育健康快乐的孩子。

（三）社会

心理健康教育如果只停留在学校，那它必定只能成为"个别现象"和"弱势群体"，最终孤单地消失在人海中。

绵阳市未成年人指导中心用自己的力量，给予了心理健康工作者以最大的支

青少年心理教育研究与辅导探索

持，让这些来自学校和社会机构的心理工作从业者，得到了精神支持和学习技术的平台。也正因为这个机构的持续支持，基层的心理健康工作者可以利用自己的业余时间，为更多普通人做一些心理咨询的服务。同时，中心在技术上的支持，对于许多没有条件去做深入学习的工作者来说，也是一个巨大的帮助。

自 2018 年秋天起，中国计划生育协会、绵阳市计划生育协会、三台县计划生育协会关于青春期心理健康教育的项目开始落户绵阳市三台县，这是三台县心理健康教育工作者在持续为家长提供免费服务多年以后，第一次获得政府专项资金支持。资金虽然不多，但这种肯定和认可对心理健康教育在基层的持续发展，起到了巨大的推动作用。

如果类似这样的支持力量更有力、更坚定、更具体一些，那些默默工作又不求回报的心理健康工作者，就会在个人价值被赞美、肯定、认同的过程中，继续为这个社会做出更多有益的贡献。

第六章　内卷加剧的学习障碍

美国教育心理学家科克（S. Kirk）于 1963 年提出了学习障碍的概念。他认为学习障碍是儿童在语言、阅读、社会交往技能等方面的发育障碍。这些障碍不包括视觉障碍、听觉障碍和智力障碍。世界卫生组织（WHO）将学习障碍定义为青少年获得学习技能的正常方式受损。这种损害不是单纯缺乏学习机会的结果，不是智力发展迟缓的结果，也不是后天的脑外伤或疾病的结果，而是源于认识处理过程的异常，通常表现在阅读、拼写、计算和运动功能方面有特殊和明显的损害。简而言之，学习障碍就是影响一种或者多种和学习有关的认知过程的大脑运作方式的障碍。学习障碍产生的原因主要包括生物因素、心理因素和环境因素。其中，生物因素主要包括神经结构和功能异常、遗传因素。学习障碍会干扰到学习的基本技能，如阅读、写作和数学等，此外还会干扰到其他一些技能，如组织、时间计划、抽象推理、长期或短期记忆力和注意力。需特别注意的是，学习障碍对个人的影响不仅局限于学习方面，还包括日常生活、人际关系等。患有学习障碍，也容易产生更多的心理行为问题。本章的案例主要涉及来访者在学习方面遇到的困难，具体表现在注意力不集中、学习动力不足、学习目标不明确、自制力差、考试焦虑等方面，同时也涉及对学习困难的成因分析及解决办法。

▍案例一

考试焦虑

"马上又要英语四级考试了，一想到上次考试成绩不好，我就特别焦虑紧张。随着考试临近，我觉得自己心情越来越烦躁，上课时常注意力不集中、食欲也下降了，这几天还感觉到入睡困难，甚至失眠。我觉得好难受，我想让自己的情绪好起来……"

个案故事

若梅（化名）是一名大学二年级学生，性格内向，文静，不善交际，朋友不多。她出生在山东的小县城，父亲是公务员，母亲是一名护士。家里有个姐姐比她大5岁，从小父母对她们姐妹的期望很高。姐姐高中毕业后顺利考上了一所重点大学，四年后以优异成绩毕业后，进入外企工作。受姐姐的影响，若梅从小立志要上大学，要像姐姐一样优秀。高中毕业后若梅如愿考上了大学，可上大学后却成绩平平，从前的优等生变成了现在的普通生。她难以接受现状，觉得自己无颜面对父母和姐姐，这使她着急内疚。英语是若梅最有信心的课程，她觉得通过四级考试没问题，可没想到第一次居然没考过，而她寝室里的其他3位同学都考过了。若梅觉得"别人都能考过而我却过不了，他们一定会在背后嘲笑我，瞧不起我"！因为怕父母失望，关于英语四级没考过的事，若梅只告诉了姐姐。姐姐电话叮嘱若梅，要提高英语水平，赶紧考过四级，因为以后到外企工作，英语很重要。若梅想姐姐肯定也觉得她笨死了，连英语四级都考不过！下一次的四级考试又快到了，若梅觉得自己再考不过，就彻底失败了。近一个月来，她一想到即将到来的英语四级考试，就紧张、焦虑伴随烦躁不安，注意力也无法集中，还出现了入睡困难的现象。若梅说她白天上课精神也不好，食欲差，好像整日生活在压力之中，觉得很痛苦，她想摆脱这种状态，可是又不知道该怎么办。

若梅是独自来求诊的，她衣着整洁、举止得体、语言表达流畅、意识清晰、言谈切题、自知力完整，但整个人的精神状态比较倦怠，愁容满面的，情绪较焦虑。咨询师了解到，她属于足月出生，既往无任何疾病史，营养良好，身体健康。她的焦虑自评量表SAS得分60，显示中度焦虑。抑郁自评量表SDS得分47，抑郁情绪不明显。若梅的核心问题是焦虑，缺乏自信，初步诊断为一般心理问题。上一次四级考试没过，作为负性生活事件，是她心理问题产生的社会因素；缺乏有效解决问题的行为模式，对事件存在认知偏差是她焦虑产生的心理因素。

随着咨询的持续进行，若梅与咨询师之间建立起了良好的咨访关系，也确立了可行的咨询目标。她逐步认识到：自己的不良情绪并不是上次英语四级没考过又将面临考试这一事件本身造成的，而是不合理信念造成的困扰。通过一段时间的咨询，若梅心情平静了许多，情绪也缓解了，对英语四级考试和周围的环境有了新的认识，对未来充满信心。

辅导过程

根据若梅的心理问题及强烈的求助动机，咨询中采用了合理情绪疗法。合理情绪疗法（Rational Emotive Therapy，RET）是美国著名心理学家埃利斯（A. ElliS）于20世纪50年代首创的一套心理治疗理论和方法。它在许多著作中也被译作"理性情绪疗法"。这种方法旨在通过纯理性的分析和逻辑思维的途径，改变求助者的非理性观念，以帮助他解决情绪和行为上的问题。通常情况下，人们会认为人的情绪及行为反应（C）是直接由诱发性事件 A 引起的，即是 A 引起 C。合理情绪疗法的 ABC 理论指出，诱发性事件 A 只是引起情绪及行为反应的间接原因；而 B——人们对诱发性事件所持的信念、看法、解释，才是引起人的情绪、行为反应的直接起因。合理的信念会引起人们对事物适当的、适度的情绪反应；而不合理的信念则相反，会导致不适当的情绪和行为反应。当人们坚持某些不合理的信念，长期处于不良的情绪状态之中时，最终会导致情绪障碍的产生。个体可以通过改变自己的想法和观念来改变、控制其情绪和行为。

咨询过程大致经历了以下三个阶段。

1. 评估诊断与咨询关系建立阶段（初期）

在此阶段，与若梅建立良好的咨访关系，咨询师通过倾听故事和心理测验，收集一些相关的咨询信息，进行初步心理诊断，制订实施方案。咨询师向若梅简单介绍合理情绪疗法的基本理论模型，帮助她从焦虑复杂的情绪和表现中厘清线索，指导她尝试用 ABC 模型把自己所有的问题都表示出来。

诱发事件 A：上次英语四级没通过，马上又要考试了。

不良情绪 C：焦虑。

不合理信念 B：别人会嘲笑我。这次再考不过，我就彻底失败了。

通过布置咨询作业，强化若梅对 ABC 之间关系的理解。

（咨询对话节选如下）

……

咨询师：我感觉你情绪有点差。

若梅：是啊，马上又要考四级了。

咨询师：你考过一次四级了。

若梅：嗯。

咨询师：看你这么难过，你上次肯定没有发挥好，对吧？

若梅：嗯。

咨询师：我也跟你一样，第一次差 23 分，后来我很担心第二次不过，但是没想到第二次竟然过了。

若梅：我很担心这次考试不过，如果考不过，那不就完了吗？

咨询师：完了？能解释一下你这个"完了"的意思吗？

若梅：我同寝室的同学，他们都一次就考过了，就我一个人没过，我感觉自己很没有用，她们肯定也在嘲笑我吧，连四级都考不过，真没用！

咨询师：哦，我理解了，你是担心这次考试不过的话，你寝室同学会嘲笑你，是吗？

若梅点点头，沉默了。

咨询师：那寝室的同学怎么说你的？

若梅：寝室的同学倒没有明着嘲笑我什么，她们说我运气不好，所以没考过，她们还主动跟我讲了一些经验。但我还是觉得她们私下肯定在嘲笑我，虽然嘴上不说，但背地里不知道他们会说多么难听的话了。

咨询师：听你说到这，我感觉你不是担心考不好，而是担心考试如果没通过，同寝室的同学会嘲笑你，是吗？

若梅若有所思地回应道：好像是这样的。

咨询师：那你觉得除了寝室同学会嘲笑你外，其他同学也会嘲笑你吗？或者你走出学校，不认识的人会不会嘲笑你呢？

若梅：那倒没觉得，他们可能都不知道我的四级过了还是没过呢！那些不认识我的人，就更加不会在意我的考试了，他们为什么嘲笑我？

咨询师：没错。那我想知道，为了准备这次考试，你有做过一些准备吗？

若梅：从上次考试出成绩开始，我天天去图书馆看书，我在背四级的英语单词，也在做模拟题。

咨询师：我觉得你很棒，实际上你一直都在积极地在为考试做准备，对吧？

若梅：那是，我肯定要好好准备。但是一想起这次考试如果不过，别人会怎么看我。我就很烦躁，不知道该怎么办？

咨询师：我大概明白你的意思了，你其实最在意的不是考试能不能过，而是如果又失败了，别人会怎么看你。这样吧，我们来举一个例子，假如有一天你去学校食堂吃饭，你的开水瓶被一个路过的同学碰倒了。此时，你会怎么样？

若梅：我一定会很生气，这人也太不小心了！

咨询师：现在我告诉你，他是一个盲人，你又会怎么样？

若梅：啊？是盲人啊，那他一定不是故意的。

咨询师：那你还会生他的气吗？

若梅摇摇头：不会。我甚至有点同情他了。

咨询师：发现没？开水瓶被人碰倒了，前后都是同一件事情，但你的情绪反应却截然不同。想想为什么会这样？

若梅：对啊，为什么呢？难道是我的想法发生了变化？

咨询师：真聪明。是因为你的想法，确切说是你对这件事的看法有所不同了。

若梅沉思了片刻：好像是这样。

咨询师：那么，再想想，你对四级考试做好了充分准备，但你还是很焦虑。又是为什么？

若梅：考试如果不过的话，别人会嘲笑我。

咨询师：对，你一下子就发现了问题所在！

若梅：嗯，我虽然知道了问题所在，但是依然很焦虑啊。

咨询师：是呀，其实这些都是你生活中发生的一些事情，我们称之为诱发事件。比如马上要到来的四级考试。

若梅：哦。

咨询师：人们对事物都有一些自己的看法，有的是合理的，有的是不合理的，不同的想法可能会导致不同的情绪结果。如果你能认识到现在的情绪状态是头脑中不合理的信念造成的，那么你或许就能控制情绪。

若梅睁大眼睛，一副若有所思的样子。

咨询师继续说：那么，你觉得哪些想法是自己不合理的信念呢？刚刚我们做了心理测验，也认真分析过了，你也明白了自己有点焦虑情绪，对吗？其实这就是你的不良情绪啊。

若梅：嗯，是这样。

咨询师：现在你知道了什么是诱发事件，什么是不合理信念，也清楚你的不合理情绪了，对吗？

若梅点了点头。

咨询师：好了，今天时间也差不多了，你回去想想我们的对话，把这"诱发事件""不合理信念"和"不合理情绪"这三个概念好好想想，就算我布置的家庭作业吧。我们明天来说说三者的关系，讨论一下它们如果没有和平相处的话，是怎么让我们难受的，好吗？

若梅：好吧，谢谢。我明天会按时过来的。

……

随着咨访关系的进一步深入，咨询师逐步帮助若梅认清情绪问题与不合理信念之间的关系，帮助她进一步评估了上次四级考试不理想和即将到来的英语考试之间的关系，从深层次挖掘出她不合理的信念。

此外，咨询师又帮她把注意力从过分关注个人情绪和诱发事件转移到关注个人的不合理信念上，让她进一步领悟、反思情绪问题与个人不合理信念之间的关系。

2. 心理辅助阶段（中期）

咨询进入中期阶段，在巩固前期咨询成果的基础上，帮助若梅修正或放弃原有的不合理信念，建立合理信念，减轻或消除她的情绪困扰。随着咨询进程的推进，若梅的负面情绪有了明显下降，咨询师采取商讨与辩论的方法来解决她的不合理信念，若梅的逻辑关系也发生了变化，终于出现了合理信念。

若梅舒了一口气：我希望今后能学好英语。这次如果还考不过，说明这一阶段的努力不够或学习方法不得当，我会从失分题目中找到继续改善成绩的方向。我还有机会，我可以用信心与勇气迎战下一次。

每个人都不可能让别人（包括父母）对自己所有的表现都感到满意，持喜悦态度。

咨询中采用布置咨询作业的方式，要求若梅将原来列出的不合理信念与此项提出的建设性信念一一列表对比，并进行认真思考，促使她不断巩固咨询效果。

3. 结束与巩固阶段（后期）

通过前期的咨询和自身努力，若梅已认识到，自己的不良情绪并不是考试事件本身造成的，而是受到不合理信念的困扰。这一阶段若梅的自我感觉良好，症状基本消失。咨询师鼓励她运用新的理念面对生活中遭遇的其他事件。这一阶段，给若梅做了焦虑自评量表（SAS）测验，得分44分。根据咨询计划，已基本达到预期目标。

评估

1. 自我评估

通过一段时间的心理咨询，若梅在总结自述时心情已平静很多，她说许多事情也想开了，情绪缓解了。她对英语四级考试和周围环境有了新的认识，她决定好好学习，扎扎实实地备考。

2. 咨询师的评估

咨询的具体目标和近期目标基本实现，来访者若梅基本消除或缓解了焦虑情绪，由此而产生的注意力不集中、睡眠障碍等问题也已基本解决。在最终目标方面，来访者对自己看待问题的不合理信念有一定的认识，并自觉进行调整。

3. 心理测验结果

SAS得分为44，降至正常范围。

个案点评

在心理门诊中，最常见的一种情绪障碍就是焦虑。而SAS正是一种分析病人主观症状相当简便的临床工具，具有广泛的适应性。根据中国常模结果，SAS标准分的分界值是50分，其中50~59分为轻度焦虑，60~60分为中度焦虑，70分以上则为重度焦虑。本案中，在辅助初期评估诊断时，我选用了两种工具，一种是SAS，还有一种是SDS，也就是抑郁自评量表。需要注意的是，通过自评测试，若梅的抑郁情绪并不明显，那么主要的症状就是焦虑。因此，在制订咨询计划和目标时，若梅的SAS值是否降至正常范围，也是判断咨询效果的一个重要指标。显然，她的SAS从刚刚接诊时的60分降至咨询后期的44分，效果比较理想。

本案中，针对若梅初期的评估诊断结果，我果断采用了以合理情绪疗法为主的干预方法。合理情绪疗法又叫理性情绪疗法，简单来说就是以理性控制非理性，以合理的思维方式来替代不合理的思维方式，从而帮助来访者克服情绪和行为障碍的一种心理疗法。而合理情绪疗法的核心理论正是由美国心理学家埃利斯创建的ABC理论。

本案中，通过来访者家庭背景调查，可得知若梅的父母对女儿的期许很高，姐姐高中毕业后考上了重点大学，大学毕业后又顺利进入了外企工作，若梅一直以姐姐为榜样。但自从进入了大学，她成绩平平，尤其是自己最有信心的课程——英语，第一次四级考试就没有通过。在父母的高期许和姐姐对英语学习重要性的反复强调下，若梅眼见寝室其他同学都一次性顺利通过了英语四级考试，内心变得异常焦虑，并且出现了食欲差、入睡困难等生理性症状。

在咨询的第一阶段，建立咨访关系、选用工具做心理测验、收集重要信息、初诊和制订行动方案，这一系列操作连贯、顺利，也正好给了我一个展示个人专业能力的契机，对维护接下来的咨访关系、推进咨询历程和效果十分有利。

要改变若梅非理性、不合理的思维方式，也需要咨询师抓住关键的契合点。在若梅的自述中，作为倾听者，我频繁使用疑问句和肯定句的方式重复她的感受，表示理解。我的同理心起了效果，令她更有倾诉欲了。

"那寝室的同学怎么说你的？"我抛出的这个问题就是一个关键的契合点。若梅果然"上当"了，她顺着我的提问开始回答。而我适时地提炼并引导她认清了自己的焦虑源——担心被嘲笑。其实无论是担心被嘲笑、担心父母和姐姐失望还是担心其他的，说到底都是一种不合理的信念。有时候，咨询师还要用一些更生动、更接地气的小故事、小案例来解释清楚一些心理学上的专业理论或名词。我给若梅举了"暖瓶被碰倒"的例子，方便她更加形象化地理解负面情绪与不合理信念之间的关系。通过举例，她终于意识到自己在面对四级考试时产生的焦虑情绪并非来自考试本身，而是来自隐藏在事件背后的不合理认知。

来访者的认知一旦发生了改变，情绪、行为等干预手段就会起到立竿见影的效果。在咨询的尾声，我欣喜地看到，若梅的负面情绪和躯体性反应已一并消失，她的精神面貌有了很大改善，SAS值也降至正常范围。她不但解决了困扰自己良久的情绪问题，并且有效掌握了ABC理论的精髓，对于生活中遇见的其他事件，她开始可以做到自查和反思，也能适时地进行自我调整了。

"你不再需要我的帮助了，祝贺你。"走出咨询室前，我笑着对她说。

"谢谢，我对这次的考试也很有信心。等有了好消息再祝贺我一次吧！"她调皮地眨了眨眼睛。

基于同类问题的咨询总结

本案例中的若梅因为考试引发一定焦虑、紧张情绪，在实施阶段，主要运用心理咨询方式对个案进行干预。基于考试焦虑给若梅带来的情绪和生理的不良反应，咨询师采用了以合理情绪疗法为主的干预方法，融入了认知、情绪、行为等干预手段，相较于用一种方法矫正考试焦虑的方案更加全面有效。咨询师首先帮助若梅认识到自己的信念不合理，进一步使她明白自己的负性情绪与不合理信念之间的关系，意识到在面对考试时所引发的焦虑与紧张情绪并非来自考试事件本身，隐藏在事件背后的不合理认知才是引发情绪与行为困扰的根源。其次，咨询师帮助她放弃不合理信念，建立正确的理念与合理的自我评价体系，学会用合理信念取代不合理信念，从而改变对考试的错误认知，正确看待考试。

经过有效干预，加上若梅的积极配合，基本实现了咨询初期制订的目标。根据其父母以及朋友的反馈，来访者情绪状态稳定，精神面貌也较之前有所改善，能投入正常的学习生活中去。干预结束后量表复查结果显示，与第一次测量相比，来访者焦虑自评量表的得分均降到了正常标准以下，基本消除了咨询初期的紧张焦虑情绪。

（一）学校

（1）引导学生理性看待英语四级考试，正确评价自己，不因某一方面失利而全盘否定自己。

（2）鼓励学生积极与其他同学交流沟通，提升同学间的信任感，改进学习方法。

（3）鼓励学生主动参与各类活动，积极展示自己，发掘自己的特点和优势，转移注意力，提高成就感，增强自信。

（二）家庭

（1）家长是孩子最亲近的人，对孩子的爱不能简单地停留在吃饱穿暖上，要重视孩子的心理健康，关注孩子的身心和谐健康发展。

（2）家长要多与孩子交流沟通，不能仅仅停留在学习上的关心，更要加强思想和情感上的交流。

（3）家长对孩子的期望一定要建立在客观理性的基础上，不能对孩子有不切实际的期望，否则就会给孩子带来沉重的压力。

（三）社会

（1）要大力倡导、宣传素质教育观，逐步纠正应试教育带来的错误观念，鼓励学生个性化发展。

（2）要逐步建立客观公正的人才评价机制，特别是鼓励各类用人单位制定符合自身实际的用人标准，不能在人才选聘上相互攀比，抬高标准。

案例二

弯路

"进入大学以来，我的学业遭到了前所未有的打击，连年挂科。到大二下学期，已经有8门课考试不及格，学校给了我学业警示。我感到难以适应学校的生活，对现在的专业也非常不满意，在同学面前压力很大，觉得没有人真正理解我，最近时常睡不好，吃东西也觉得没有胃口。我想要申请走读，不想继续住学校寝室。"

个案故事

前来求助的女孩张媛（化名），是文秘专业大二的学生，来自北方，她拥有一米六七的个头，身材较为魁梧，是家里的独生女。

春季学期刚开学不久，张媛来到了咨询室。她有着一头齐肩短发，卷卷的，蓬松散乱着，厚厚的刘海遮住了她的眉毛。张媛穿着卡其灰的外套，看起来有些邋遢。言谈间，她皱着眉头，显得非常焦虑，说起话来低声细语、唯唯诺诺的，更多的时候她低头不语，不主动表达自己的想法。她提出因为自己失眠焦虑，不适合跟室友同住，母亲已经在学校附近打工并住下了，她想申请办理走读。

在新生入学期间，她参加了学校组织的心理测评。其中，抑郁自评量表（SDS）结果显示，她有重度抑郁（74分）。90项症状清单（SCL－90）量表结果显示她的阳性项目数是90（每一个项目均为阳性），总分353分，总均分3.92分。分量表中显示她在人际关系敏感、敌对、抑郁、恐惧症状的得分非常高，因子分≥4分；另外，她的焦虑、精神病性、躯体化得分也显示异常，因子分均>3分；大学生心理健康调查表的最终得分为48分，结果显示她存在严重心理问题。根据测评结果和她主述的问题，学校建议她到当地的医院精神科做检查，并根据检查结果决定是否办理走读。两天后，医生对她的症状进行了诊断，汉密尔顿抑郁量表显示她"可能有抑郁症状"，汉密尔顿焦虑量表显示她"肯定有焦虑症状"。根据这一结果，她办理了走读，跟母亲在校外租房住。

但走读之后，张媛的状况时好时坏，未得到缓解。她仍然旷课、逃避补考、不愿意跟同学们交流。她经常失眠，也时常跟母亲发生冲突。咨询师通过辅导员和母亲了解到，张媛是家里的独生女，从小在父亲的娇惯宠爱下长大，从未吃苦受累过。父亲是家里的顶梁柱，也是当地有名的麻醉医师，张媛的家庭收入可观，可以说她是父母捧着长大的小公主。但不幸的是，张媛读高二时，父亲遭遇车祸突然离世了，这彻底改变了一家人的生活轨迹。张媛从此一蹶不振，不再积极主动学习，成绩也一落千丈，她的家庭也因为父亲突然离世而失去了主要经济来源，这使得她的生活条件一落千丈。在高中阶段，张媛的成绩并不算差，属于中等偏上，但父亲离世的打击，致使张媛一时间难以接受并产生了巨大的心理落差，她的学习成绩开始直线下滑，最后也只考了一个并不理想的学校，张媛认为自己被生活彻底抛弃了。父亲的离世也促使母亲不得不走出家庭、四处打工赚钱，但她微薄的收入很难维持家里的基本开销，时常显得捉襟见肘。张媛的家庭一下子就从小康之家变成了真正的贫困家庭，从小娇生惯养的她很难接受这种天差地别的转变。

进入大学后，张媛没有努力学习，而是选择了放纵自己。她上课时常走神、整天无所事事的，也很少与同学们交流。

"我觉得自己就不该来到这儿，说真的，我身边的同学都不够优秀。"张媛悻悻地说。后来她的情况发展到不去上课，已经无法适应和接受现在的生活状况了。

"就算上课我也听不进去，我觉得自己根本没有办法集中注意力。再说，我学的东西不是我喜欢的，也没有必要去听课。"她说得振振有词。

张媛时常旷课、不交作业，平时成绩基本为0，到了大二下学期，她的挂科已累计8门，收到了学校的学业警示，为此她非常苦恼和焦虑。一方面，张媛表示自己并不想读书，也不喜欢自己的专业，不想上课；另一方面，她对自己的能力产生了怀疑，觉得自己不可能完成学业，很可能无法毕业。在矛盾困惑之中，她变得异常焦虑，尤其是在补考来临前，这种负面情绪令她有些窒息，于是她选择用逃避的方式面对补考。

"我觉得自己成了班上的异类，不愿意主动跟同学们交流，也排斥大家对我的帮助。就算偶然去上一次课吧，我也会躲得远远的，下了课就立刻逃离教室，不做任何停留。还有……还有……"她突然看向我，有些欲言又止，声音越来越小。

"还有什么？"我向前探了探身子继续追问。

"我发现我与辅导员的沟通也有问题。辅导员时常因为旷课的事情找我，然后就是一通输出——批评教育。然而她只会说教，并没有给予我合理建议。坦白说，她的有些观点我也不认同，所以我内心很排斥去见她。最后呢，辅导员也基本不与我沟通了，有问题就直接反馈给你，对吗？我看她已经放弃和我做无效交流了。"

张媛耸了耸肩，看得出这是她的心里话。

与此同时，张媛与母亲的关系也变得紧张起来。母亲因为家庭变故不得不背井离乡来学校陪读，同时还要承担经济压力，对女儿也表露出诸多的不满、愤怒和抱怨，母女两人的交流并不畅快。

"我觉得我根本无法与她沟通。她不但不理解我的处境，还时常责备埋怨我。我现在就等于深陷苦海，无法解脱。上一次我离家出走后一个人跑回了老家，其实我就是想躲避补考和母亲的双重压力。你能理解吗？"张媛越说越激动。

"当然，我理解你的感受。"说话间，我轻轻拍了拍她的肩膀。

虽然当时张媛已经办理好了走读手续，觉得自己不需要再接受心理咨询了，但是她的状况不容乐观，这使得她的辅导员又主动联系了我，她被找回来与我进行了交谈，我建议她继续进行咨询，真正面对自己的问题，张媛同意了。

随着咨询的逐步深入，她开始面对自己的问题，接受自己的现状。从学业、班级、辅导员、家庭层层入手，张媛开始认识到问题的根源在哪里，逐渐转变自己的不合理信念和想法，同时在咨询师的帮助下去面对自己的问题，寻求解决问题的办法。张媛变得积极开朗起来，半年后也进入了实习期，这时大学生涯已接近尾声，她需要补的学分通过重修学习已逐渐补齐，她也时常回寝室与室友们交流。

最后一次见到张媛时，我发现她的发型整齐了许多，刘海不再长得遮住额头和眉毛了，穿戴也干净清爽了不少，整个人的精神面貌有了巨大改观。

张媛笑称："我应该可以毕业了，以后我想要继续学习英语，同时去大城市里打拼，参加更多的英语实践锻炼。说真的，我现在对生活积极乐观、充满了希望！"

辅导过程

1. 建立关系，澄清问题（1~2 次咨询）

张媛第一次走进咨询室时，其实是为办理走读申请，来学校心理健康教育与咨询中心寻求帮助的，她觉得只要把自己的状况说得更加严重，就可以申请成功不再住学校宿舍。于是她非常坦诚，毫不避讳地描述了自己的糟糕状况，同时尽可能说得严重一些。咨询师查看了她的心理测评报告之后，基于描述的症状，建议她去医院精神科做一个详细的检查，咨询师收到医生的诊断证明反馈，再做是否走读的申请。同时对于她的学习障碍，咨询师也希望她能够意识到这并非办理走读就可以解决，且走读也不是解决问题的最终方案。

她听从意见后便去医院做了检查，在获得医院"可能有抑郁症状""肯定有焦虑症状"的诊断结果后，跟她母亲商议了各项安全事项，同学校签署了安全责任自负告知书，成功办理了走读申请。她感到有些许的放松，说自己的焦虑症状应该会在走读后得到缓解。

但半个月后，她的辅导员再次联系咨询师，跟咨询师说明她离家出走的情况。原来在成功办理走读申请后，她并未按照要求来学校上课，时常旷课，也没有参加补考。母亲得知这些事情之后与她大吵，她一气之下离家出走。联系本人得知她现在老家散心。待她安全回到学校，咨询师与之联系，指出她目前的生活和学习状态并没有因为走读得到改善，状况仍然不够稳定，直接放弃补考，形成了习得性无助，跟其他的同学比起来在学习上存在障碍，并没有像其他同学一样能够控制和驾驭自己的生活，生活状态时常失控，更不要说积极努力地学习。张媛也意识到自己存在的问题，确实跟其他人不太一样，经咨询师的总结和澄清，她开始认识到自己需要通过心理咨询来做出改变。

2. 转变观念，解决问题（3~5 次咨询）

之后的一个月，张媛仍然无力地挣扎在生活里，她并没有走进咨询室，仍然时常旷课，眼看着马上到期中，她依然没有改变自己的生活状态，厌学情绪浓厚。母亲因有事要回家乡几天，她失去管束后连续旷课 4 天，辅导员联系不上她，进而求助于咨询师。

她来到咨询室后，表示不喜欢当下的生活，认为现实生活与理想的生活目标差距很远，不想学目前的文秘专业，觉得不是自己喜欢的；母亲期望她完成学业拿到毕业证的想法过于简单粗暴，令她感到痛苦，跟母亲又无法沟通此事；对辅导员的管束也非常不满，对同学更是避而远之。她认为自己继续在学校里学习没有任何意义，希望能够去大城市寻找锻炼的机会，觉得自己不应该待在这样的环境里接受一团糟的学业。

对于张媛的问题，采用认知行为治疗的手段，从三个层次去挖掘她的想法和不合理信念。在自身学业层面，面对学习问题，她目前的实际状态与理想存在巨大的差距，帮助她逐个理清、记录和反馈现实与目标之间存在的具体差距，通过探讨来认清差距，在此基础上找出改变的路径，而非一直抱怨现实。在班级层面，面对人际关系敏感和与辅导员沟通不畅的问题，澄清辅导员的立场，告知她如果一旦失联，辅导员需要承担巨大的责任，因此，联系、沟通、教育是辅导员职责所在。人际关系方面，帮助她理解自己的焦虑，澄清人际关系敏感的主要根源在于自己的学业压力，如果一旦学业压力得到缓解，人际关系敏感的问题将逐渐得到改善。在家庭层面，面对母女之间难以消除的隔阂，帮助她梳理并记录自己的目标与母亲的期待之间的异同与冲突，让她认识到自己与母亲的期待之间究竟有什么具体的冲突，以及哪些是可以达成一致的方面。

经过层层分析，张媛逐渐意识到自己的具体问题。她期望自己能够学习英语专业，希望在大城市里找到更多机会，利用寒暑假出去学习。

在班里，她想认识更多英语学得好的同学，但因为挂科又不愿意跟同学交流。谈及宿舍的室友时，她表示室友非常关心自己，对自己非常好，并没有因为学习障碍而排挤自己，自己可以拓宽渠道，认识更多英语专业的同学。

在家庭方面，她认为母亲文化程度低，只想要自己考试不挂科，拿到毕业证，很难理解自己实际的痛苦，甚至感觉不到母亲对自己的爱，而当谈及自己父亲离世的时候，她认为母亲不够爱这个家。咨询师对她当前状态进行分析，让她意识到自己对母亲不信任。能够在第一时间来学校陪伴，并就近打工挣钱，对于文化程度不高的母亲来说已经是非常难能可贵的了，父亲的离开对自己是巨大的打击，对母亲也是。母亲的问题不在于母亲不够爱自己，而在于两人之间缺少交流沟通。

3. 探索总结，结束咨询（6~7 次咨询）

在第五次咨询后半个月，张媛再次走进咨询室，她整个人的精神面貌发生了改观，衣着的颜色也鲜亮了。当被问及最近的状态时，她表示自己顺利参加了考试，也相信成绩能够达标不挂科，她说："我不知不觉走过来了，居然走过了这个阶段。"对于她的改变，咨询师进行了梳理与总结，帮助她找寻生活中的社会支持，分享从对学习障碍的害怕、胆怯、不愿意面对，到现在能够坦然接受的改变。

学期结束后，她需要完成重修的课程，当别的同学都在外实习，她留在学校重修课程，她觉得有些无聊就来到咨询室做最后的道别。她不再觉得压力大，也不再认为困难重重，相信自己能够胜任。咨询师告知如果今后遇到问题，选择求助并非坏事。她说毕业后想先去旅行，然后就近找一份工作，找寻更多学习英语的机会，尽可能到大城市去锻炼自己。

张媛受到父亲突然离世的冲击，导致心理难以调适，高考成绩不理想，进入大学后也难以适应，上课时常走神，注意力无法集中，语言表达和人际沟通出现问题，睡眠和饮食受到影响，产生学习焦虑障碍。连续 8 门课挂科，再次遇到考试时，更是逃离回老家，形成习得性无助（Learned helplessness）。习得性无助是指因为重复的失败或惩罚而造成的听任摆布的行为，通过学习形成对现实无望和无可奈何的行为和心理状态。在咨询过程中，咨询师采用认知行为疗法的手段，从不同层面去打破她的不合理信念，将问题进行具体化和澄清，从而使其认识到这一观念的不切实际或不够客观理性。

张媛因为挂科太多又对专业不感兴趣，认定自己无法毕业，这是对自己的不合理信念；她自认为难以跟人沟通交流，没有人能够真正理解帮助自己，无法继续住在寝室，这是对他人的不合理信念；她还认为母亲不理解自己，无法沟通，母亲想要找寻新的生活，并不真正爱自己，会抛弃自己，这是对家庭的不合理信念。她认为学习文秘专业就必然无法好好学习英语，这是绝对化要求所致。在咨询过程中逐步剖析张媛的这些不合理信念，澄清具体问题，对她生活中发生的种种事件和状况做记录，形成列表进行分析，让她认识到这些观念的片面武断，从而走出漩涡，能够真正开始理解和接纳自己的问题。

个案点评

和其他的来访者不同，张媛最初走进咨询室的动机是为了达成愿望——办理走读申请。她需要我的权威"证明"，所以交谈中知无不言、言无不尽，而我也正好利用了这点，对她做了一次较为全面的信息采集，她如愿以偿，成功办理了走读，但我知道她还会来，半个月后，一语中的！

在高校，新生心理普查已然是一个常规工作。一般在新生入学的前 3 个月必须完成，SCL－90、SDS 都是最常用的测评工具。以《症状自评量表》SCL－90 为例，这是世界上最著名的心理健康测试量表之一，也是当前使用最为广泛的精神障碍和心理疾病门诊检查量表，可以帮助测试者从各个方面入手了解自己的心理健康程度。这套量表包括 90 个条目，又分为 9 个分量表，即躯体化、强迫症状、人际关系敏感、抑郁、焦虑、敌对、恐惧、偏执和精神病性。这套量表的每个项目均采用 5 级评分制（没有、很轻、中等、偏重、严重）。它要求被测试者在 40 分钟内，按近期情况如实选填 90 道题，测试没有标准答案，但具有一定的操作局限性，结果会受到操作环境、被测试者对指令的认知及理解、测试执行度、被测试者的身体状况等因素的影响，所以不能充当诊断结果，但对被测试者能做一定程度的评估。

本案中，张媛正是在新生入学期间做过心理测评，SDS 结果显示她有重度抑郁，SCL－90 结果显示她存在严重的心理问题。被筛选出来后，学校推荐她到医院精神专科做进一步检查，汉密尔顿焦虑量表结果显示，她伴有焦虑症状。对此，我主要采取了认知行为疗法。

认知行为疗法是治疗精神疾病和相关疾病最常用的治疗方法之一，它将行为疗法和谈话疗法结合起来，帮助人们将消极的想法装变为积极的想法。它通常可用于治疗成瘾、愤怒问题、焦虑、双相情感障碍、抑郁症、恐惧障碍、饮食失调、压力等。这是一种以目标为导向的治疗，需要咨询师在治疗过程中发挥积极作用。

认识行为疗法的核心理论就是情绪 ABC 理论，是由美国心理学家埃利斯提出的。该理论认为，人们的情绪反应不是由外界刺激直接引起的，而是由人们对外界刺激的认知、解释和评估所引起的。认知行为疗法中的"认知"是指一个人对一件事或某个对象的认知和看法，这里包括对自己的看法、对他人的想法、对环境的认知和对事物的见解。不同的认知又会促成不同的行为，即"认知行为"。认知行为疗法是通过重新构建认知结构以达到改正不良认知、行为的目的。

本案中，对张媛身上呈现的问题，结合在倾听阶段收集到的信息，我从三个层面（自身、班级、人际）对她的想法进行了挖掘，借此澄清她的错误想法，达到消除不合理信念的目的。经过层层剥茧式的研讨、梳理和分析，张媛的认知产生了化学反应，她开始逐渐意识到问题症结所在，并尝试从这三个层面植入个人新的期许和目标。我想说，心理咨询师不是万能的！但心理咨询最大的魅力就在于它能助人自助，让来访者正确认识自我、认识他人、认识环境。

值得关注一点，本案是一个"家庭—学校—社会"积极共育的典型范本。张媛能被筛选出来送到心理咨询室，反映了学校对问题学生的觉察力和心理干预力度；张媛母亲能够背井离乡、选择陪读，反映了家庭对孩子身心健康问题的重视；而通过新生心理普查结果，张媛被推介至医院精神科进行进一步的专业检查，侧面反映了医院与学校建立了一定的联动机制，这也正好体现了全社会对于青少年心理问题的帮扶。

基于同类问题的咨询总结

张媛的案例反映了学校咨询的特点，即学生的心理咨询与社会咨询的自愿求助是不一样的，学校的咨询总是由教师兼顾心理咨询师，因而很多时候心理咨询师的身份常常是无法在严格意义上保持客观中立。无法避免的双重身份让心理咨询师受理的咨询，有相当一部分学生不是自愿进行的，有可能是经辅导员、同学、家长等推荐。心理咨询师处理的不仅仅包含心理咨询的内容，还包含学习和日常事务。正因为如此，在学校里进行的心理咨询，更需要学校、家庭、社会机构三方共同合力，才能够真正达到咨询目的。

（一）学校

在学校层面，学校应当充分利用心理健康教育的各种手段，做好新生心理测评和心理危机排查，与来访者所在寝室、班级、院系取得切实有效的联系，掌握来访者的第一手资料。同时针对来访者的学习问题，与辅导员、任课老师与家长进行沟通协商，帮助对来访者进行监督和咨询，以避免重大危机事件的发生。心理健康教育中心可以利用危机干预、心理咨询、心理健康教育课程、宣传活动等各种形式深入拓宽咨询范围，帮助来访者在校园环境里化解问题，获得成长。

（二）家庭

在家庭层面，对于学生的学习障碍问题，应当引起充分的重视。青少年出现学习障碍的原因，多与自身的心理状况有关，因此面对学生的学习问题，不可只关注他的成绩和表现，更要关注他的情绪、人际关系等心理状态。在全面了解孩子的问题根源之后，才能真正理解和尊重孩子，他们的表现才会有所改善。对于学校给予的建议和指导，应当积极配合。心理问题应同生理问题一样看待，不应忽视，以免错过解决问题的关键阶段。在张媛的案例中，母亲及时来校协商并毫不犹豫地陪读，勇气、魄力和对子女的关切是值得表扬的。

（三）社会

在社会层面，青少年的学习障碍需要社会给予支持和理解。医院要从专业的角度给予诊断，并与学校形成联动咨询与治疗的机制，帮助来访者顺利转介和家校沟通。这样才能真正形成家庭、学校、社会三者合力，促进青少年的身心健康发展。

▌案例三

角色归位

"爸爸在家的时候，经常一个人待在房间里弄他的股票，做他的事情，有时会辅导我做作业、送我去上兴趣班，我很喜欢爸爸。妈妈玩自己的，她有时要管我，但我不想听她的。"

个案故事

覃先生（化名）非常急切地通过电话讲述求助缘由：正在读小学二年级的8岁女儿茜茜（化名）学习不专心，做作业拖拖拉拉的，总不能认真按照老师的要求完成作业，他感到很着急，想通过咨询帮助女儿解决问题，提高专注力，培养好的学习习惯。妻子多年前因为精神分裂症住院治疗，病情得到控制后就需要坚持服药，家里的事情已基本不管，家务事都是保姆在操持，女儿日常生活起居也是保姆照顾，学习则主要由他来管，他很急切地想解决女儿学习上的问题。于是和咨询师约好了第一次见面的时间，问题的焦点暂时放在了茜茜的学习困难上。

辅导过程

1. 评估主诉问题：是孩子的问题还是家庭的问题

电话预约后，覃先生带着女儿准时来到咨询室。他戴着茶色的眼镜、中等身材，礼貌、稳重，但面无表情。茜茜紧跟在爸爸身边，可爱的小脸蛋有些羞涩又友好地含着微笑，在爸爸的引导下跟咨询师打了个招呼："赵老师好！"

第一次咨询时，我按照覃先生的诉求，和父女俩一起探讨了下茜茜的学习状况。我热情地向抛出了一串小问题："茜茜，喜不喜欢你的学校和同学啊？能告诉我你喜欢的科目是什么吗？平时能不能自己完成作业呢？做作业的时候会遇到哪些困难……"茜茜很认真地回答了所有问题，像她这个年龄段的孩子一样，学习困难的体现并不明显，或者说学习上出现的问题并不像大人反馈的那样严重，即便有做得不好的地方，比如有时做作业动作慢、开小差，爸爸还被老师请去过学校几次，也是大多数学龄初期的孩子身上常见的。覃先生在一旁听着女儿的回答，时不时做点补充，之前表现出的焦虑情绪有所缓解。

第二次咨询是我和茜茜单独进行的，咨询目标是从茜茜的角度解读自己的家和父母。考虑到儿童在语言表达上的局限性，我邀请茜茜到沙盘游戏治疗室，通过沙盘展示她的家。我首先让茜茜自由选择道具用来分别代表爸爸、妈妈、自己和家里的其他成员，然后结合摆放把他们日常生活的场景呈现出来。

"这是我的家，家里有四个房间……"茜茜先是摆出了家里的大致布局和几个房间的位置，继而解释道："这是爸爸的房间，这是我和阿姨（保姆）的房间，这是妈妈的房间，这是书房。"

"你们都在哪里呢？"我追问道。

"我在客厅里玩或者在房间里做作业，爸爸在书房的电脑上看股票或者给我辅导作业，阿姨在厨房或者收拾屋子。"她认真地补充道。

"那妈妈在哪里呢？"我又问。

"妈妈跳舞去了，要不就待在家里看电视，我不喜欢跟她说话，我不喜欢她。"茜茜努努嘴，有点不情愿地把妈妈添进了"家"里，放到了客厅一角。

我发现家里四个人的彼此位置离得很远，于是问茜茜："爸爸、妈妈和你，你们三个人有在一起的时候吗？"

茜茜想了想，却答不上来。

"你喜欢这个家吗？"我接着问她。

"不太喜欢……"茜茜低着头小声回答。

通过沙盘呈现出的家庭关系图，确定了孩子的学习问题并不是茜茜和父亲面临的主要问题，而特殊的家庭状况影响了这个 8 岁孩子的成长状态，继而影响了她在学业上的表现才是最主要的问题。

2. 外化感受：让婚姻中的"不容易"被看见

我向覃先生反馈了茜茜眼里的爸爸、妈妈和家，希望通过进一步了解这个家庭中夫妻关系、亲子关系的形成和现状，来找到孩子学习困难的症结。所以，第三次咨询时，我选择的咨询对象是覃先生。

"我跟她妈妈两个人基本不沟通，我现在只关心孩子的学习问题……"一开始，覃先生并不想探讨家庭的问题，从他的表情里可以看出他对夫妻关系的木然和绝望。当咨询师再次向他说明孩子的学习问题和家庭关系无法截然分开之后，他才慢慢打开了话匣子。

"我和她妈妈是经人介绍认识的，她文化程度不高，是个普通工人，我希望她在家照顾孩子，把家照看好就行了。可是她很好强，总想让人另眼相看，所以执意要考研，考了几次都没有考上。她的父母对她管教很严，她在家里没有什么发言权，从小什么都是听父母的。考研这件事，她的父母和我都是一致反对的，但她不听！为了考研，家里什么事情她都不管，孩子也没照顾好，最后怎么样？还是没考上，后来就生病了。我们送她去医院治疗，对此她耿耿于怀，说自己没病，直到现在她也不承认自己是个病人。这些年，我跟她都是分居的，我们两个基本不沟通，因为一沟通，就容易起冲突，所以渐渐也就不沟通了。"

听完这些，我终于理解了覃先生茶色眼镜后的那张木然面孔，他在夫妻关系中确实找不到应有的喜悦和温暖，唯有女儿的成长是内心的希望和牵挂，所以对于女儿的学习，他比一般的父母看得更重。

"嗯，说真的，有这样的经历真不容易。你最艰难的时刻，都是怎么挺过来的？"我尝试着引导他继续话题。

说真的，我看不见覃先生茶色镜片后隐藏的眼神和表情，但我感觉此刻他整个人停顿了下来，若有所思。"艰难的时刻有很多，不过那都过去了，我现在已经不关注我们之间的关系了，就想把女儿培养好。"覃先生僵直的身体放松了一些，靠到椅背上，舒了口气。

"你可以形容下目前在婚姻中你的感受吗？"我小心翼翼地提问。

"没什么感觉，像个黑洞。"覃先生又回到了之前那种木然和无奈的状态。

"那可以说说在黑洞里的感觉吗？"我又问。

"缺氧、憋闷，没有希望……"沉默了良久，覃先生一字一顿地说了出来，那张茶色镜片后的面孔似乎柔软了一点。

这次咨询的目标主要是帮助覃先生打开内心的心结，将关注的焦点从女儿转向家庭关系，让他这么多年在婚姻中累积、封锁的情绪和感受得以释放。

3. 松动家庭关系：倾听妻子的声音

第四次咨询的目的是深入探讨家庭成员，尤其是妻子在家庭关系中的感受。我向覃先生提供了一些玩偶摆件，让他把家里的成员包括他、妻子、女儿、保姆以及妻子的父母摆放出来。我看到，在他摆出的家庭场景里，覃先生和女儿离得很近，离女儿不远的地方是保姆，妻子离这个小家的成员和自己的父母都很远，成了一个孤零零的存在。

"你从摆出来的场景里看到了什么？"我抬头看向他。

"不像个家。"覃先生的语气有些无奈。

我帮助覃先生一起梳理自结婚以来，妻子的形象以及他们夫妻关系的变化。说起刚结婚时的妻子，他用了"单纯"这个词，他说女儿刚出生时，妻子给予的照料还是很细致的，但渐渐就变得"固执""无法沟通"和"不可理喻"了。原来这个看似单纯、顺从的女人心中也藏着大大的梦想，从小在父母的严格管教下，很少有表达个人观点、按自己想法行事的机会，成家后的妻子想向外界证明自己的能力，而不愿仅仅相夫教女，做个家庭主妇，她渴望被认可。考研这个在父母和丈夫看来疯狂、执拗、没有意义的决定，正是她想要证明自己的途径。然而经历多次考试失败，还遭到家人的各种质疑，患病之后的她更是陷入了"求关注"与"被疏离"的恶性循环中。妻子想在家庭中发声，但丈夫、女儿、父母，甚至保姆的反馈阻碍了她的行动，她又因病而在家庭中显得更无足轻重了。

对于女儿茜茜来说，妈妈在家庭中的角色是缺位的。她从其他家庭成员的态度，尤其是父母之间冷漠的关系中笃定妈妈是不可信任、不可依靠的，她感受不到妈妈的爱。父母之间的隔离让茜茜没有安全感，她缺少自我认同，在学习上更无法专注。所以，改变家庭中母亲角色的缺位，让父母各司其责，是解决茜茜问题的关键。

覃先生非常认同家庭关系对孩子造成的影响，对于夫妻关系的调整，态度从刚开始的"绝对抵触"变为了"愿意一试"。他接受了我的建议，邀请妻子和他一起陪女儿回忆小时候的故事。

4. 家庭重排列：找回爱与支持

接下来的三次咨询，是覃先生和女儿一起来的，他们反馈了完成作业的情况。和预想一样，完成过程有些艰难。一个冰封已久的家庭突然开始坐在一起聊同一个话题，着实让人有些尴尬，但当他们翻出孩子小时候的照片，第一次跟她讲起儿时趣事时，妈妈的形象开始有了一点改变。

我让茜茜用"如果爸爸……我会……""如果妈妈……我会……"造句，讲述"喜欢……的家"以及"如果自己可以为这个家做点……，家就会变得更好"等句式填内容，孩子的回答给了覃先生很多改进家庭关系的参考。对于茜茜来说，在学习上认真努力是对家庭的贡献，所以我又与茜茜整理出了她在学习上哪些方面做得好、都是怎么做的、有没有可以借鉴的成功经验；制订学习计划和激励方法；教会茜茜提升注意力的小游戏，并让她每天邀请爸爸妈妈一起练习……

"冰冻三尺，非一日之寒"。虽然在咨询结束前，这个家庭的关系和孩子的学业问题还没有完全解决，但父母、孩子都已打破坚冰，重新在家庭中寻找到了自己的位置，在找回爱与支持的行动中，孩子的学业问题也渐渐得到了改善。

个案点评

本案中，根据来访者的年龄和语言特点，我选用投射测验技术（沙盘游戏疗法），通过家排的治疗方法挖掘茜茜学业背后深层次的问题。

这里需要解释下什么是投射测验技术。投射测验是指采用某种方法绕过来访者的心理防御机制，探测其真实想法的过程。投射测验根据测验的目的、材料不同，测验的编制、实施和对结果的解释方法不同，以及来访者的反应方式不同，有着不同的分类。其中，罗夏墨迹测验、主体统觉测验、沙盘游戏测验和房树人测验是最常见的四种形式。

本案中，我就选用了沙盘游戏测验（沙盘游戏疗法）来解决来访者茜茜的心理问题。

沙盘游戏疗法又称箱庭疗法，是国际公认影响最深远的心理分析技术之一。它是指在咨询师的陪伴和引导下，来访者从咨询师提前准备好的模型/玩具架上自由挑选道具，然后在盛有细沙的特质箱子里进行布景摆放，从而进行自我内心世界投射的一种心理疗法。

　　本案中，茜茜按照我的引导，自行选择了代表四位常住家庭成员（爸爸、妈妈、茜茜和保姆）的道具，然后在沙盘中进行了布景摆放。而我正是通过茜茜对道具的选择、整体布局、位置关系、重复程度等因素来分析她内心对家庭关系的真实感受，又通过沙盘游戏结果的反馈与我的求助人覃先生解释了茜茜学业问题背后的症结。

　　需要特别强调的一点是，沙盘游戏测验有着区别于其他心理技术的明显优势，比如它可以绕开来访者语言表达能力的局限，这也是为什么面对 8 岁的茜茜，我选用这种疗法的根本原因。再比如它是通过游戏的方式进行辅导的，这点对于年幼的来访者尤其适用，且在不易造成咨访关系紧张的前提下，咨询师就可以轻而易举地捕捉到重要信息。

　　在沙盘游戏疗法中，我要求茜茜对她的家庭系统进行排列。但必须注意的一点是，单纯依靠家排结果进行分析只是一种假设，而非结论。咨询师需要与来访者互动交流，才能确保投射分析的准确性。

　　家庭系统排列（Family comstellations）是一种起源于德国的心理治疗方法，由心理治疗大师博特·海灵格创建。它使用排列的方法来探索问题的引发根源，呈现隐藏在现实背后的影响因素。它的基本理念是认为人类的家族就如同天上的星系，有其运作规则与次序，称之为"爱的序位"。当家中每一份子都能遵循这些法则，家庭成员就能和睦相处；反之，会对家庭产生破坏性影响。该理论认为，人的潜意识主要来自个体小时候家庭关系的影响，特别是 3 岁之前父母对孩子的影响。这种影响虽然双方都意识不到，但却深深植入孩子的潜意识中，从而影响到他未来的行为方式。

　　纵观整个咨询历程，不难发现，茜茜的学业问题只是表层问题，家庭系统才是深层问题。她虽然只有 8 岁，但她的家庭问题已客观存在多年，无论是对她，还是对其他家庭成员都造成了巨大影响。

　　通过沙盘游戏，观察茜茜对代表家庭成员的道具选用和摆放，可以实现对茜茜家庭关系的一种实景呈现。在此环节，作为咨询师，我还需要通过沟通表达技术引导来访者（茜茜）和求助人（覃先生）对他们整个家庭关系的信息进行必要的情绪宣泄和补充性说明。对于覃先生而言，通过家排可以清晰察觉茜茜学业问题的根源，看到家庭系统对成员的作用力和相互影响，明白问题的解决方向。作为咨询师，我一方面适时地肯定了覃先生对家庭的责任心、付出和对女儿关爱，另一方面也令他逐渐明白家庭成员各归其位、各行其是、和睦相处的重要性。

　　诚然，对覃先生来说，他的家庭中孩子尚小、妻子有病，要系统改变靠一己之力绝非易事。但作为家中顶梁柱，作为一个丈夫和父亲，覃先生责无旁贷。为了女儿，他愿意尝试。有这样的认知、勇气和魄力，对家庭系统的修复确是一个好的开始。

而对于茜茜和妈妈来说，心理咨询让她们感受到了一份久违的温暖和关爱。在这个过程中，他们一家三口的关系也逐渐有所改善，为了解决问题而共同面对困难、应对改变的过程是美好的。这样的咨询，对于这个家庭而言，又何尝不是一次自我探索和治愈的心灵旅程呢？

基于同类问题的咨询总结

本案例缘起一位焦虑的父亲寻求解决孩子学习困难问题的诉求，但从求助行为的背后，咨询师看到的不只是孩子的问题，更是潜藏在问题背后的家庭系统。

家庭系统（Family system）认为家庭是一个稳定的系统，家庭成员交互作用时所产生的有形和无形规则构成了比较稳定的家庭结构，使成员间形成特定的交往模式。家庭作为一个整体，不是各部分之间的简单相加，家庭系统中任何一名成员的改变都会影响其他的家庭成员。家庭成员的行为遵循循环影响的原则，不仅父母影响着孩子，孩子也影响着父母，家庭系统努力维持改变和稳定之间的平衡，并且通过问题的解决找到新的平衡点。本案例中的覃先生希望解决女儿注意力不集中、完成作业拖拉等学习问题，为了帮助女儿茜茜作出改变，咨询师正是从家庭系统的角度，让家庭其他成员认识到母亲角色的缺位，对整个家庭尤其是女儿的影响，从而通过恢复家庭系统的平衡及各成员的角色回归，促进茜茜在学习上的转变。

（一）学校

（1）老师在与家长沟通孩子的学习问题同时，可以对孩子的家庭状况、成员关系等进行了解，减少导致学业问题的间接影响因素，为学习能力的提升奠定良好的心理基础。

（2）增进家校交流，协同解决孩子在成长过程中遇到的家庭问题。

（二）家庭

（1）父母在面对孩子的问题时，不要只从孩子的角度寻找症结，不妨从自身乃至整个家庭系统的角度分析原因，身体力行做出改变，以此影响孩子，促进孩子的改变。

（2）经常从家庭系统的角度对家庭关系进行反思和调整。

（3）家庭成员"各就其位、各行其是"，共同维系家庭动力。

（三）社会

（1）通过相关理念的宣传、活动的开展，促进和谐家庭氛围的构建。

（2）给予家庭系统良性反馈。

第七章　青春期的神经症性问题

神经症在症状上与神经系统无直接联系。这类心理异常往往因挫折与冲突长期得不到解决，产生持久性的精神紧张与焦虑。症状没有器质性的病变为基础，与当事人的现实处境不相称，但当事人能觉察到这些症状并对其感到痛苦和无能为力，以致影响其心理功能和社会功能。常见的神经症有焦虑反应、恐惧症、疑病症、抑郁症等。

神经症的评定（诊断）有三个方面。其一，病程：不到3个月为短程，评分为1；3个月到一年为中程，评分为2；一年以上为长程，评分为3。其二，精神痛苦程度：轻度者——当事人可以主动设法摆脱，评分为1；中度者——当事人自己摆脱不了，需要借助别人的帮助或处境的改变来摆脱，评分为2；重度者——当事人几乎完全无法摆脱，即使别人安慰或休养娱乐也无济于事，评分为3。其三，社会功能：轻度者——能照常工作以及人际交往轻微妨碍，评分为1；中度者——社会功能受损，工作学习或人际交往明显下降，不得不减轻工作或改变工作，或只能部分工作，或不得不尽量避免某些社交场合，评分为2；重度者——社会功能受损，完全不能工作、学习，不得不休病假甚至退学，或完全回避某些必要的社会交往，评分为3。如果总分为3，还不能诊断为神经症；4~5分为疑似神经症，需进一步观察确诊；如果总分大于6，神经症的确诊就可以成立。

神经症的共同特点是都属于心因性障碍，人格因素、心理、社会因素是其主要致病因素。一般而言，药物治疗暂时能改变或缓解症状，但当外因压力再次出现时，症状会再一次出现甚至加重。对神经症不应以单一的药物治疗，应首选进行心理咨询，必要时配合适当的药物辅助治疗。

▌案例一

一名男大学生的交往难题

个案故事

小张，男，18岁，某高校大一年级学生。来自四川一个比较偏远的农村，父母在外打工，常年不回家且无法联系，自小学起与爷爷、奶奶生活在一起，家庭经济比较困难。

在新生心理普查中，小张的焦虑分值较高。在辅导员的建议下，小张来到咨询中心寻求帮助。

小张描述了自己焦虑的表现，主要在人际交往方面。由于自己从小生活在农村，而班上的同学大多数是城里人，大家在生活习惯、观点认识以及兴趣爱好等方面都有很大的不同，再加上自己从小性格孤僻内向，不善于与人接触和交流，所以入校近半年，小张却几乎没有一个熟识的朋友，常常形单影只。他变得愈发敏感焦虑，别人无意的一句话或某一举动，都可能引起他情绪激动，与同宿舍同学格格不入，冷眼相对，冷言冷语。在短短几个月时间里，他与同寝室其他3位同学都发生过摩擦或吵过架，气急时会拿书本等物伤人。在集体生活中越来越感到紧张，经常脸发烫，心跳，目光呆滞。同时，他认为同学们肯定注意到了他的这些表现，可能都在嘲笑自己、看不起自己。

在参加集体活动或者课堂讨论时，每次轮到小张发言，他都会不知所措，想讲话但又不知道说什么，说了就会觉得自己讲的话"很傻"，不说话又觉得老师和同学认为自己很笨。与人接触时总是低着头，感到恐惧，缺乏安全感，不敢正视对方。随着时间的推移，这种情况越来越严重，以致不敢回寝室，出现旷课、逃课的情况。

辅导过程

1. 评估问题

在初次访谈时，心理咨询老师详细了解小张的日常情况和性格特点并再次邀请小张填写《交往焦虑量表》，结合小张在心理普查中的结果，发现小张最显著的特征是害怕与人接触和被他人评价，暴露在恐惧的情景中不可避免地会引发焦虑。初步评估为社交焦虑。

社交焦虑是一种常见的心理问题，其特点是个体对一种或多种社交情境存在持久的强烈恐惧和回避行为，害怕来自他人的负性评价。[1]

在社交情景中，社交焦虑者往往过度自我聚焦，这使其倾向于高估受到他人负性评价的风险，产生更多的负性自我评价，并产生焦虑、生理唤起以及出现社交减退等行为，在思维上，常出现社交情境的负性事后加工。

此外，核心自我评价、自尊水平和自我效能感低的个体，个性内向敏感、情绪不稳定的个体，采用幻想、自责等消极应对方式的个体，以及父母教养方式以消极为主（拒绝、过度保护）的个体，往往易出现高水平的社交焦虑。在社会支持方面，主观支持和支持利用度在一定程度上影响着社交焦虑水平。

---

① 钱铭怡. 变态心理学 ［M］. 北京：北京大学出版社，2006.

本案例中，小张的社交焦虑与成长经历、父母教养方式、社交技能缺乏、社会支持较弱以及自我过度聚焦等因素都有一定的关系，后续咨询将围绕这些方面展开。

2. 商定咨询目标

咨询师以共情、接纳的态度与小张交流，倾听小张的讲述。从其成长环境入手，共同探索他的成长经历和内心世界，对其生存环境表示同情和理解，进而分析其性格形成原因及特点，关心其学习和生活，一起探寻解决困难的办法。在建立相互信任关系的基础上，咨询师询问小张，他自己想要获得什么样的改变。小张说："希望自己能成为像王熙凤那样八面玲珑、左右逢源的人。"咨询师与小张一起分析其目标的可行性，通过探讨性格、气质等个性特征的稳定性与可塑性、内外向性格的优缺点、影响人际交往的核心因素等，使小张明白了自己作为一个内向的人，想要改变成为王熙凤那样外向的人并不是一个合适的目标。而自己需要做的是悦纳自己，改变认知，在学习知识和文化的同时，还要学习与人打交道的技巧和适应集体生活，为以后步入社会做好准备。在此基础上，咨访双方共同商定辅导计划，拟运用认知行为疗法，定期给予辅导和帮助。

3. 识别自动思维

自动思维是指无须个体努力就出现在大脑中的思想流，这种思维的特点是发生迅速、似乎是自动出现而非理性思考的结果。[①] 如果不加以特别关注，人们通常很难意识到自动思维，而往往更多意识到自动思维所引发的情感反应。歪曲或功能障碍的自动思维影响来访者的情绪和行为，是各种心理紊乱的根源。辅导中，咨询师请小张回忆一些最近让他很焦虑的与人接触的情景，引导小张关注其生理、行为、认知症状，以及对它们的反应，理解人际焦虑的发展，梳理信念、情绪和行为之间的相互作用。运用认知行为疗法的逻辑框架"观念—情绪—行为"，共同讨论他在人际交往中的认知、情绪和行为反应，识别自动思维，感受自己的情绪和行为变化，并坚持记录下来。通过分析，小张意识到了自己在交往中，焦虑担心背后的自动思维，如"我感觉当时就像一个傻瓜，别人肯定私下里都在笑话我""我觉得以后没有人看得起我，不想和我交往了""我没用，我不讨人喜欢"等。自动思维的识别为后续认知重构打下了基础。

4. 认知重构

小张的人际焦虑情绪在很大程度上是其认知过程发生机能障碍的结果，与其负性自动思维有极大的关系。因此，咨询师着重帮助小张改变歪曲认知和不合理信念，进而促进其情绪和行为的改变，完善人格发展。

结合小张人际交往中的实际事件，咨询师与小张一起探寻其行为问题背后的不正确认知观念，并与这些负性观念辩驳，最后使小张逐步产生领悟和改变，以新的

---

① 吴志霞. 负性自动思维的因素分析及其在应激中的作用［D］. 杭州：浙江大学，2006.

青少年心理教育研究与辅导探索

思维方式和行为方式来评估、替代旧的思维观念和不适应的行为方式，促进其能力的提高和个性的发展。例如将不合理思维"如果我不说话，他们肯定认为我很奇怪""如果我说话，他们又会觉得我很傻""我真的不知道该怎么办"等修正为"如果我不说话，他们不一定认为我很奇怪""他们甚至都没有注意到我讲话和不讲话的时间""人们大部分的讲话都是很随意的，每句话讲得都很有水平是不可能的"等。

5. 社交技能训练

认知改变能带来情绪和行为改变，行为改变也能改变认知。在帮助小张改变了自我认知后，咨询师进一步通过榜样示范、自信强化、实景暴露训练等方式帮助小张提升人际交往技能。结合渐进性肌肉放松练习，小张逐步能走出自我，积极参与到寝室和班级的集体活动中。另外，咨询师向小张讲解了注意的认知资源有限理论，这使小张领悟到自己在人际中过多关注自己的言谈举止时，反倒让自己更为焦虑；如果自己更多地将注意力集中在所要讲的内容上，焦虑程度就会降低。理解了这些原理后，小张有意识地在人际中加以运用和调整，焦虑程度有了较大的缓解。虽然人际中偶尔也有冲突矛盾，但是小张基本能积极地看待和处理这些问题，人际关系有所缓和，渐渐融入集体生活。

个案点评

一、辅导要领

1. 识别自动思维，实现认知重构

社交焦虑通常包括个体在面对面或想象的社交场合中表现出的情感状态（社交紧张、焦虑、苦恼）、认知特征（负面评价、恐惧）、行为倾向（社交退缩、社交回避）等方面。其中，负面评价和负性思维往往在社交场合自动涌现，不断给予消极暗示，进一步导致紧张、焦虑、苦恼情绪。而退缩和回避等方式带来焦虑的缓解，在一定程度上起到了强化的作用。在认知、情绪、行为三者的相互关系中，认知是基础和核心因素。因此，咨询师首先帮助求助者识别自动思维，重建合理思维，对其社交焦虑的改善起到了有效的作用。

2. 开展多种训练，提升社交技能

青少年的社交焦虑是不合理认知和交往技能缺乏两个因素循环作用的结果。不少研究表明，青少年社交焦虑的稳定性较低，这一阶段最适合进行干预且干预效果更好。对青少年进行社交技能训练，是改善其社交焦虑的有效途径之一。在练习中，青少年逐步培养人际中的情感识别能力、自我表达能力，通过成功交往的经验，促进其形成正确的自我认识，能肯定自我，悦纳自我，增强自信心和自尊心。

3. 转移注意焦点，减轻焦虑情绪

社交焦虑的个体往往倾向于自我聚焦，在社交情境中关注自己的某些方面。当其越倾向于将注意集中在那些被展现给他人的自我特征（如自己的外形和言谈举止

168

等）时，个体社交焦虑的程度越严重；而当个体倾向于将注意集中在内部的、个人的自我相关信息（如自己的记忆和生理感受）时，社交焦虑的严重程度与关注程度无关。可见，在对社交焦虑的咨询中，可以引导求助者主动转移注意焦点，更多关注自己讲话的内容、在头脑中进行记忆盘查等。注意资源理论认为，人的认知资源（或能量）是有限的。当求助者将注意集中于自己讲话的内容、记忆等方面时，他就没有更多的资源去关注那些被展现给他人的自我特征了，其社交焦虑程度也会相应降低。

二、来访者的成长

1. 主动参与社会交往，积极与人建立良好人际关系

在本案例中，小张自身缺乏对健全人格品质形成重要性的认识，对自身存在的问题认识不够，也不懂得如何去改善和提高社会交往能力，缺乏正确的人际交往常识和技能，始终用一种"攻击式的防御"方式去处理人际关系。同时，小张集体生活适应能力差。由于他从小上学都是走读，常年和爷爷奶奶生活在一起，没有养成良好的生活和学习习惯，所以从农村来到城市进入大学后，很难适应学校有规律的集体生活。

通过咨询，小张的社交焦虑有了显著缓解。日常交往中，不仅减少了与他人和周围环境的冲突，而且能主动融入周围生活环境，改善自己的社会交往状况，与室友、同学的关系好转，整体表现出一种乐观向上的心态和进取精神。

2. 提高了自尊水平

自尊是个体对自己总体的情感性评价。社会计量器理论认为，自尊是个体对社交接纳或拒绝的观计量器，它监控和调节着人们的人际关系质量。① 低自尊者在交往过程中缺少安全感、缺乏互动的主动性和积极性。他们往往在社交情景中自动激活了对自身的消极评价，并据之推断他人对自己的评价也是消极的，从而产生紧张惶恐、低头、目光回避等一系列的社交焦虑表现。而高自尊者的社交自我效能感较高，在社交情景中对他人更加信任，能对他人的负面评价予以正确归因和解释，他们通常不易生成社交焦虑。

此外，自尊也受到社会关系的影响。研究发现，来自同伴、家长和教师的支持、肯定与陪伴对中学生自尊水平有着显著的正面影响。同伴间的互相关爱、帮助对自尊的发展有着显著的促进作用。

本例中，小张的社交焦虑与其低自尊有密切关系。但随着小张社交焦虑的缓解，人际关系的改善，良好的社会支持与社会关系也促进了其自尊的发展。

---

① 张林，曹华英. 社会计量器理论的研究进展：社交接纳/拒绝与自尊的关系 [J]. 心理科学，2011，34 (5)：1163-1166.

基于个案反思的积极共育指导

（一）学校

1. 重视学生社会能力的发展和培养

现实中，我们常发现大学生的人际交往问题往往源于中小学甚至幼儿园阶段。传统的教育观念以及亲子养育中存在的某些不良导向，使得不少学校在中小学阶段更注重孩子的学业成绩而忽视了社会能力的培养。由于中小学阶段家长、老师的关注点都在学校学业上，而很少意识到孩子在人际、社会能力方面的欠缺，即使部分孩子出现回避、退缩等表现，老师也会因为孩子的成绩优异而忽略这些问题；家长则往往解释为"孩子还小，长大了就好了"。但到了大学，当学业压力减少，孩子有了更多的时间和机会去应对人际问题时，这部分缺少人际经验和交往能力的孩子就日益暴露出各种问题。在与同学相处中，猜忌、多疑和过度敏感，导致人际关系紧张或出现裂痕，严重者还会形成不良的人格品质和人格障碍，影响健康成长。具体表现为：对人际交往缺乏兴趣；不善于交际，不知道如何接近他人；自视清高，不屑与周围的"凡夫俗子"交往；害怕遭到别人的拒绝和耻笑而不敢交往；把自己限制在狭隘的交际圈里，如熟悉的老乡或是陷入爱河的两人世界。凡此种种，常常被别的同学认为他们难以接近，与大多数人格格不入，长此以往，孤独者内心更加孤独，容易导致人格障碍。因此，各级学校在加强学业教学的同时，也需要重视社会能力的发展和培养；大学阶段要特别加强对大一新生进行人际交往能力的辅导和训练，将其列为大学生心理健康教育的重要内容，提高新生的人际交往能力，为更好地适应大学生活以及未来社会打下基础。

2. 建立人际交往危机干预机制

通过寝室、班级、学校、家庭和社区医院五级干预网络，充分依靠学生、辅导员、咨询老师、学生家长和医师，帮助和鼓励学生有意识地、主动地参加必要的集体和社会活动。有交往障碍的同学如果能够不断地鼓励自己，主动与他人建立社交关系，并在交往中学会善待自己与他人，就会慢慢感受到他人的善意和真诚，进而走出猜疑和孤独的心理感受，渐渐建立起友善、和谐的人际关系。

3. 结合学生心理需求开展教育工作

青少年人际交往是对特定群体归属心理的强烈表现。归属是人的一种高级需求，人在社会生活中，总是渴望自己归属于一定的群体，成为某一群体中的一员，并得到群体成员的关心和爱护。事实上，无论什么人，都必须归属于一定的社会群体，这是因为在群体中，个人的才能能够得到发展和表现；同时，群体的其他成员才能以不同方式来满足个体的物质和精神需要。学校教育工作者，一定要深入学生中去，了解学生的思想状况和每一个人的实际需求，因势利导地做好学生教育工作。

（二）家庭

小张是一个典型的留守儿童，家处农村，父母由于家庭经济困难，没有固定的生活来源，面对供养子女上学和赡养老人的经济压力，父母外出打工且常年不能回家，日常联系也比较少。在小张的成长过程中，父母几乎是缺位的，幼小的他缺乏父母的呵护、照顾和教育，缺乏亲情浇灌，这样的生活经历让小张养成了不良的自我保护方式和人际沟通方式。更为严重的是，在缺乏亲情和关爱的环境下成长的小张，不相信任何人，也不关心任何人，不懂得如何与人打交道，不懂得在遇到困难、挫折和内心孤寂时如何向同学和老师求助。

父母是青少年成长的第一任老师，不仅仅是生活上给孩子依靠，更重要的是陪伴和关心孩子身心健康发展，并能及时给予引导和帮助。对于类似小张这样的留守儿童，家庭尤其要与学校建立密切家校联系，重视青少年健全人格的培养，及时对困难学生进行心理教育和辅导，尽可能地避免不良人格品质的形成和发展。

（三）社会

全社会要积极营造关心青少年成长的环境，所有机构都有相关制度链接，如学校定期家访和召开家长会，了解家长与子女的沟通与交流情况，构建家校共育机制；务工单位要建立外来员工与子女的交流与探访制度，并进行登记和督办；政府和社区要建立留守青少年之家。通过与共青团、妇联和教育行政部门联动，制定相应制度和政策，搭建工作平台，构建全社会关心和教育青少年的联动长效机制。

▎案例二

想太多……

个案故事

小远（化名），男，18岁，某市重点中学高三学生。家在农村，父母均为农民，家中有一个15岁的弟弟。

小远家庭经济状况不好，父母整日辛苦劳动，供养小远和弟弟上学。他们对兄弟俩要求严格，尤其对小远寄予厚望，希望其好好学习，考上一个不错的大学，给弟弟做好榜样。这一切造成了小远做事过分拘谨、小心翼翼以及倾向完美，生怕做错事对不起父母或受到父亲惩罚。每次考试前，小远心里都会很紧张，担心考不好，对不起父母，所以考试时老是怕失误，怕出错，总是反复看题。

最近两个月以来，小远更加焦虑，并出现了注意力很难集中，或者说很难全神贯注去做一件事的情况。比如看书的时候，看到书本上那些竖线条，脑海里就会涌现出各种不好的念头，越是希望自己不要去想，越是做不到，严重影响学习；日常生活中，常常反复回想自己说的某句话或者做的某个动作，有没有哪里做得不好，会不会得罪人；做作业时，也是反复读题，生怕遗漏某些环节，然后对题目反复演算、检查，往往是别人都做了一大堆试卷了，他还停留在开始的那几道选择题。小远尝试了很多方法让自己从中摆脱出来，但都未能成功，为此深感忧虑，心情痛苦。

作为一个农村孩子，小远极其想要考上大学以改变命运。他想好好学习，想做好每一件事，可是自己又不能做到，老是被莫名其妙的想法干扰，为此，小远内心很着急，越着急越是影响学习。

辅导过程

1. 症状分析

根据郭念锋教授判断心理正常与异常三原则，小远知、情、意统一，对自己的心理问题有自知力，有主动求助行为，无逻辑思维混乱，无感知觉异常，无幻觉、妄想等精神病症状，排除精神病。

根据神经症的评定依据，在病程方面，小远的症状困扰已2月，评分为1；在精神痛苦程度上，小远几乎完全无法摆脱，即使别人安慰或休养娱乐也无济于事，评分为3；在社会功能方面，社会功能受损，虽仍在学校学习，但学习效率和人际交往明显下降，评分为2。总评得分为6，可以评估小远为神经症。

根据《中国精神障碍分类与诊断标准（第3版）》（CCMD－3）规定，小远的症状以强迫思想为主，包括强迫观念、回忆或表象、强迫性对立观念、穷思竭虑、害怕丧失自控能力等；小远明确表示这些强迫思想起源于自己内心，不是被别人或外界影响强加的；它们（强迫思想）反复出现，小远认为这些思想没有意义，并感到不快，甚至痛苦，因此试力抵抗，但不能奏效。症状持续近2月，小远的社会功能受损，学习效率下降，人际交往受到影响。

综上所述，可评估小远为神经症中的强迫症。

2. 探究原因

强迫症（Obsessive-Compulsive Disorder，OCD）是一种以反复、持久出现的强迫思维和（或）强迫行为为基本特征的精神障碍。强迫思维是以刻板的形式反复进入患者意识领域的表象或意向，强迫行为则是反复出现的刻板行为或仪式动作。患者明知这些思维和（或）动作没有现实意义、没有必要、多余，他们有强烈的摆脱欲望，但却无法控制，因而感到十分苦恼。这类疾病在精神障碍中以病因复杂、表现形式多样、病程迁延为突出特点。

世界范围内报告的强迫症终生患病率为 0.8%～3.0%。影响强迫症状的因素有不确定性忍受力、完美主义、自尊、不成熟的应对方式等。

结合小远的成长经历，其强迫行为和思维与其家庭教养方式、自我完美主义、对压力的应对方式等因素密切相关，在高考的压力应激下，程度加深，对学习生活造成了不良影响。

3. 顺其自然，为所当为

在一起分析了小远强迫观念和行为产生、形成和加剧的根源后，小远的心情轻松了很多，能比较自如地看着老师说话。这时，咨询师给他介绍了"森田疗法"，让他顺其自然投入学习和生活中。

所谓顺其自然，既不是对强迫观念的消极忍受，无所作为，也不是对症状放任自流，听之任之，而是按事物本来的规律行事，任凭症状存在，不抗拒排斥，带着症状积极生活。

又过了两周，小远第 4 次来见咨询老师，看上去精神好了许多。他告诉老师上周没有再看警示的纸条，但有时还是要开小差，除了上课，上自习时也会产生，他还是担心长此下去会耽误学习。

咨询师建议他坚持"森田疗法"，在不影响他人的情况下，顺其自然、为所当为。例如上自习时突然冒出那些"莫名"的想法，就干脆走出教室，一边散步，一边哼出小调；或是上课时开小差，任其自然，可采取课前预习和课后巩固等弥补措施，这样心里就会感到踏实一些，同时也训练了自己的自学能力。

4. 效果评估

两个月后的某一天，咨询师在学校食堂外遇到小远，小远热情地跟咨询师打招呼，脸上洋溢着轻松与愉快。随后，咨询师约见小远的班主任，间接了解到小远的生活学习及成长情况。现在同学和老师心目中的他，为人诚实，好学上进，性格比较开朗，同学相处融洽，前两个学月的考试也取得了不错的成绩。相信师生的关爱，集体成员间的接纳与支持，会进一步强化小远的自信心，同时这种宽松和谐的氛围也会促使其身心健康成长。

个案点评

一、辅导要领

1. 对求助者的症状进行正确的诊断和评估

咨询师要熟悉《国际疾病分类》第十一次修订本（ICD－11）、《精神障碍诊断与统计手册（第 5 版）》（DSM－5）、《中国精神障碍分类与诊断标准（第 3 版）》（CCMD－3）、《精神障碍诊疗规范（2020 年版）》等对相关心理问题和精神障碍的规定，对求助者的问题进行正确的诊断和评估。既不能将问题扩大化，耸人听闻，引起求助者的不必要的恐慌，也不能忽视问题，对来访者的症状熟视无睹，回避真正的问题所在。本例中，对小远症状的评估，关键是进行正常和异常的鉴别，评估其是否为神经症，并与一般的强迫性倾向相区别。这是开展心理咨询的前提。

2. 根据求助者的实际情况选择恰当的心理咨询方案

强迫症的发生与遗传、生理和心理因素都有一定的关系。儿童期发病的遗传因素占 45％～65％，青少年期发病的遗传因素占 27％～47％。[①] 有研究发现，强迫症患者存在"皮质—纹状体—丘脑—皮质"环路的异常，"外侧前额叶—纹状体—丘

---

① 冯斌. 强迫症的诊断和治疗［J］. 浙江医学，2020，42（2）：101－104.

脑"环路和脑后部区域的结构和功能异常等。[①] 心理因素方面，个体的反刍思维对强迫思维有维持作用，一些生活事件如工作、生活环境的变化、责任加重、处境困难等，也可能会导致一些原来偶尔出现的强迫观念或行为被强化而持续存在，从而形成强迫症。家庭教养方式、家庭关系和家庭环境与强迫症的发生也有一定的关系。

本例中，小远由于家庭经济环境带来压力、家庭教养方式严格以及进入高三后出现压力应激，导致其出现了强迫症状，并持续了较长时间。小远的烦恼在于明知自己大脑里的想法不必要，但无法控制，想要摆脱又无法摆脱，导致恶性循环。

针对小远的具体情况，咨询师以森田疗法中的"顺其自然，为所当为"的理念作为辅导核心，帮助其学会接纳自身可能出现的各种想法和观念，学习以顺应自然的态度不去控制不可控制之事，但注意为所当为，控制那些可以控制之事，取得了比较好的咨询效果。

当然，咨询师也可以根据自己的擅长，选择暴露—反应预防疗法、认知疗法、家庭干预等其他方案。对于强迫症状较为严重的患者，还可联用药物治疗。

3. 贯彻"助人自助"的理念

来访者是解决自身问题的专家，咨询师要相信来访者自身的力量，助人自助。"心理咨询的目的在于助人自助。"心理咨询之可贵，就在于可以推动来访者去积极地认识自我，反省自我，进而提高其自信心与生活的智慧。心理咨询之难为，就在于这种来访者对自我的深刻反省与认识应该是自发而成的，而不是出自咨询者说教而致的。心理咨询之巧妙，就在于咨询老师不断启发来访者说出自己想让他说出的话。心理咨询之高明，就在于来访者不但能独立克服当前所面临的困难，也能从中增长人生的智慧。

二、来访者的成长

1. 承认不足，接纳自己的不完美

通过咨询，求助者明白了自己的强迫症状源于害怕出错、不敢面对失败等心理。在自我梳理中，他逐渐认清自己，接纳了真实的哪怕是不完美的自我，从而消除给自己造成挫折与烦恼的根源。学会多角度看待问题，能将失败的经历当作自我成长的良机，掌握生活的辩证法，增强独立抵抗挫折的能力。求助者重建自信，不再焦虑，这就好比达到了釜底抽薪的效果，与强迫症状有关的担忧失去了生长的土壤，强迫症状也就自然而然不再发展甚至萎缩消失了。

2. 积极行动，提高自己的应对能力

人的一生总会面对各式各样的适应问题，如求学、就业、择偶、生子等。个体在有效解决这些问题的过程中，应对能力也得到提升。

高中生正处于青年早期，生理发育趋于成熟，心理发育尚未成熟，自我同一性尚未完成。与之相应存在的自我认知矛盾与社会认知偏差等往往会导致其出现各种

---

① 曾敏怡，卢宁. 强迫症脑成像研究进展 [J]. 华西医学，2017，32（12）：1950-1954.

适应问题。本例中的小远，进入高三后，高强度的学习压力使其出现了应对困难，激发了强迫倾向，出现了强迫症状。而对症状的焦虑、想要摆脱症状的焦虑以及对学业的担忧等，使其强迫症状越演越烈，持续时间较长，并对其学业、生活造成了一定的影响，最后发展成强迫性神经症。

咨询师就高三学习适应以及心理调适等方面对小远进行指导和帮助，鼓励小远积极地行动起来，了解高三学习的特点，调整自我期望值，并学习渐进式放松，必要的时候跟老师同学沟通交流；每天坚持运动锻炼疏导焦虑等等。小远的应对能力得到提升，压力、焦虑有所缓解。

基于个案反思的积极共育指导

（一）学校

（1）重视高三学生的压力应对辅导，将常规性的心理健康教育课程和专题性心理辅导活动结合起来，开展心理健康知识普及教育。可以采取多种形式的班级专题活动、课后心理素质拓展活动、心愿卡、知心角、给未来自己的一封信等方式，提升中学生自我保护心理健康的意识。

（2）建立学校、班级、寝室三级信息反馈和排查制度，为学生建立心理健康状况档案，并做好分层指导与服务。

（3）定期对科任教师进行心理学专业知识和技能的培训，让教师在教授学业知识的同时，也能掌握一些基本的心理健康知识和心理辅导技能。在日常教学接触中，能初步判断一些学生的心理问题，并与专业心理老师保持适时适当的联系，对有心理困难的学生能在第一时间给予帮助。

（二）家庭

（1）家长要阅读一些心理健康教育普及读本，了解心理健康知识及教育策略，为青少年健全人格品质形成提供不可取代的支持。

（2）对需要面谈咨询辅导的学生，建立家长协同关注和帮助机制。父母以接纳和理解的态度看待孩子的强迫表现，加强与孩子的沟通和交流，必要的时候，带孩子去正规的精神科及心理机构进行相关检查，采取药物和心理相结合的治疗方案。

（三）社会

（1）通过新闻媒介和多媒体平台，多途径、多形式传播心理健康知识，营造人人重视心理健康、自我维护与助人自助的氛围，通过宣传强迫症的相关知识和典型案例分析，引导普通群众认识强迫症，既不为日常的强迫倾向所困惑，也要在必要的时候及时就医。

（2）可在社区、学校、医院等宣传栏张贴强迫症的初步评估和就医方案，使被强迫症困扰者有比较明确的求助渠道。组织各种形式的社会公益活动和志愿服务，对强迫倾向和强迫症者进行潜移默化的影响和熏陶，在一定程度上降低其心理困扰和焦虑。

▎案例三

我是一个失败者

个案故事

小魏（化名），男，22岁，某大学四年级学生。

由于家境贫困，小魏高三阶段在父亲生病期间，曾辍学两年，进某电子厂打工，挣钱补贴家用。后来复学，努力学习且以优异的高考成绩考上了大学。媒体报道了他的求学历程，社会各界爱心人士捐助5万余元，他留了2万元交学费，其余的钱都用来投资开了一个奶茶店。大二的时候，另一专业的一名大一女生在得知他的经历后，慕名常来奶茶店与之攀谈，交流中二人逐渐相知相惜，后来就建立了恋爱关系。小魏本来准备毕业后继续经营奶茶店，等女孩毕业后二人就结婚，再一同到女孩的家乡找工作稳定下来。但没想到在自己临近毕业时，奶茶店的经营和感情都出了问题。

自己开办的奶茶店由于没有合法登记，受到了处罚，经营不下去，父母和女友都责怪自己。奶茶店是刚上大学时，因为家境困难，利用社会各界爱心人士的捐款办起来的，本想在维持大学生活和学业费用的同时，能有创收，以回报社会，但现在本钱都无法收回，希望学校能帮忙处理设备，减少损失。因为此事，近期经常失眠、无食欲，浑身无力，对任何活动和事物都不感兴趣，情绪低落，忧郁烦闷，提不起精神，总感到生活中面临着许多难以解决的问题，自己活着很累。

一周以前，女友给自己微信发了一句"分了"，就离开合伙打理的奶茶店，然后关机，中断了两人两年多的恋爱关系。他联系不上女友，到宿舍去找，对方也拒绝相见。

面对矛盾和困难，自己无力解决，终日陷入痛苦中不能自拔，情绪低落，以致影响了学习及毕业论文的顺利完成。

辅导过程

1. 明确问题性质

在首次咨询时，咨询老师通过关注、共情及理解等技术，与来访者建立相互信任的咨询关系，形成一种密切合作的气氛，在此基础上进一步了解来访者的基本情况和内心困惑，引导来访者进行自我审查。

根据许又新教授的神经症评定方法，心理冲突是常形还是变形，是心理正常与神经症的重要分界线。常形冲突要么具有现实意义，要么具有道德意义；而变形冲突既不具备现实意义，又不具备道德意义。本例中，小魏由于奶茶店的经营困难以及女友离开，出现了情绪低落、忧郁烦闷、失眠等情况，这是由于现实生活中的重大事件而导致的心理冲突。同时，奶茶店经营失败和女友跟自己分手，都带有明显的道德性质。因此，我们可以初步评估小魏有比较严重的抑郁倾向，但不属于神经症。需及时对小魏进行心理干预，以避免其发展到神经症。

2. 识别表层错误观念

雷米的认知疗法认为不适应行为和情绪的根源在于错误的认知过程和观念。这些错误观念主要是指以群集的方式表现出来的错误的自我概念。其中，一些主要的、基本的观念支配着较为次要的观念。认知疗法就是要从边缘的表层的错误观念入手，逐步揭示并改变中心的、深层的错误观念。

所谓表层错误观念或边缘性错误观念，是指个体对自己不适应行为的一种直接、具体的解释。本例中，小魏把自己情绪低落解释为没有能力去经营奶茶店和维系与女友的关系，也即用具体事件对自己的行为加以解释，这种解释所包含的就是表层错误观念。咨询师鼓励小魏采用建议、演示等有关技术，检验和识别这些表层错误观念。比如，小魏认为"自己的吸引力和能力也不如从前""别人和家人都对自己的印象不好，而且对自己很失望"，咨询师鼓励小魏去问问周围的人对自己印象是否真的那样坏，同时鼓励来访者从事一些简单活动和积极投入学习，验证是否真的不能做这些事情（建议）。实际反馈回来的结果是，小魏周围的人除了觉得他情绪不好外，在其他方面和以前并无很大差别，对他的评价仍然不错。小魏对此结果感到高兴，因为他一直认为别人会因为自己学业不突出，经营做不好而看不起自己。对于恋爱问题，咨询师通过角色扮演（演示），和小魏一起再现他和女友的一些相处细节，并以心理剧的形式推动情节发展。表演中，小魏把"我"的行为和观念投射到所扮演的"角色"身上，从而使他能够观察体验其行为及其背后的认知过程，促进其更加客观地看待自己的问题。

通过几次实际验证与讨论，小魏的一些表层错误观念得到修正，情绪也因此有了好转，可他仍然坚持认为自己无法像以前那样生活。虽然别人对自己印象很好，但那只是个别的人，他无法保证所有认识的人，特别是那些对他很重要的人也能这样看待自己。他觉得自己在面对目前存在的现实问题时表现得像个懦夫，在很多的重要事件上表现得毫无能力。他不再用具体事件来解释自己的行为，而是代之以更为隐蔽和抽象的另一种解释，即他坚持认为自己"很失败"，是个毫无能力和毫无价值的人。

3. 纠正核心错误观念

深层错误观念往往表现为一些抽象的与自我概念有关的命题，如"我是一个毫无价值的人""我是一个很失败的人""我什么都不如别人"等。

语义分析技术是贝克和雷米认知疗法的关键步骤，对于深层错误观念常需要一些逻辑水平更高、更抽象的技术进行纠正。常用方法如下：

（1）重新归因法。对来访者非现实的假设作严格的逻辑批判，使他看到自己思维的不现实性，从而对挫折和失败有更客观现实的归因。

（2）认知重建法。可以使来访者学会正确使用思维工具来代替非逻辑的认知。来访者错误的自我概念常常表现为一种特殊的句式，也具有共同的逻辑形式，即一个"主—谓—表"的句式结构。一旦来访者用这种结构来表达对自我的态度，他就有可能用这个判断来概括他的一切行为。

通过语义分析和转换，首先，把主语位置上的"我"换成与"我"有关的更为具体的事件和行为；其次，表语位置上的词必须能够根据一定的标准进行评价。据此，咨询老师引导来访者把代表深层错误观念的无意义的句子转变成具体的、有特定意义的句子，使他学会把"我"分解为一些特定的事件和行为，从而能对具体事件的评价来代替对自我的整体性评价。例如小魏认为"我很失败、很无能"，咨询师引导小魏认识到"以前我能做好一些事情，也很有能力"，从而将"我很失败、很无能"换成了"我现在感到失败和无能"。咨询师和小魏一起进一步探讨了句子中"我"的具体含义："我"应该包括"我"的各种行为，"我"做的每一件事，"我"的每个动作，以及与"我"有关的各种东西，包括"我"的头发、"我"的呼吸和"我"的衣服等，正是这些东西构成了"我"的存在，而脱离了这些具体内容，这个"我"也就失去了意义；然后鼓励小魏试着用"我"的具体内容来代替"我"；小魏将"我现在感到失败和无能"进一步换成了"我在交女友时的表现很幼稚，想得太简单""我在经营奶茶店生意上很失败，不太懂规矩，错误地认为在校内就不用办执照"等。小魏意识到自己并不是在每件事上都表现得无能和失败，他能处理好学习和创业的关系，并且能关照父母和她（前女友）。通过语义分析，小魏认识到"我很失败和无能"这样的表述很容易掩盖事实，夸大后果，而忽略了那些不是很失败的事情的价值和意义。

在咨询中，咨询老师引导小魏按照合理的思维逻辑完成一种扩充句子的练习，即把代表来访者深层错误观念的"主语＋谓语＋表语"句子结构扩充为"定语＋主语（特定的客体和行为）＋状语（时间限定）＋谓语＋表语（可以进行有意义的评价）"的句子，如"在……上面，……没有把事情做好""做的不如别人好""在做什么事情上经验不足，满以为可以……"等。这样就把原来无意义的句子转换成为更具体客观的句子，使其学会了用客观标准来看待自己的问题。

4. 体验积极情绪

咨询师通过设计特殊的行为模式或情境，帮助小魏产生一些通常为他所忽视的情绪体验，使其不仅体验到什么是积极的情绪，什么是成功的行为，而且也学会了如何获得这些体验的方法。这种体验对来访者认知观念的改变具有重要作用。

首先是重新唤起小魏对愉快情绪的体验。小魏在恋爱上的失败感是一种泛化性的负性体验，因此他对自己的过去、现在及将来的行为都予以否定性的评价。他完全忽略了对愉快情绪的感受，即使有一些，也在泛化的、强大的抑郁情绪的压力下变得模糊不清了。针对这种情况，咨询师有意唤起来访者对以前经验的回忆，包括他小时候的成功经历。当来访者出现愉快情绪或其他积极的表现时，咨询师及时予以肯定和强化，促使他体验到更多、更深的愉快情绪。

其次是帮助小魏获得积极情绪体验的方法。小魏在心理辅导过程中多次提到在学习和经营方面的困难。实际上他的学习能力并没有真的下降，而是他对自己的能力有不正确的看法。于是咨询师采用了"梯级任务作业"的技术，帮他克服不正确的认识。让小魏一下子达到他原来的学习状态是不可能的，因此，咨询师根据小魏的专业特点和职业发展规划，帮助他制订了几个学习等级，包括补足落下的功课、查文献、开始论文工作等。小魏每完成一级，咨询师或小魏自己就给予强化，从而使其逐步达到原来的学习水平。对于小魏的人际沟通和创业问题，辅导过程中也采取了类似的行为矫正技术，让他对能引起愉快体验和控制感的活动加以关注和标定，促使他建立起人际关系。这样不仅使来访者看到自己努力的效果，也帮助他注意到与之相应的良性活动和行为，逐步建立起新的观念，学会用新的、适应性的行为解决遇到的问题。

5. 认知的复习和巩固

所谓认知复习，就是布置家庭作业，或让来访者阅读有关认知行为疗法材料，给来访者提出某些相应的任务，其目的就是充分调动来访者内在潜能进行自我调节。巩固新观念的练习在每一次咨询后都必须进行。只有当来访者在实际生活中能够做到完全依靠自己来调节认知、情绪和行为时，咨询才算达到目的。

个案点评

一、辅导要领

1. 警惕将青少年的抑郁倾向"泛疾病化"

抑郁障碍是最常见的精神障碍之一，是指由各种原因引起的以显著而持久的心境低落为主要临床特征的一类心境障碍，伴有不同程度的认知和行为改变，部分患者存在自伤、自杀行为，甚至因此死亡。据《中国国民心理健康发展报告（2021—2022）》，18~24岁年龄组的抑郁风险检出率高达24.1%；《2022国民抑郁症蓝皮书》中发现18~24岁年龄组的抑郁症患者占总人数的35.32%。对抑郁的病因、病理及发病机制的研究表明，抑郁可能与多种神经递质（如5-羟色胺、多巴胺和去甲肾上腺素）水平或相关神经通路的功能异常、神经内分泌功能异常、免疫功能异常、脑电生理异常、脑影像学异常、个体的遗传素质及心理社会因素密切相关。

抑郁倾向（Depressive tendency），也称为阈下抑郁（Subthreshold Depression，SubD），是介于完全健康与抑郁症之间的一种心理亚健康状态，个体在这一阶段会表现出抑郁症状但达不到临床诊断的标准。若不及时调整，很容易发展为抑郁症。

目前，由于抑郁在青少年中的高发生率及个别严重病例的极端后果，社会各界往往对该类情绪问题谈虎色变，在一定程度上造成了"泛疾病化"，错误地将青少年抑郁情绪作为疾病处理。其具体表现为"病理化"（将抑郁、焦虑等情绪波动判定为心理疾病）、"简单化"（简易地采用心理量表进行抑郁症、焦虑症的认定）和"纯医学化"（对已被专业医疗机构判定为抑郁症者以纯医学化的方式进行药物治疗）。

通常情况下，抑郁从一般性心理危机和冲突导致的抑郁倾向，到最后演变为需要临床干预和治疗的严重抑郁症，往往存在一个较长的发展过程。我们应进行客观评估，对青少年由于特殊应激性事件导致的情绪低落，可以从心理冲突的"常形""异形"对照、消极情绪持续的时间以及社会功能受损程度等方面进行综合判定，必要时请专业机构和人士进行诊断。学校和家庭应建立社会支持体系，创造良好的学习环境，引导青少年身心健康发展。

2. 认知重建和行为矫正相结合

自 20 世纪 60 年代，贝克提出认知行为疗法以来，已有充足的国内外研究证据证实了认知行为疗法对抑郁的疗效。通常情况下，抑郁者往往存在对自己的负面评价，这一认知模式是导致其情绪低落，自责自怨，甚而对未来失去希望的主要因素之一。抑郁的产生过程可以描述为"情境/事件→自动思维（评价、预测等）→反应（情绪、行为、生理变化）"。因此，对于轻度和中度抑郁者，可以通过认知重建来帮助其改变消极的自动思维模式，并以行动为导向，在行为矫正中发展合适的应对策略，最终达到缓解抑郁情绪，改善非理性行为的目的。在施行认知疗法的过程中，需注意以下几个方面：

（1）建立咨询关系。良好的咨询关系对任何种类的心理辅导都非常重要，是心理咨询持续下去的基础。建立咨询关系强调咨询老师扮演诊断者和教育者的双重角色。对于来访者来说，辅导不是处于一个被动接受的地位，而是一个主动的再学习的过程。

（2）确定咨询目标。咨询的根本目标就是要发现并纠正错误观念及其赖以形成的认知过程，咨询的目标可以进一步分解为更为具体的项目。对于所制订的各种目标，咨询老师和来访者之间应努力保持一致。

（3）确定问题，提升提问和自我审查的技术。首先，咨询老师的首要任务就是要把来访者引导到某个可以观察到的、具体的问题；其次，引导来访者对它们进行体验和反省；最后，要注意把握谈话的方向。

所谓提问，就是由咨询老师提出某些特定的问题，把来访者的注意力导向与他的情绪和行为密切相关的方面。这些问题引导着谈话方向，并引发出许多来访者以前体验过但却忽略了的问题。对于某些较为重要的问题，咨询老师可多变换几种方式提问使问题突出，其主要目的在于让来访者发现自己思维逻辑过程中不合理成分，并主动加以改变。

所谓自我审查，就是鼓励来访者说出对自己的看法，让来访者对自己的看法进行细致的体验和反省。其核心环节是让来访者对过去忽略的经验重新加以体验和评价。而一旦他能认识到自己的认知过程是不合逻辑的，也就有可能主动加以改变。

二、来访者的成长

1. 应对方式上，从消极应对向积极应对改变

应对方式是指个体在面对挫折和压力时采取的认知或行为策略，通常有积极和消极之分。积极的应对方式包括积极评估情况，主动寻求社会支持，以解决问题为中心并在应对中获得成长；消极的应对方式则包括自责、逃避问题、陷于负性情绪等处理方式。研究表明，问题取向的积极应对方式与焦虑、抑郁负相关；而情绪取向的消极应对方式与焦虑、抑郁正相关，可能引起焦虑、失眠、抑郁等心理问题并增加其严重程度。本例中，小魏在遭遇奶茶店经营失利以及女友分手的事件后，起初是自动化地启动了消极应对方式，自责、逃避，陷于抑郁情绪而不能自拔。经过咨询，开始以问题应对的方式进行反应，正视自己面临的问题，不再过分纠结于事件带来的消极后果，而是能努力寻求解决办法。在就积极解决问题的应对过程中，抑郁情绪也得以改善。

2. 自我评价上，实现认知重建

生活中，我们发现，经历类似的压力事件，有的人能很好地应对，有的人则发展成抑郁倾向甚至抑郁症。心理学的研究表明，这与遗传性、人格、人际和认知等易感因素有关。在认知方面，抑郁易感者往往更倾向于从负性角度解释事件的原因、结果及对自我的影响，并将其后果扩散到生活的各方面。比如，本例中的小魏，奶茶店经营失败和女友分手等事件激发了其抑郁发生图式，使其产生了"自己是一个失败者""我做什么事情都不会成功"等对自我整体价值的负性评价，并进一步发展到对社会和未来的负性认知，通过情绪和行为反映出来。针对其认知易感性的特点，咨询老师借助语义分析技术，让小魏学会用对具体事件的评价来代替对自我的整体性评价，促进其纠正深层错误观念，形成正确全面的自我评价，实现了认知重建。

基于个案反思的积极共育指导

（一）学校

1. 加强咨询老师队伍的专业化培训

认知行为治疗是一组通过改变思维和行为的方法来改变不良认知，达到消除不良情绪和行为的短程的心理治疗方法。认知行为治疗的方法有阿尔波特·埃利斯的合理情绪行为疗法（REBT），阿伦·T. 贝克和雷米的认知疗法（CT）和唐纳德·梅肯鲍姆的认知行为疗法（CBT）。

认知疗法的技术性和实用性都很强，学校要组织专门人员，通过专业能力提升培训，使其掌握核心要领。

2. 加强大学生全人发展教育

美国人本主义心理学的主要代表马斯洛认为，人的发展不仅包括知识和智力，

而且包括情感、意志、态度、价值观、创造力、人际关系等，教育的目的在于人的整体发展。大学阶段是青少年社会化的高级阶段，大学生活的适应、人际关系的处理与人际互动、知识能力培养与社会兼职或就业创业、恋爱与身心健康以及生命教育，都是大学生社会化的重要课题，需要通过专题班会、第二课堂活动和设置相关选修课等途径来加强教育；同时完善就业指导中心、心理咨询中心、勤工助学中心的平台建设，为学生提供及时、周到和规范的服务，促进大学生全面健康发展。

（二）家庭

人的教育是一项系统的教育工程，包含着家庭教育、社会教育和各级各类学校教育，三者相互关联且有机地结合在一起，相互影响、相互作用、相互制约。这项教育工程离开哪一项都不可能，但在这项系统工程之中，家庭教育是一切教育的基础。家庭教育一般是指家庭中的父母对子女及其他成年人对未成年人进行教育的过程。其教育目标应是，在孩子进入社会接受集体教育，包括幼儿园、学校教育之前保证孩子身心健康地发展，为接受幼儿园、学校的教育打好基础。在孩子入园、入校后，配合幼儿园、学校使其德、智、体、美、劳等方面得到全面发展。教育的重点是以品德和人格发展教育为主，培养孩子良好的道德品质和养成良好行为习惯，教会孩子如何学"做人"和"做事"，帮助孩子身心健康发展，顺利实现社会化过程。

（三）社会

创建全人教育的社会环境，营造关心青少年健康成长和良性发展的文化氛围，普及推广相应的科普知识，构建全社会关心青少年成长和就业创业的工作机制，搭建多部门联动工作平台，真正使社会教育落在实处，形成全社会关心和教育下一代的合力。

青年是国家的未来、民族的希望。青年兴则民族兴，青年强则国家强。促进青年更好成长、更快发展，是国家的基础性、战略性工程。依据党和国家有关政策法规，按照经济社会发展的总体目标和要求，结合我国青年发展的实际情况，中共中央、国务院印发了《中长期青年发展规划（2016—2025年）》，并要求各地区各部门结合实际认真贯彻落实。

党和国家事业要发展，青年首先要发展。社会各界人士必须清醒认识到，青年发展事业与社会主义现代化建设的新要求、经济社会发展的新形势、广大青年的新期待相比，还存在不少亟待解决的突出问题。主要是青年思想教育的时代性、实效性有待增强，用共产主义和中国特色社会主义引领青年，用中国梦和社会主义核心价值观凝聚共识、汇聚力量的任务尤为紧迫；青年体质健康水平亟待提高，部分青年心理健康问题日益凸显；青年社会教育和实践教育需要加强，提高教育质量的任务仍十分艰巨；青年就业的结构性矛盾比较突出，影响就业公平的障碍有待进一步清除；青年创业创新的热情有待进一步激发，鼓励青年创业创新的政策和社会环境需要不断优化；人口结构的新特点、新变化使得青年一代的工作和生活压力不断增大，在婚恋、社会保障等方面需要获得更多关心和帮助；统筹协调青年发展工作的体制机制还不完善，各方面共同推进青年发展的合力有待进一步形成。

▌案例四

旅行之祸

个案故事

小曲（化名），男，某高校大二的一名学生。来自单亲家庭，父母在他小学二年级时离婚，父亲重新组建了家庭，自己和母亲一直生活在一起，母亲没有再婚。

小曲有点腼腆，不善交谈。在咨询师的鼓励下，小曲吞吞吐吐地讲述了他的困扰。

事情源于大一暑假，小曲和同学相约去某风景名胜地旅游，并在一个民宿住了一晚。回来后，偶然听到隔壁邻居大妈们聊天中有人提到现在各个酒店都存在严重的卫生问题，出门在外要特别注意自我保护。说者无意，听着有心，小曲遂联想到旅游时住的那家民宿，虽然看起来外观不错，但是他不清楚这样的民宿小酒店是否有正规的卫生监察。他回忆起那晚睡觉前发现床单上有些印子，当时由于太累了，没有特别在意，现在想起来，恐怕是上一个旅客留下的。难道酒店没有换床单？那他们的厕所、浴缸等的消毒是不是也让人怀疑？小曲越想越后怕。因为那晚他在旅店的浴缸里泡了个热水澡，当时非常舒服，缓解了旅途的疲惫。但是这会想起来，他非常紧张。自己只是简单地冲洗了一下浴缸，也不知道工作人员有没有提前消毒。假如上一个旅客是个有什么传染性皮肤病特别是性病的人，那自己不就糟了？

过了两三天，小曲开始感到下身有点痒和难受，他开始紧张起来。他不知道该怎么办，也不敢和母亲讲这个事情，一方面，他羞于开口；另一方面，又害怕母亲的责骂。他反复洗澡也没有解决问题，最后终于鼓起勇气到医院咨询了医生。医生通过小曲的描述和初步检查，认为小曲应该是湿热引起的问题，没必要进一步花钱检验。小曲忐忑地离开医院回到家里，心里的一块石头始终没有落下。9月份学校开学，小曲返回学校。小曲仍然怀疑自己在酒店住宿中染上了性病，且下身的不适感似乎有加重趋势。小曲不敢去校医院，他选择了离学校较远的一家医院，结果医生仍然坚持认为他没有必要花冤枉钱，不给他开检验单。他不放心，又去另一家医院。就这样，一个多月中他几乎跑遍了本市的几大医院。最后，终于有一个年长的医生，拗不过小曲，就说，那你花钱买个安心吧，然后给他开了系列的检验单。前几天，检查结果出来，小曲拿到了报告单，上面显示每个指标都是阴性。但是这个结果并没有让小曲就此安心，一个新的问题又来了"可能我前面的确没有染上性病，但是说不定在这次检查的过程中，消毒措施不彻底，我又被染上性病了呢"。

为此焦虑烦躁，痛苦不堪，严重影响了学习和生活。小曲再次到医院找那名医生咨询，医生建议小曲找心理老师聊一下。

辅导过程

1. 评估与诊断

本例中，小曲由于假期的一次旅店住宿经历引发了对自己得性病的焦虑，在检查阴性的情况下，仍然怀疑自己被传染上了性病。其内心的冲突没有现实依据，也不具备道德评价性质，因此为变形冲突。

根据正常与异常判断的三原则，小曲知、情、意统一，思维有逻辑，感知觉也正常，有自知力，能主动求助，可排除精神病。根据许又新提出的神经症诊断标准，小曲病程3个多月，2分；精神痛苦程度为中度，2分；社会功能轻度受损，1分。总分5分，可以评估为神经症性心理问题。结合小曲的焦虑内容，认为小曲的问题为疑病倾向。

"疑病"也即"疾病焦虑"。DSM-5中用疾病焦虑障碍IAD（Illness Anxiety Disorder，IAD）来代替了疑病症（Hypochondriasis）或健康焦虑障碍（Health Anxiety Disorder，HAD）；ICD-11中疑病症（疾病焦虑障碍）被认为更接近一种强迫症，被归类于强迫及相关障碍。

疑病者往往把自己的症状进行灾难性解读，或者把健康人常有的感觉当成病态的异常，或者对一些轻微的不适症状过分夸大，从而出现与健康相关的过度行为，如过度检查或回避行为。即使相关医学检查结论为正常，也不能打消他的疑虑、紧张和不安，并对其正常的工作、学习、生活产生较大影响。

大学阶段处于青春期的中后期，其情感和心智的发展并未完全成熟，极易受周围环境因素特别是消极信息的影响。案例中的小曲在偶然听到邻居对酒店卫生状况的议论后引发了对自己罹患性病的担忧及随后的反复就医行为，这背后有其性格、认知等方面的因素，但小曲的关注焦点集中于生理疾病而几乎否认心理因素的存在。

2. 建立良好咨访关系

咨询师在咨询的初始阶段充分尊重来访者，通过共情、无条件积极关注等技术让其尽量倾诉自己的焦虑情绪和躯体不适，与他建立良好的情感联结。尽量完整的收集到来访者的有关资料，并指导小曲完成SCL-90量表、焦虑自评量表，作出评估与诊断，将测验结果进行反馈，与其一起讨论并找出主要问题，告诉小曲他的症状属于疑病倾向，原因可能是受成长经历、父母教养方式的影响，也有自身原因。通过分析，帮助小曲明白咨询的目的是帮助他识别和确认问题、检查解决问题的方法，使他能够控制问题而不是被问题控制；通过对拟采取的治疗方法和咨询过程的介绍，使他对心理咨询既充满信心，又能以科学理性的态度来对待。然后共同商定咨询目标，制订咨询方案。良好咨访关系的建立，使咨询师获得了来访者的信任，使其有被理解感，为后续心理咨询起到导向的作用，并将一直贯穿于整个咨询过程，为良好的咨询效果打下基础。

3. 修正不合理健康信念

在小曲很小的时候其父母就离异了，母亲和小曲相依为命，对小曲倾注了过多的关注和过高的期望，一方面表现为对其健康状况特别在意，一点点的小毛小病都会让母亲大惊失色；另一方面又对小曲管教很严，望子成龙，在中学阶段，各种辅导班几乎占满了小曲的课余时间，只有在偶尔生病住院的时候才能借故休息。这样的成长经历塑造了小曲内向、敏感、多疑、胆小、固执、刻板等性格特点，对健康状况过分担心，并形成了不合理健康信念。所谓不合理健康信念，是指个体倾向于以有偏见或扭曲的方式评估与健康有关的情况或经历。[①] 不合理健康信念强的个体，往往聚焦于负面信息或者信息的威胁方面，继而产生对自己健康的不可控制感，过分担忧而焦虑不堪。

认知行为疗法中的问题解决疗法认为，许多心理问题与我们的认知方式有直接关系，解决问题的关键在于认知重构，如果个体能够觉察、抵制和重构自身或他人行为中表现出来的非理性的观念系统，就可以重建心理平衡和理智行为。咨询师向小曲介绍了埃利斯"合理情绪疗法"的原理，共同讨论厘清了"ABCDE"之间的关系，让小曲认识到了是自己的"不合理健康信念 B"导致了自己的疑病倾向和相应的情绪反应。然后咨询师与小曲一起分析其观念的不合理之处，比如仅仅因为在旅店住了一晚就怀疑自己被传染了性病，这其实是没有任何证据的主观猜测；又比如害怕母亲的责骂和周围人的歧视，担心健康发生不可逆转的损害等，其实是对性病后果的灾难化。咨询师帮助小曲修正这些非理性信念，代之以合理的信念——在旅店住宿甚至泡浴的并不是所有人都患有性病（常识来看，得了病的人也没有精力出门旅游）；小曲已经在正规三甲医院做了详细检查均为阴性，应该相信检查结果；医院检查室的消毒措施完备，自己不可能在检查时又被传染等。小曲逐步学会了新的思维方式，并能将其应用于处理生活中遇到的新问题。

4. 生物反馈放松训练

生物反馈训练是 20 世纪 60 年代发展起来的一种心理行为治疗技术，其理论依据为控制论和操作性条件反射原理。在焦虑的生物反馈训练中，往往采用电子仪器将测定的神经—肌肉和自主神经系统的活动状况放大成视觉和听觉信号，然后反馈给受训者，让受训者了解原来并不为他（她）所感知的机体状况变化过程，通过学习对可视或可听信号的控制来逐步建立操作性条件反射，学会在一定范围内对部分内脏器官的活动（如心率、血压、皮温、肌电等）的随意控制，从而达到缓解焦虑

---

① Christensen A J M P. Assessment of irrational health beliefs：Relation to health practices and medical regimen adherence [J]. Health Psychology Official Journal of the Division of Health Psychology American Psychological Association，1999，18（2）：169－176.

的目的。在咨询中，向小曲介绍生物反馈训练，说明生物反馈训练的目的、仪器的工作原理、作用和训练方法，使小曲对训练产生信任，寄予希望，并让其明白生物反馈训练是一种操作性学习，仪器只是一种工具，训练的成败关键在于自己对待训练的希望和态度，效果的好坏取决于是否持之以恒。然后制订训练方案，每次训练的时间为 35~40 分钟，包括基线 3 分钟，放松 15 分钟，训练 20 分钟，测试 5 分钟。每周一次，持续 6 次。每次训练结束后询问小曲此次训练的体会和问题，并鼓励他努力掌握放松的技巧并能将这些技巧迁移到现实生活中。第一次训练结束时，小曲对该方法非常认可，主动要求坚持训练。6 次训练结束后，再次对小曲进行心理评估，SCL-90 总分 138，焦虑 1.6，表明其心理问题已基本得到缓解。

个案点评

一、辅导要领

1. 提供身体检查报告

一般来说，疑病症或者疑病倾向的人往往确实存在身体的不适感。究竟是"身体病"还是"心理病"，需要以医院的身体检查为据，有条件的话提供医院的权威检查报告。在确定当事人没有相应身体疾病的情况下，再根据摄入性访谈收集的资料、量表测验得分综合进行评估，并与精神障碍、焦虑症、恐惧症等相区别。

2. 认知调整和行为训练相结合

疑病倾向往往与其不合理的健康信念有关，同时也伴随焦虑、抑郁等情绪反应。在咨询中，认知调整可以梳理当事人对相关问题的理解，并促进其领悟产生这类心理问题的主要原因，对不合理信念的修正不仅可以解决疑病症状，还能进一步重构其认知，用新的思维模式来解决生活中遇到的其他问题。放松训练则能有效减轻当事人的焦虑，缓和情绪。放松训练与认知调整相结合，针对疑病症及疑病倾向而言，能起到较好的咨询效果。

二、来访者的成长

1. 意志力得到提升

有学者提出，疑病心理是由于受到外界的压力，面对自我的"无能"，便把心理上的痛苦以生病的形式加以表现。疑病实际是一种不良的应对方式。本例中，小曲的母亲一方面对其极其严厉，另一方面又对其保护有加，小曲的成长经历中缺乏意志力的磨炼，导致其一遇到问题就会惊慌失措，并把结果灾难化。通过本次心理问题的应对处理，小曲学会了勇敢直面困难和挫折，培养了勇敢、果断的意志品质，精神面貌有了很大改观。

2. 人格不断完善

有疑病症状的人一般都具有封闭、敏感、多疑、完美等性格特征。著名心理学家荣格说："思想决定行为，行为决定习惯，习惯决定性格，性格决定命运。"本例中，小曲在调整认知、修正不合理健康信念的同时，其思维模式得以重建。当他以一种新的思维角度去看待周围的事物时，其行为表现也有了很大改变，性格也渐渐变得乐群乐观。他不再纠结于自己主观内在对关爱的渴望，而是积极参与各种活动，在关爱他人、集体和社会中获得爱的满足。

基于个案反思的积极共育指导

（一）学校

1. 将心理健康教育落到实处

通过心理课程或者心理展板等形式，以通俗的方式将各种心理问题的初期表现向学生呈现并解释，使学生正确认识和面对神经症性心理问题，并充分认识其危害和解决办法，在遇到类似问题的时候能寻求心理帮助，用恰当的方法解决问题。

2. 对学生开展应对能力的相关训练

通过心理辅导课程和相关活动，创设一定的挫折情境，让学生在同学的支持、老师的帮助下，学会积极的应对方式，摒弃消极应对方式，在面临困境的时候，迎难而上，而不是采取逃避和退行的方式。

3. 在各种课外活动中，增加情绪调节的内容

教师可以在各种活动，包括体育活动、科技活动等中，有意识地引导学生表达负性情绪，从而释放压力，提高情感沟通的能力，降低其以疾病症状的表达来呈现心理问题的概率。同时，疑病症状的出现往往与焦虑等负性情绪密切相关，在学校的心理教育中，可以指导学生学习一些情绪调控的技巧，必要的时候采取生物反馈训练等方式，通过改善焦虑等情绪，促进疑病症状的缓解。

（二）家庭

1. 帮助孩子正确看待高考压力，设定恰当的期望值

如案例中的小曲一样，出现疑病倾向的孩子往往具有对自己期望值过高以及完美主义的倾向，而这些都可以追溯到家长的过高期望。因此，家长要恰当地引导孩子正确认识高考，对孩子的期望值要建立在对孩子能力水平的正确认识上，不要把自己的期望不切实际地强加给孩子，造成孩子过度的紧张和焦虑。

2. 在孩子的成长过程中，必要时可以进行相关的挫折教育

案例中的小曲，在母亲的"保护"下一帆风顺长大，从来没有遇到过不顺利的事情，一旦遇到挫折便表现得手足无措，找不到恰当的应对方式。因此，家长要密切关注孩子的成长历程，对于成长过于顺利的孩子，比如成绩一直名列前茅的孩子，必要的时候可以带他去参加一些全省、全国的比赛等，让他打开眼界，对自己有一个全面和恰当的认识。同时，鼓励他参与各种活动，不唯学习论英雄，帮助孩子树立起对成功的恰当认识，要看到任何成功都是汗水浇灌和努力耕耘而来。

3. 家长要注重与孩子的情感交流

孩子的情绪表达困难大多与家长的情绪表达特点相关。因此，为了避免孩子出现疾病的情绪表达方式，一方面，家长要对孩子的情绪非常敏感，能及时捕捉到孩子的情感变化；另一方面，家长还要鼓励孩子恰当地表达情绪，并在孩子表达情绪的时候给以及时的回应。

（三）社会

（1）通过多种途径进行心理健康教育宣传，倡导社会对心理健康的重视以及正确认识，改变社会大众对心理问题的不当认识。

（2）在社区开展对家长的心理辅导活动，帮助其建立良好的亲子关系与亲子互动，改善家庭教养方式。

（3）构建社会心理服务机制，并对各学校、社区的心理教育活动进行指导，使其更具有专业性和实效性。

第八章 校园学生心理危机管理

心理危机是指个体突然遭受严重灾难或重大生活事件，或者是个体难以承受的精神压力时，引发的一种暂时性的身心紊乱的心理失衡状态。对于学生而言，校园学生心理危机是指学生在遭遇突发事件或面临重大挫折和困难时，无法有效调节个人感知与体验，进而出现情绪与行为失衡的状态。

危机干预（Crisis intervention）是给处于危机中的个人或家庭提供有效帮助和支持的一种技术，通过调动他们自身的潜能来重新建立和恢复其危机前的心理平衡状态（Puryer，1984）。

危机干预的基本原则是快速干预、最大限度稳定化、理解危机、注重解决问题和鼓励自力更生等（Everly，1999，2000）。

危机干预目标包括：表达和了解，危机带来的影响和变化；学习和发展，适应新环境和解决问题的技巧；重新恢复平衡状态，从失衡到新的平衡。

危机干预要素包括：①安身与安心：建立安全感。保证食、衣、住、行的基本需求，让学生感到"这是安全的"，保证消息和通信通畅，好友、家人或老师的陪伴。②纾解与了解：建立稳定感。让学生多和亲朋好友沟通，用舒服的方式释放紧张的情绪，帮助学生了解和接纳身心反应，保证正常的作息时间和生活节奏，不宜有重大改变或决定。③预测与预备：建立掌控感。学习处理压力的技巧，保持与人交流沟通，相互学习与支持，主动接受帮助，社会支持和个人积极经验，做力所能及的事情。

▌案例

情绪失控的她

个案故事

在某高中开学的第一周，小梅找到班主任申请校外住宿，老师解释需要家长同意，说明理由，还需要报学校批准。小梅听到后开始哭泣不止，班主任告诉年级主任，年级主任问情况，小梅仍然哭泣不止，拒绝正面回答。年级主任担心危机事件发生，让班主任随后联系到学校心理老师介入，给学生做一些心理辅导和危机干预。

辅导过程

初次预约辅导：心理老师初次见到小梅，简单介绍了心理辅导的伦理守则和心理辅导过程中的相关约定（如坦诚、守信和确保安全等）。

心理老师：小梅，谢谢你对老师的信任，按预约时间来见老师，上面介绍的辅导约定能做到吗？

小梅：老师，能做到，但你不会告诉家长吧！

心理老师：心理辅导有保密原则，但在涉及你或者他人生命安全的时候会有突破，这是咨询伦理要求的，生命至上，安全第一。

小梅：好的。老师我没有想不开，现在不会去伤害自己生命，不想与其他老师说话，是因为他们不理解我。

心理老师：你说现在不会伤害自己，曾经有过此类想法吗？

小梅：小学的时候，被同学孤立，又不敢告诉父母，难受的时候想过去死。

心理老师：当时有具体去死的做法和行动吗？

小梅：没有，后来我勇敢回击那些孤立我的人，努力学习，慢慢走出来了，初中没有发生类似事情。

心理老师：你真棒！靠自己扛，努力学习挺过来了！那近期有什么事情发生，让你自己难受，又不想告诉班主任和其他老师。

小梅：老师，我找班主任申请校外住宿，他说学校一般不同意，需要层层报批，还要通知家长到校，我一听特别着急，心里很难受！

心理老师：办理不了校外租住，你看起来比较着急，自己有没有给班主任说明办理在外住宿的原因？

小梅：没有具体细说，就是说睡眠不好。

心理老师：那具体原因是什么？

接下来，小梅给心理老师详细说明了自己的打算，想在高中好好学习和充实自己，考上大学，包括她对人生和对未来工作的看法，都对心理老师敞开心扉，进行了倾诉。心理老师根据初次面谈的情况和学生对自己人生的负责态度，及时肯定了她，并回应道：你申请在外住宿，是为了不受寝室同学干扰，按自己计划好好学习。小梅高兴地说，"老师，您理解我。"接下来心理老师和小梅讨论了后续是否需要辅导的计划，小梅说老师我想每周三下午四点过来跟您聊聊，我说近3周可以，后面根据她的情绪管理能力的提升情况再做评估和心理辅导计划。在结束咨询前，心理老师引导来访者学习了肌肉和专注呼吸法放松技术。

辅导结束后，心理老师及时与班主任进行了沟通，排除了个案的"自伤（自杀）或他伤（他杀）的危险性，指导班主任在新生适应期开展一些人际互动的团辅活动，增强新生的归属感和社会支持；同时说明了根据咨询情况做了来访者身心状况评估，目前没有安全风险，但是如果同意其在外住宿，应明确要求学生保持与班主任老师的联系，班级所有活动不能缺席，有问题及时告诉班主任。

第二次辅导：小梅下课后，兴冲冲地来到心理辅导室。

心理老师：小梅，看起来最近情绪不错！

小梅：老师，我已经申请到校外住宿了，班主任去看了我校外租房屋，也联系了家长，然后学校审批了，这周就可以搬出去了。

心理老师：离学校远吗，父母陪同吗？

小梅：父母不陪读，家里还有妹妹读书，离学校只有 4 分钟路程，邻居都是租住的学生和家长，班主任也留了房东电话。

心理老师：你一个人住可以吗，会不会产生孤独感？

小梅：我以前在家有时候也是一个人，老师放心。

心理老师：可以分享一下课余时间怎么安排吗？

小梅像打开话匣子一样，跟老师说自己喜欢看作家金庸的小说，好多片段的句子都能背诵得滚瓜烂熟。心理老师恰当地回应着。

心理老师说："我没看那么多武侠小说，但在大学时期，我每月都会买一本书看并且收藏，都是心理学和哲学方面的，没想到和今天的工作都有关系！"小梅这时若有所思，问道："老师，我课余可以看心理学的书吗？"

心理老师回答："当然可以，但老师的建议是，先聚焦自己的兴趣方向，集中精力做好高中学业计划和高考计划。"

在第二次咨询中，心理老师着重引导小梅如何适应高中学习，以及如何与同学、老师保持接触，避免脱离集体，学会与人相处和合作。之后隔了两周，小梅告知心理老师，课后有班级组会等活动，不能来见心理老师。心理老师说："只要适应良好，不用每周都过来。"引导她学会自我成长。

个案点评

（1）心理咨询的主要技术：共情与倾听，在两次咨询中尤为重要，对来访者的接纳与理解，能很快建立信任关系。

（2）咨询中针对性的减压和放松技术运用。在学生的校园生活适应中，学业压力、人际冲突、集体生活适应等方面常常会出现紧张、焦虑、烦躁甚至愤怒等情绪，辅导的主要目的是引导来访者接纳情绪，放松身心，实现情绪稳定，为当下能为，做当下该做之事。

（3）危机评估。在学校的危机干预中，经常会发现一线老师或者行政领导，运用不了沟通和基本的减压放松，遇到问题就简单上交心理咨询中心，实际上有时判断不准，只是适应中的心理问题或者思想认识问题，不是严格意义上的心理危机，因此，需要加强校园心理危机的识别与评估培训。

（4）来访者的成长。个案中来访者虽然开始有情绪问题，但坚持专注呼吸训练后，有明显改善，而且在与心理老师的接触中，在老师引导下，学生自我成长动力很强，有很好的觉察力和自律性。

基于个案反思的积极共育指导

（一）学校教育

（1）学校应该调整教育理念与教育方式，改变唯高考分数论的功利性目标，成绩固然重要，但是学生心身健康是学生发挥智力潜能实现学习目标的基础。切忌使用无限加压、利用内疚感（考不好对不起父母的辛苦付出）、鼓吹分数决定一切等涸泽而渔的方式去激发学生的学习动力。要鼓励学生为了兴趣、能力增长、自我实现而学习，而不是为了分数、他人的期盼或者超过他人而学习。

（2）扎实做好中小学的心理健康教育、咨询服务和校园危机干预。在心理教育课程中，要尤其注重引导学生正确看待学业结果，并对学业结果进行正确的归因。学习的成功在于掌握知识和获得进步，而不在于名次。正确认识自己的能力、努力、运气、任务难度等因素对学习结果的影响。归因理论认为，当我们把成功归因于内部的、稳定的因素，比如能力时，可以维持自尊；归因于内部的、可控的因素，比如努力时，会增加自我效能感，促进努力和坚持的行为。失败的归因要复杂一点，但是总的原则应该是，要以维持学生的自尊，促进努力和坚持的方式对成败进行归因。

（3）提供更多的课外活动。虽然中考、高考很重要，但绝不应该成为青少年生活的全部。这一阶段是青少年个性社会性发展的关键阶段，他们需要在社会交往、同伴互动中完成自我同一性的确立，锻炼社交能力、问题解决能力、情绪控制与调节等能力。提供足够的体育运动的设施和机会，运动对青少年的身心健康具有极大的促进作用。要建立和完善家校医互相配合联动的危机干预系统，明确干预工作职责与界限，落实好学校、年级和班级心理老师、心理信息员的信息反馈和心理支持制度。

（二）家庭教育

作为父母，维持自身的心理健康并保持幸福稳定的关系是给孩子的最好的礼物。如果父母有心理、情绪或者关系等方面的困扰，应该努力解决好自己的问题，通过自己的努力或者寻求专业的帮助都可以。能够管理好自己的人生，对自己的人生负责的父母就是孩子最好的人生模板。

父母应始终把孩子当作一个独立的、完整的个体来看待。这是一个看起来很虚，事实上非常切实的概念。独立的、完整的个体有自己的独特的感受、经验、要求、目标、行动计划等。当我们说"不许哭""现在去收拾房间""你什么都不用管只要好好学习就行"等时，我们潜意识里都假定了孩子不应该有难过的感受、应该完全听从我的指挥、应该像机器一样摒弃一切杂念只学习……这样对待孩子的方式，实在不像是在对待一个独立的、完整的个体。

转变教育理念，孩子的成才是成为适应良好、身心健康、能够充分发挥潜能、自我实现的人，绝不是成为考试考高分的人。多维的价值取向，才能避免孩子因为学习失败就认为自己一无是处，丧失了自信和快乐。

父母应学习更多的心理和教育知识，因为学习科学的教育方式也是很有必要的。良好的亲子关系，才是父母对孩子产生正向引导作用的基础。

（三）社区教育

社区要落实社会心理服务的相关要求，医院和公安或者派出所，要积极配合做好青少年心理危机干预工作，建立常态工作联动机制。同时发挥政府社会治理的优势，营造良好和谐的社会环境，建立社区青少年护航中心，共同帮助青少年健康成长。

下篇
青少年心理成长活动设计

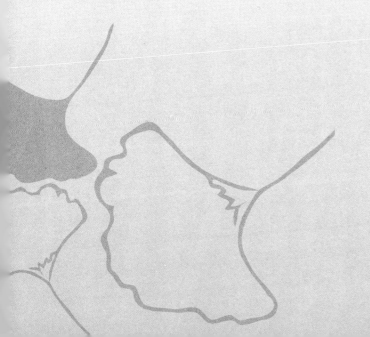

主题一　积极自我提升

（一）活动时长

活动时长设定为 1 小时。

（二）活动规模

参与人数在 20～30 人，以小组形式开展，每组 6～8 名同学。

（三）参加对象

（1）小组成员为 10～30 岁的青少年。

（2）性别比例尽量平衡，虽允许有一定程度的不平衡，但年龄跨度不宜过大。

（3）成员需有较强的认识自我意愿，能认真参与小组活动，性格友善坦诚，善于与他人和谐相处。

（4）排除近期经历重大事件或性情极端的人员。

（四）活动道具

为每人准备一张 A4 纸，每组一张 A3 纸，若干小卡片以及一盒 12 色彩笔。

（五）团体目标

1. 具体目标

旨在助力大学校园中迷茫的年轻人认识自我。通过营造真诚、尊重且温暖的小组氛围，引导组员回顾过往经历，思索自身性格、价值观、优缺点、人际关系及人生目标等方面，借助与小组其他成员的沟通交流，达成自我认识、自我接纳，强化自尊与自信，不仅深入洞悉自身个性，学会欣赏自身长处，还能坦然面对自身短处。助力组员明晰自身价值观，提升自我方向感与解决问题、做出抉择的能力，在探索自我的进程中规划生涯。同时，期望组员于团体中培育归属感与融入感，在体验亲密交流、相互信任之际，学会关心、倾听与体谅他人，提高人际交往能力。

2. 终极目标

实现自我认识，推动自我成长，助力当事人发展成为自我实现的个体。

3. 过程目标

展开个人探索，增进自我了解，同时让他人认识自己。

（六）理论依据

1. 埃里克森的心理发展

青年期主要面临自我同一性的问题与困惑。同一性混乱体现为自我认识片面、不客观，自我目标模糊，自我与环境难以适配，进而引发自我认识偏差、自卑、人际关系不佳、生涯规划迷茫等一系列迷失性问题。成年早期易出现亲密感缺失以及与爱情相关的困扰，表现为孤独、自我封闭、恋爱关系调适困难。此阶段关键发展任务在于构建同一性与亲密关系，即协助青年人认识自我、理解自我，思索自身角色与责任以及与周边环境的关联，确立自身恰当位置与发展走向。

2. 霍妮的自我人格理论

霍妮将人格划分为真实的自我、现实的自我与理想的自我三个部分。真实的自我涵盖特定时期真实展现个人特质的要素，理想的自我则体现人们期望成为的模样。对于正常人而言，真实自我与理想自我紧密相连，随真实自我的变动，理想自我相应变化，理想自我达成后，真实自我又会催生新理想，故而正常人的愿望兼具现实性与驱动力。而在神经质患者身上，真实自我与理想自我相互分离，他们会塑造理想化的自我意象，误将理想自我当作真实自我，导致无法理解与认知真实自我。部分人产生过度的自我优越感，正是将理想自我错认作真实自我的结果。由于这种自欺欺人的行为，患者构建出其自认为或感觉应成为的形象，如圣人、天才等。还有些人因不满真实自我，难以容忍与理想自我间的巨大差距，从而滋生自卑感，形成自我贬低的心理阴霾，对其人际关系中的角色定位产生不良影响，引发诸多困惑。大学生群体因尚未完全成熟，不少学生对理想自我与真实自我的定位尚不清晰，常因二者差距而产生较大心理落差。因此，协助学生认清真实自我与理想自我，引导其接纳自我极具意义。

（七）团体活动具体安排

第一单元　团队构建

单元目标	1. 根据参与人数构建合理规模的团队。 2. 推动组员之间相互熟悉，开启积极有效的交流互动模式。
活动道具	无
活动时长	10 分钟
操作流程	1. 教师根据到场人数进行分组，每组以 6~8 人为宜。 2. 教师组织各小组内部开展组长选拔活动。 3. 教师设立总体组规框架，组长带领组员共同设计组内规则。
注意事项	1. 组长选拔过程应秉持公开、透明、民主的原则，鼓励组员自荐。 2. 分组确定后，在本次团体辅导期间应尽量维持团队人员的稳定性。 3. 教师应大力倡导并鼓励学生在构建团队文化过程中勇于创新。

第二单元　破冰热身：名字的故事

单元目标	增进组员（包括组长）之间的相互了解程度，促使组员能够针对他人的分享给予有效的回馈。
活动道具	小卡片 6~8 张，彩笔一盒
活动时长	10 分钟
操作流程	1. 组长负责将活动道具分发给组员，确保每位组员均能获得一张卡片，每个小组配备一盒彩笔。 2. 教师引导成员在卡片上创作与自己名字相关的故事，可以通过书写文字详细阐述，也可以运用绘画形式生动表达。 3. 各小组内部进行分享交流，组长积极鼓励组员主动进行自我介绍，并详细讲述自己名字背后的故事。 4. 组长或其他组员针对所分享的名字故事提出一些具有建设性的疑问。 5. 让组员分别阐述自己名字与自身性格、经历等方面相符或不符之处，并分享内心真实感受，其他组员则需认真倾听并给予真诚、有效的反馈。
注意事项	1. 组长应全面负责此活动的进程推进与节奏把控，合理决定组员的发言顺序，并巧妙引导其他成员提出有意义的问题。 2. 在活动进程中，小组内部应始终保持和谐友好的交流氛围，坚决杜绝任何取笑他人名字等不尊重他人的行为。

第三单元　主题活动：自画像

单元目标	此活动旨在引导组员深度表达个人信息，助力其进一步探索自我，营造相互信任的团队氛围，推动组员形成更全面客观的自我认知，并妥善处理部分特殊问题。
活动道具	A4 纸 6~8 张，彩笔一盒
活动时长	20 分钟

操作流程	1. 组长将活动道具分发给每位组员。 2. 教师组织全体组员开启自画像绘制环节，并明确规定作画所需时长。 3. 每位组员凭借内心对自我的认知与感受，着手绘制心目中自己的形象。 4. 绘画完成后，在小组内进行匿名随机交换。随后，由组员随机抽取一幅作品，其他组员依据画作呈现的内容、风格、色彩运用等元素猜测作者是谁，并简要阐述猜测理由。 5. 画作作者对自己的作品进行详细解说，分享创作过程中的内心感受、创作灵感来源以及画作所蕴含的对自我的理解与表达。 6. 其他组员针对作者的分享给予真诚的回馈与反馈，表达对其自我表达的理解、认同或提出有建设性的看法与疑问。
注意事项	1. 开始作画前应准确说明作画时间限制，保证活动进度顺利。 2. 带队教练/老师可多观察成员作品，发掘其中的含义。 3. 教师在看到相对奇特的地方时，可以问：为什么这样画呢？有什么特殊的含义？

第四单元 交流分享

单元目标	在教师的引领下，积极引导组员精确且及时地分享个人感受，以促进团队成员间更深层次的情感交流与自我认知的拓展。
活动道具	无
活动时长	10 分钟
操作流程	1. 教师明确提示主题活动的游戏环节已然结束，将活动重心转移至感受分享阶段。 2. 教师抛出一系列具有引导性的问题，以启发组员进行深入思考与情感表达： (1) 当聆听其他组员针对自己自画像的见解时，内心产生何种感受？其中是否存在某些令人印象极为深刻之处？ (2) 在其他组员进行自画像创作的过程中，是否察觉到他们身上所具备的特定特点？ (3) 在完成个人自画像并聆听他人给予的反馈时，自身又有怎样的内心体验？ 3. 若出现没有组员主动分享的情形，可采用每组推选一名代表进行分享的方式，确保每个小组都能有声音传达，推动活动顺利进行。
注意事项	高度重视并尊重每一位同学的发言内容，无论是主动分享还是被推选分享，都要给予充分的关注与认可，为团队营造一个包容、尊重的交流环境，鼓励组员更加开放地表达自我。

第五单元 总结提升

单元目标	对本次活动进行总结提升，点明主题。
活动道具	无
活动时长	10 分钟

操作流程	1. 教师引领全体组员对本次活动的各个环节进行回忆和简单点评。 2. 针对同学们分享的感受进行总结，并对勇于表达的同学给予充分的肯定与赞扬。 3. 点明主题，将组员们的思维引至预设的主题方向。
注意事项	1. 注意处理好组员的离别情绪，关注有无情绪特别不稳定的同学。 2. 在主题引导过程中，教师应对同学们提出的不同想法给予肯定与鼓励。

主题二　积极情绪训练

　　情绪是随着认知和意识过程产生的对外界事物的态度，是对客观事物和主题需求之间关系的反应，是以个体的愿望和需要为中介的一种心理活动。一般认为，情绪是一种多成分、多维量、多水平整合的复合过程，情绪的每一次发生，都融合着生理和心理、本能和习得、自然和社会诸因素的交叠。[①] 积极情绪训练，则需要我们能够识别自身情绪，并在准确判断自己情绪的基础上，通过积极有效的方式对情绪进行适当调节，使自己保持平和且积极向上的心理状态，避免或缓解不当情绪激发不当行为反应，达到情绪训练的效果。

　　青少年正处于人生观、世界观、价值观形成的关键时期，其情绪发展处于两极性与矛盾性并存的阶段。在这一阶段，有效的积极情绪训练可以帮助迷茫中的青少年调整心态，明确方向，对发展中的青少年而言尤为重要。

一、理论基础

（一）戈尔曼情绪智商理论

　　美国心理学家丹尼尔·戈尔曼的研究认为，情绪智商是一种识别自我和他人感受、自我激励并管理自己在处理人际关系过程中情绪表现的能力，包括自我意识、自我控制、自我激励、移情能力、社交技能。其中，自我意识是指正确认识自己的情绪；自我控制，指能控制破坏性情感与冲动；自我激励，指始终保持乐观的态度；移情能力是指换位思考，能觉察他人情感，关注他人利益；社交技能是指友善、包容的社交态度。

---

　　① 孟昭兰. 情绪心理学［M］. 北京：北京大学出版社，2005.

（二）情绪 ABC 理论

情绪 ABC 理论是由美国心理学家阿尔伯特·埃利斯创建的理论，该理论认为激发事件 A（activating event 的第一个英文字母）只是引发情绪和行为后果 C（consequence 的第一个英文字母）的间接原因，而引起 C 的直接原因则是个体对激发事件 A 的认知和评价而产生的信念 B（belief 的第一个英文字母），即人的消极情绪和行为障碍结果（C），不是由于某一激发事件（A）直接引发的，而是由于经受这一事件的个体对它不正确的认知和评价所产生的错误信念（B）所直接引起。埃利斯认为，正是由于我们常有的一些不合理的信念才使我们产生情绪困扰。如果这些不合理的信念长期存在，久而久之便会引起情绪障碍。

（三）积极情绪理论

早在 1869 年，科学心理学创始人威廉·冯特就提出情绪的维度概念，即愉悦度、唤醒度和紧张度，并认为人类任何情绪都是三个维度的不同组合。所谓的积极情绪，是指愉悦的、引起我们接近和喜爱行为的情绪。[①] 同时，孟昭兰（1989）认为，积极情绪与某种需要的满足相联系，它通常伴随愉悦的主观体验并能提高人的积极性华人活动能力。扎拉鲁斯（1991）从情绪的认知理论出发，认为积极情绪就是在目标实现过程中取得进步或得到他人积极评价时产生的感受。[②]

二、热身活动

热身活动在整个团体辅导活动过程中主要起破冰和暖场的作用，通过参与度高的小游戏，能够迅速调动参加人的课程参与积极性，将参加人的注意力集中在活动上。在热身活动的选择上，要选择与主题相符合的热身活动，这样也能对主题活动的引入起到促进作用。

本主题为积极情绪训练，根据主题内容，提供"心电感应"和"大风吹"两项热身活动以供选择。其中，"心电感应"氛围较为安静，需要大家集中注意力，感受自己的身体，适合以引导参加人认识、接纳、调适自身消极情绪为目标的活动；"大风吹"氛围较为热烈，其主要目的是调动参加人积极性，提升热情，唤起积极情绪，适合以体验积极情绪、调适消极情绪、树立积极心态为目标的活动。

---

① 刘翔平. 积极心理学［M］. 北京：中国人民大学出版社，2018.
② 郑雪. 积极心理学［M］. 北京：北京师范大学出版社，2014.

两项热身活动都需要在空旷的场地完成，不需要任何道具。以下为两项热身活动的具体操作流程。

情绪管理热身活动示例

活动名称	活动流程	活动时长
心电感应	1. 用报数法进行分组，每组 8～10 人。 2. 各小组成员拉着手围坐成圆。 3. 实施人指定小组内一位成员，由该成员发起动作指令：轻轻捏右边同学的手，接收到指令的同学迅速依次将动作传递下去，直至动作传递回发起动作指令的同学为止。 4. 当动作传递回发起者时，举手示意实施人。 5. 实施人对每小组完成时间进行计时，并实时公布，用时最短小组可以向用时最长小组提出要求，用时最长小组按照用时最短小组要求表演节目。 6. 可根据活动效果设定活动轮数，建议至少两轮。	10 分钟
大风吹	1. 所有同学围成一个大圈，实施人在圈中间发布指令。 2. 实施人：大风吹…… 参加人：吹什么？ 实施人：吹所有戴眼镜的人。 3. 此时所有戴眼镜的参加人都必须换一个位置，没有戴眼镜的参加人保持不动。没有换到位置的参加人作为指令员发布新一轮指令，指令要求所吹动的特征不能和前面说过的特征重复。	10 分钟

三、主题活动

主题活动是整个团体辅导活动的核心内容。本主题从积极情绪识别和情绪调节两个方向，推荐两项对应的主题活动，分别是"采一朵情绪蘑菇"和"放飞我的情绪气球"。其中，"采一朵情绪蘑菇"是将情绪写在蘑菇造型的卡片上，让参加人自主选择自己近期的情绪，并进行组内交流讨论；"放飞我的情绪气球"是将自己的主要情绪写在气球上，通过吹气球、给气球放气等方式感受情绪的积压与释放，从而学会调节情绪。

从操作上看，这是两种不同的主题活动，但可以作为情绪管理的系列课程同时开展。活动第一阶段以"采一朵情绪蘑菇"为主题，让参加人学会识别情绪、感受情绪、接受情绪；第二阶段以"放飞我的情绪气球"为主题，让参加人学会调节自身情绪，从而学会管理情绪。

以下为两项主题活动的具体操作流程。

情绪管理主题活动示例一

活动名称	活动流程		活动道具	活动时长
采一朵情绪蘑菇	制作情绪蘑菇	1. 用报数法进行分组，每组 8～10 人，小组围成小圈。 2. 分发卡片和笔：每位同学所有颜色蘑菇卡片各一张。 3. 不同颜色代表不同情绪，根据实施人要求，在相应颜色的卡片上写上对应的情绪名称。 4. 实施人在黑板上画 8 个大圈，大圈内写上 8 种情绪名称。 5. 参加人有序将写好的情绪蘑菇卡片粘贴在黑板对应的圈里。	1. 8 种不同颜色的蘑菇状卡片：每种颜色卡片数量与参加人数一致。 2. 黑色签字笔：数量与参加人数一致。	40 分钟
	识别自我情绪	1. 参加人回顾自己近一周情绪状态，根据自己的情况，在黑板上采下与自己相符合的情绪蘑菇，可以是一朵，也可以是多朵，但是每一种情绪只能采一朵。 2. 实施人引导参加人对黑板上剩余的情绪蘑菇进行思考。具体包括：哪些情绪蘑菇被采完了？哪些基本没动？ 3. 参加人小组内分享自己的情绪，每位成员都需要向其他组员展示自己的情绪蘑菇，需要展示自己采摘了多少朵蘑菇？分别是哪些情绪蘑菇？这些情绪蘑菇都是因为什么原因而生的？小组其他成员出谋划策讨论怎样消灭代表消极情绪的毒蘑菇。		
	分享总结：实施人根据参加人课程效果进行点评，引导参加人认识到情绪的重要性，并学会接纳和调节消极情绪。			

情绪管理主题活动示例二

活动名称	活动流程	活动道具	活动时长
放飞我的情绪气球	1. 用报数法进行分组，每组 8～10 人，小组围成小圈。 2. 分发气球，每位同学一个气球，一只水彩笔。 3. 实施人拿出气球，说明气球代表我们的身体，气球里的空气犹如我们身体里的消极情绪，请同学们将自己手上的气球吹大。 4. 参加人将自己近一周内最主要的消极情绪用水彩笔写在吹大的气球上，并指示参加人，情绪有多压抑，就吹多大，实在压抑得快爆发了的话，把气球吹爆也是允许的。 5. 等有参加人将气球吹爆后，实施人请吹爆气球的参加人分享自己感受（一般为舒服了，发泄了，爆发了），随后请这位同学相邻的一位同学和正对面的一位同学分别分享他们的感受（一般为被吓到）。 6. 实施人引导吹爆气球就好比情绪爆发，这是一种情绪的发泄途径，会让情绪拥有者获得短暂的快感，但是却对他人造成了困扰，询问同学们这种方式是否可取？ 7. 实施人让参加人再次吹大一个气球，在气球上写上一个近期的一个消极情绪，也可以作画，并指示参加人，将气球吹大即可，不能吹爆，并将气球口用力捏住，不用打结，捏住即可。 8. 指示参加人慢慢地放掉一点儿气球里面的气，过程要慢，要轻。 9. 询问参加人这种释放方法和吹爆气球相比，哪种更加安全？	水彩笔：数量与参加人人数一致。气球：数量保证一位参加人 2 个。	40 分钟
	分享总结：引导参加人分享消极情绪从自己身体慢慢释放出来的感觉？讨论生活中还有哪些调适消极情绪的有效方法。		

四、延展思考

情绪的种类是多样的，有积极情绪，也有消极情绪，我们对积极情绪的训练，并非仅仅突出强调积极情绪，同时需要引导参加人正确调节并接纳自己的消极情绪。在活动设计过程中，建议活动实施者根据参加人的具体情况进行选择。如果参加人群体积极性较低，对活动缺乏热情和主动，建议侧重于积极情绪的体验与构建，以此调动参加人学习、生活的积极性；如果参加人群体整体状态良好，活动配合度高，表现出较强的积极性和热情，建议尝试消极情绪的体验和认识，用接纳承诺疗法，让参加人认识到消极情绪的出现是正常现象，引导参加人接纳自己的消极情绪，并指导参加人利用积极有效的方法进行情绪调试，避免消极情绪刺激自身做出不当的行为反应，从而走向积极。

五、参加者可能的反应与问题

在热身活动"心电感应"中，参加人可能会因为性别原因拒绝手牵手，这时候需要实施者做好引导或者交换人员；在热身活动"大风吹"中，参加人可能会因为过于激动而速度过快，在此过程注意要强调安全；在主题活动"放飞我的情绪气球"中，给气球放气的过程相对比较安静，可能有参加人不太投入，因此，在此环节，实施人可以搭配轻柔舒缓的音乐做背景音乐，让同学们能够带入感受轻柔缓慢释放气球里空气的过程，从而进入团辅心理场内。

六、行动作业

（一）情绪测量

首先，通过简单的情绪情感量表测验，让参加人了解和区分积极情绪与消极情绪，通过自查自评，识别自己近期情绪状态；其次，要求参加人分析自己的《积极情绪消极情绪量表》测量结果，分析自己每种情绪出现的原因是什么，这种情绪对生活、学习、工作等方面带来哪些影响，以及自己对每种情绪的表达方式。参加人通过分析自己每种情绪对生活、学习、工作等方面带来的影响，可以判断哪些情绪对自身有促进作用，哪些情绪会对自己有不好的影响，在对这些情绪的影响有了判断后，再分析这些情绪出现的原因以及自己的表现形式，在生活中就可以有意识地避免这类情绪的出现。

以下为著名行为主义心理学家华生参与设计的《积极情绪与消极情绪量表》（PNAS）。

积极与消极情绪量表（PNAS）

指导语：请根据您在过去一个月中的感受，在下面相应数字代表的情绪体验强度上画"〇"。1表示完全没有，数字越大表明程度越强烈。

情绪体验	评分					情绪体验	评分				
感兴趣的	1	2	3	4	5	急躁的	1	2	3	4	5
哀伤的	1	2	3	4	5	羞耻的	1	2	3	4	5
兴奋的	1	2	3	4	5	有灵感的	1	2	3	4	5
心烦的	1	2	3	4	5	紧张的	1	2	3	4	5
强烈的	1	2	3	4	5	坚决的	1	2	3	4	5
内疚的	1	2	3	4	5	专心的	1	2	3	4	5
恐惧的	1	2	3	4	5	战战兢兢	1	2	3	4	5
敌对的	1	2	3	4	5	积极活跃	1	2	3	4	5
热情的	1	2	3	4	5	害怕的	1	2	3	4	5
自豪的	1	2	3	4	5	警觉的	1	2	3	4	5

1. 计分方式

可以采用2维度计分，积极情绪包括感兴趣的、兴奋的、强烈的、热情的、自豪的、有灵感的、坚决的、专心的、积极活跃的、警觉的；其余为消极情绪，取各自平均值。

2. 结果解释

积极情绪维度得分越高，说明在过去一个月中体验到越多的积极的情绪，反之则越少。

（二）吾日三省吾身

该项作业受到清华大学积极心理学研究中心办公室主任赵煜鲲在微博上发起的"日行一善"活动的启发。"日行一善"活动要求参与者每天至少做一件善事，并在微博上分享，借由体验"予人玫瑰，手留余香"的愉悦之感来提升自身积极情绪体验。

另有"吾日三省吾身"活动，要求参与者每天在睡前回顾当日生活，从中提炼出至少三件令自己感到高兴、愉悦、幸福或感动之事并记录下来。此活动重点有三：其一，活动时间定在晚上睡前。这是因为睡前回忆美好之事有助于睡眠，而且在结束一天生活后，能更全面宏观地评判自身当日状态。其二，所提炼之事必须是能带来高兴、愉悦、幸福或感动等积极情绪体验的，即便当日心情郁闷，也需从诸多郁闷之事里找出至少三件稍有好感之事。对积极情绪体验之事的回顾，可有效减轻消极情绪感受。其三，这三件事要记录下来，坚持一个月后翻阅记录加以分析，便会发觉让自己产生积极情绪体验之事大致属于某一类或某几类，如此便能找到调节自我情绪的有效途径。日后受消极情绪困扰时，便可尝试去做这一类或几类能带来积极情绪体验之事，以此调节不良情绪，培育积极人格品质。

主题三　积极教育设计

积极心理学打破以往心理学过度关注不幸人群的研究传统，更加关注研究人类的优点美德，以期促进个体更好的发展。积极教育作为积极心理学重要的应用领域之一，与传统教育重视教授各种知识技能不同，这是一种既教授学生传统技能又教授其幸福的教育。依托积极心理学理论背景提出的积极教育相关项目活动是能够治疗相关心理症结的有效策略，也是提升生活满意感、幸福感的新质动力，更能为促进学习和创造性思维提供帮助。

在积极心理学理论的指导下，积极教育强调借助一系列优势课程，如复原力培养、感恩教育、力量探索、意义追寻、心流体验引导、积极关系构建以及积极情绪激发等，让目标群体在轻松愉快的氛围中发现并学习自身的优势力量。通过设计各类游戏活动，使他们能够将这些优势力量运用到实际问题的解决中，进而将积极心理学的理念深深融入日常生活。其核心目标在于推动青少年群体实现身心的平衡发展，促进他们在心理和生理层面健康成长。

一、理论基础

积极教育设计的理论框架以积极心理学为理论基础，通过融入积极心理学的核心理念，旨在培养学生的积极情绪体验、积极人格特质和积极社会关系，着重讨论幸福、意义、成就等内容。在这一理论框架之下，积极教育设计还要满足现代教育的需求，以适应教育改革和发展的需求，促进学生的全面发展。

（一）自我决定理论

自我决定理论强调人类行为的自我决定程度，将动机按自我决定程度的高低视作一个连续体。其基础是有机辩证元理论，认为社会环境可以通过支持自主、胜任、关系三种基本心理需要的满足来增强人类的内部动机、促进外部动机的内化、保证人类的健康成长。自我决定理论为众多的动机理论的整合提供了基础。

"自我决定的潜能可以引导人们从事感兴趣的、有益于能力发展的行为，这种对自我决定的追求构成了人类行为的内在动机。"经过 30 多年的研究，自我决定论逐渐形成了一套较完善的关于人类动机和人格的理论体系，并广泛应用于管理、教育、咨询等实践领域。[①]

（二）自我效能感

自我效能感（Self-efficacy）是美国著名心理学家班杜拉于 1997 年提出的概念，他在其社会学习理论中特别强调人的认知对学习和行为调节的影响，认为人的认知在行为因素、个人因素、环境因素三者相互决定的过程中发挥着重要的调节作用，作为一种认知因素的自我效能感的变化被看作人的自我调节得以持续的心理动力原因。刚提出时，他认为自我效能感是个体对自己在特定情境中是否有能力操作行为的预期。预期是认知与行为的中介，是行为的决定因素。随后，他进一步把预期分为结果预期和效能预期。结果预期是对某种行为导致某种结果的个人预测；效能预期则是个人对自己能否顺利地进行某种行为以产生一定结果的预期。他认为，自我效能感是指"人们对自身能否利用所拥有的技能去完成某项工作行为的自信程度"。因此，自我效能感不是技能，也不是一个人的真实能力，而是个体对完成特定任务所具有的行为能力的自信程度。

自我效能感包括三层含义：第一，自我效能感是对能否达到某一表现水平的预期，产生于活动发生之前；第二，自我效能感是针对某一具体活动的能力知觉，与能力的自我概念不同；第三，自我效能感是对自己能否达到某个目标或特定表现水平的主观判断。当人确信自己有能力进行某一活动时，他就会产生高度的自我效能感，并会去进行那一种活动。[②]

积极教育设计需要关注教育评价体系的改革和创新。现有教育评价体系往往过于注重学生的学业成绩，忽视了学生在情感、社会性等方面的发展。因此，在积极教育设计的理论框架下，教育者需要构建一个全面、多维度的评价体系，将学生的积极情绪、积极人格特质以及积极社会关系纳入评价范围，以便促进学生的更好发展，实现积极教育的设想。

二、热身活动

热身活动在整个团体辅导活动过程中主要起破冰和暖场的作用，通过参与度高

① 阳志平. 积极心理学团体活动课操作指南 [M]. 北京：机械工业出版社，2016.
② 郑雪. 积极心理学 [M]. 北京：北京师范大学出版社，2014.

的小游戏，迅速调动参加人的课程参与积极性，将参加人的注意力集中在活动之中来。在热身活动的选择上，选择与主题相符合的热身活动，同时也能对主题活动的引入起到促进作用。

本主题为培养团队精神、提高学习兴趣、改善人际交往，根据主题内容，提供"捉虫虫"作为热身活动。"捉虫虫"可以快速提升成员注意力，使气氛活跃起来，同时和身边人的身体接触也利于破冰、快速建立团队认同。

该热身活动需要在空旷的场地完成，不需要任何道具。以下为该热身活动的具体操作流程。

情绪管理热身活动示例

活动名称	活动流程	活动时长
捉虫虫	1. 全体成员围成大圈。 2. 预备姿势：规定全体成员左手翘大拇指，右手手掌心向下，参与者的右手手掌心放于其右边参与者的大拇指上，做准备"抓"的姿势，且其手掌放于左边参与者的掌心之下，做准备"逃"的姿势。 3. 主持人开始讲小故事（文本内容涉及数字"3"）。 4. 听到数字"3"的字眼，开始抓别人的拇指的同时，逃自己的拇指以避免被别人抓住。 5. 每个小组内同时进行，抓到别人的拇指或自己的拇指不被抓到即为胜利。 6. 小组内交流谁胜利得最多以及其胜利原因。 7. 可根据活动效果设定活动轮数，建议至少两轮。	8分钟

三、主题活动

主题活动是整个团体辅导活动的核心内容。本主题从培养团队精神和提高学习兴趣两个方向，推荐两项对应的主题活动，分别是"盲人方阵"和"你做我猜"。"盲人方阵"是将所有队员眼睛蒙上，在一定时间内将一根绳子拉成一个最大的正方形，且所有队员都要均分在四条边上，这个项目教会所有学员如何在信息不充分的条件下寻找出路；"你做我猜"是第一个队员根据主持人给出的词语做肢体动作，将信息传给下一位队员，下一位队员根据上一位队员的肢体动作，再依次传下去，由最后一个队员来猜词语。

从操作上看，这是两种不同的主题活动，但可以作为情绪管理的系列课程同时开展。活动第一阶段以"盲人方阵"为主题，让参加人在活动中理解团队协作的真正意义，从而学会与团队中的人和睦相处，合作共赢，使团队精神深入参与人心中；第二阶段以"你做我猜"为主题，让参加人深刻理解并用肢体语言形容出与学习有关的正向积极词汇，在牵动参与人情绪的同时，让大家感受学习的魅力，从而提高参与人的学习兴趣。

以下为两项主题活动的具体操作流程。

积极教育设计主题活动示例一

活动名称	活动流程		活动道具	活动时长
盲人方阵	进行团队协作活动	1. 报数分组，每组5~7人。 2. 简述规则后，3分钟时间内，各组进行策略制订。 3. 在现有小组基础上进行活动，活动开始前组织参与者将外侧座椅靠墙摆放，以保证足够的活动空间（1分钟）。 4. 分发绳子，队员手拿绳子，并戴上眼罩/闭上眼睛（1分钟）。 5. 在3分钟内将一根绳子拉成一个最大的正方形，且所有队员都要均分在4条边上。	1. 绳子。 2. 眼罩（如流程中选择让参与者闭眼则不需要）。	20分钟
	总结团队协作对于成功的重要性	1. 恢复原始座位。 2. 实施人引导参加人对团队活动中发生的"默契瞬间"或"摩擦磕碰"进行组内讨论。例如，绳子两端的组员迅速找到了对方并完成了正方形闭环；组员走位错误导致活动完成不完善、不成功。 3. 参加人在小组内依次分享自己的心得体会，总结整理，各小组顺时针依次分享。 4. 实施人总结各组发言，并引出主题。		
	分享总结：实施人根据参加人课程效果进行点评，引导参加人认识到团队精神的重要性，并学会与团队中的人和睦相处，合作共赢。			

积极教育设计主题活动示例二

活动名称	活动流程		活动道具	活动时长
你做我猜	进行团队协作活动	1. 组内协定。 2. 第一个队员面对实施人（其余成员背对实施人），根据实施人给出的成语解析为肢体动作。 3. 由第一位队员将信息传给下一位队员，下一位队员将从第一位队员那里得到的肢体信息再传给下面的队员，依次传递。 4. 最后一个队员要根据最后得到的所有信息猜出主持人所给的成语。 5. 可根据活动效果设定活动轮数，建议至少两轮。	无	25分钟
	总结团队协作对于成功的重要性	1. 恢复原始座位。 2. 实施人引导参加人对团队活动中发生的"默契瞬间"或"摩擦磕碰"进行组内讨论（3分钟）。 3. 参加人小组内分享自己的心得体会，总结整理，各小组顺时针依次分享。 4. 实施人总结各组发言，并引出主题。		
	分享总结：实施人根据效果进行点评，引导参加人加强团队建设、提升沟通技巧、放松身心、锻炼创造性思维。			

四、延展思考

在积极教育的团体辅导活动中，我们可以将以下作为目标：①培养团队精神：通过团队活动，让参加者认识到团队协作的重要性，学会在团队中发挥自己的优势，共同完成任务。②提高学习兴趣：通过趣味性的教育活动，激发参加者的学习兴趣，使他们更加主动地参与学习。③改善人际交往：在团队互动中，让参加者学会理解和尊重他人，提高人际交往能力，培养良好的人际关系。

教育本身具有广泛性，对积极教育的实践中可以从多个角度思考，如其与社会学等学科进行融合，实现跨学科交流；考虑不同文化背景下的教育实践，研究如何在不同文化背景中实施有效的教育策略；开展长期追踪研究，以评估积极教育对学生长期发展的影响，包括学业成就、心理健康、社会适应等方面；研究教育政策如何影响积极教育的实施，以及如何制定支持积极教育的政策；探索新技术如何支持积极教育，例如虚拟现实、人工智能在教育中的应用；研究如何通过教师培训和专业发展，提升教师实施积极教育的能力；通过国际比较研究，了解不同国家和地区积极教育的实施情况，借鉴成功经验；思考如何改革现有的教育评估体系，以更好地反映积极教育的目标和成果；分析社会变革（如城市化、全球化、技术革新）对教育的挑战，以及积极教育如何应对这些挑战；思考积极教育在未来教育中将扮演的角色，以及如何为未来社会培养具备积极品质的人才；等等。

五、参与者可能的反应与问题

在热身活动"捉虫虫"中，参与者可能会因为性别原因不好意思去抓异性的手指，这时需要实施者做好引导的工作；在主题活动"盲人方阵"中，由于是蒙着眼睛，大家可能会有一些安全问题，同时气氛可能会有一些吵闹，因此在此环节，实施人可以搭配轻柔舒缓的背景音乐，让同学们能够安静下来，从而进入团辅心理场内。

六、行动作业

（一）学习中的"你做我猜"

将心理专业名词与室友做"你做我猜"，一人描述，一人猜测，以这种富有趣味性的形式来巩固学习记忆。这项活动的重点有三点：第一，活动时间要求是在某堂课结束的一天之内，因为此时的记忆效果最显著；第二，目的一定是找到学习兴趣，因此要保证双方心情放松、愉悦；第三，需要长期坚持，才能培养稳定的学习兴趣、保持轻松的学习情绪。

（二）伸出友谊的"橄榄枝"

活动结束后的一周内，试着向想要结交的同学伸出橄榄枝，每天向一位同学行"微笑礼"并称赞对方，记录一周内的情绪变化与人际关系变化。这项活动的重点有三点：第一，活动时长要求一周以上，因为一周的时间适中，不会被某一天的极端情绪影响，也能使这一行为的影响开始显现；第二，目的是提升沟通技巧、改善人际关系，若在过程中发现由所选择的对象导致的阻碍，可随时更改实施对象；第三，需要及时记录和分析，诚实地记录自己的情绪体验，如果未达到预期效果，可思考如何改进；需要仔细观察、及时记录，否则可能会产生记忆偏差。坚持一周以上，有利于建立友谊、改善人际关系，同时培养积极情绪和习惯，有利于提升个人工作效率和团体协作能力。

主题四　幸福感提升

　　幸福就是个体根据自定的标准对其生活质量的整体性评估，包括主观幸福感、心理幸福感、社会幸福感。主观幸福感是指个体根据自定的标准对生活质量进行整体性评估而产生的体验。积极心理学认为，主观幸福感是一个人积极体验的核心，同时也是其生活的最高目标。这一概念立足于个人的主观感受，尊重个体对自己生活的评价与体验。对主观幸福感进行研究，深入把握个体的生活状态，对提高人的生活质量、帮助人获得人生幸福具有重要的价值。另外，幸福感与我们的内部状态有关，它不同于我们短暂的快乐感，而是长期的满足感。它涉及身体、情绪、智力和社会领域的各种因素，因而幸福感提升训练，需要我们能够明确幸福的五大支柱（即愉悦的情绪、和谐的人际关系、专注、意义感、成就）和幸福感的影响因素（即个人的价值观、情感偏好、年龄、性别、文化、社会和经济状况等），并在准确判断自己是否感到幸福的基础上，通过积极有效的方式对幸福感进行适当提升，使自己保持一个较高水平的主观幸福感，避免或缓解不当事件激发消极情绪体验，达到幸福感提升训练的效果。

　　青少年时期是一个人成长过程中非常重要的阶段，也是心理发展最为关键的时期之一。在这个阶段，青少年面临着来自家庭、学校、社会等多方面的压力和挑战，他们的幸福感往往受到各种因素的影响。因此，有效的幸福感提升训练对于成长和发展中的青少年而言尤为重要。

一、理论基础

（一）目标理论

　　目标主要通过自我效能这一中介变量影响主观幸福感。成功的体验会让人们更加相信自身能力，进而建立起强大的自我效能，最终提高主观幸福感。当现实状况符合主观标准时，幸福感就高；当现实条件低于内心的判断标准时，主观幸福感就会偏低。判断标准是一个主观的概念，由于学者对于标准的解释不同，相应产生了不同的判断标准理论。适应理论是一种纵向比较，即将自己的生活和过去来比较，如果现在的生活条件更好，则会提升幸福感；社会比较理论则是做一种横向的比较，如果觉得自己比其他人生活条件好，就会觉得幸福。这种理论主要依赖于其判断标准，而标准的选择则具有主观性且是相对的，故而此种理论局限性较大。

（二）动力平衡理论

动力平衡理论认为每个人都有一套平衡的生活事件水平和平衡的主观幸福感水平，它们都建立在稳定的个人特点之上。任何事件对主观幸福感都有三种可能的影响：使主观幸福感提高、降低或保持平衡水平。当生活事件处于平衡的水平时，主观幸福感相应维持稳定；当生活水平、生活事件等偏离了正常的轨道，如变得更好或者变得更糟糕时，主观幸福感就会随之升高或降低。这种偏离只是暂时性的，因为人格具有稳定性的特点，会使人们的生活状态具有重要的平衡功能，逐渐使生活事件以及主观幸福感都返回到原有的平衡状态。

但这个理论仍有一定的局限性，需要进一步考察不同生活事件的变化对主观幸福感的相应影响以及人格所起的作用。

（三）活动理论

活动理论认为主观幸福感的体验在于活动的本身，而非活动目标的实现。比如健身这项运动，给人们带来快乐的更多是运动本身的过程，而非运动的塑身、减肥等结果。这种理论与我们今天常说的"幸福在于追求的过程中"的说法非常接近，应该说是一种较浅层次的意识。

但活动这一概念过于广泛和模糊，人们甚至可以把跑步、与人交往、个人习惯等都看作活动，而且活动与主观幸福感的关系还受反应者的人格特点的影响，所以主观幸福感并不能够完全由这些活动预测。

（四）特质理论与状态理论

特质理论又叫作从上到下的理论，该理论认为：人们具有以积极方式体验生活的性格倾向，即有快乐的素质，快乐的人总是以一种更为积极的方式看待他们所处的环境。

状态理论又叫作从下到上的理论，该理论认为：幸福等于各个快乐因素的简单相加。在判断人们的幸福感时，只需对许多暂时的痛苦和快乐作出心理运算即可，即幸福等于快乐减去痛苦，此观点很具代表意义。这种理论具有很强的操作价值，能够在实际中得到广泛的应用。

二、热身活动

热身活动在整个团体辅导活动过程中主要起破冰和暖场的作用，通过参与度高的小游戏，能够迅速调动参与者的课程参与积极性，将参与者的注意力集中在活动之中来。在热身活动的选择上，应选择与主题相符合的热身活动，同时也能对主题活动的引入起到促进作用。

在热身运动开始之前，先引导参与人员进行自我评估，评估自己对幸福的感知：以抬平一只手臂为标准，如果觉得自己生活有些幸福就向上抬 45°；如果觉得自己生活很幸福就向上抬 90°；如果觉得自己生活不太幸福就向下落 45°，如果觉得自己生活不幸福就向下落 90°。最后，在所有活动结束之后再来进行相同的自我评估，通过手抬起来的高度变化，成员可以观察到自己与周围人的变化，并且相互之间可以进行交流和分享。通过做这样的自我评估，让参与者更加具象地了解自己，认识他人，有利于发现幸福并提高幸福感。

本主题为幸福感提升训练，根据主题内容提供"幸福粘粘胶"作为热身活动。"幸福粘粘胶"需要大家一起齐心协力完成，有利于调动参与者的积极性，使其获得参与感，也为接下来的主题活动做了情绪铺垫。同时，"幸福粘粘胶"能让参与者在与同伴的合作中体验到幸福感，适合以引导参与者认识、接纳、调适自身消极情绪为目标的活动。

这项热身活动不需要任何道具，以下为其具体操作流程。

幸福感提升热身活动示例

活动名称	活动流程	活动时长
幸福粘粘胶	1. 参与者围成一个大圈。 2. 当实施者喊出"幸福粘粘胶"，参与人员一齐询问"粘什么"，实施者会发出指令，如"粘三只手"。 3. 在实施者下达完指令之后，参与人员需要快速完成指令，如果有人没有完成，就要向大家分享自己觉得最幸福的瞬间（可以是人或事）。 可根据活动效果设定活动轮数，建议至少两轮。	10分钟

三、主题活动

主题活动是整个团体辅导活动的核心内容，针对"幸福感"这一心理能力的提升，同时达到使团体成员参与活动后能够一定程度上提升发现幸福、感受幸福、传递幸福等能力的目的，结合"幸福的五大支柱"推荐三项对应的主题活动，分别是"幸福大爆炸""幸福降临"和"幸福信号塔"。其中，"幸福大爆炸"由活动"逛三园"稍作改编而来，是根据团体成员的回答并加入实施者对回答的引入与启发，成员能够更进一步自我启发，发现身边的小确幸，体验"愉悦的情绪"；"幸福降临"是需要各成员在指令的不断传递中迅速作出相应的语言与肢体动作的反应，通过不断地"分享喜悦和幸福"，使得全体成员收获"愉悦的情绪"和"和谐的人际关系"；"幸福信号塔"通过汇集小组成员的共同智慧与努力，最终完成"幸福信号塔"的搭建，成员在这一过程中可充分地体验到"专注""意义感""成就感"。以下为三项主题活动的具体操作流程。

幸福感提升主题活动示例一

活动名称	活动流程	活动道具	活动时长
幸福大爆炸	1. 团体成员围坐成一个大圈，由实施者大致分为4部分即可，每一部分大致为一个暂时的小组。 2. 按顺时针方向（也可随机顺序），每个小组的第一位成员都会接收到来自实施者的一个简短的疑问句，如"在什么地方我会感觉到安心与快乐"，此时全体成员一起拍掌，并且该小组成员需依次说出与问句相符合且不重复的回答。 3. 若有成员未能立即做出反应，则需要接受一个小惩罚，即：说一个小笑话/说一句绕口令/分享一件有趣或者使自己很快乐的事情。	无	10分钟
分享讨论	实施者根据活动展开情况进行总结，让部分参与者分享活动体验或是在回答该问题时与答案有关的感受，其目的在于引导参与者发现身边的幸福，体验"幸福五大支柱"中的"愉悦的情绪"。		

幸福感提升主题活动示例二

活动名称	活动流程	活动道具	活动时长
幸福降临	1. 首先该活动具有口令"幸——福——降临"。 由第一位成员发出指令"幸"并随机指向第二位成员，被指到的第二位成员须立即反应并说出"福"字同时指向第三位成员（不可以反过去指向上一位指令发出者），这时第三位成员立即反应选中第四位成员并说出"降临"，此时被指到的第四位成员立即做出"双手交叉放于胸前"的姿势，并且第四位成员两旁的两位成员需一边举起手掌快速翻动，一边发出声音"哈哈哈哈哈"。 2. 难度提升：当被选中的第四位成员做出相应反应时，其他需要同时跟随反应的人数范围扩大至被选中成员的两侧的共4位成员，最为层的成员的姿势应为"朝被选中同学方向做'撒花状'手势"。 3. 若有成员未能迅速反应，则将站起来与大家分享一个自己生活中所发生的一件快乐或幸福的事情。	无	15分钟
分享讨论	实施者带领大家一起结合现场氛围进行总结，并请参与者分享，该主题活动旨在传递、分享幸福，较为简单直接地使参与者体验到"幸福五大支柱"中的"愉悦的情绪""和谐的人际关系"。		

幸福感提升主题活动示例三

活动名称	活动流程	活动道具	活动时长
幸福 信号塔	1. 用报数法分为5组。 2. 每组成员需要用15根意大利面条、一卷胶带、一块棉花糖，在15分钟内尽量搭建起一座高塔，将棉花糖支撑到最高，且在最后验收阶段保持10秒不会倒。 注意：不可将棉花糖撕碎；意大利面可以按照需要折断；不可借助所给材料以外的物品；不可粘在墙上……	棉花糖5颗； 意大利面75根； 胶带5卷； 剪刀5把。 （活动结束后，注意回收道具和清理场地）。	30分钟
分享讨论	在使用面条搭建可以支持起棉花糖的"高塔"的过程中，每个小组都会不同程度地遇见各种难题，而这便需要成员们"逢山开路，遇水架桥"，齐心协力，汇集所有人的智慧。不断交流想法，不断尝试，集众人智慧完成"幸福信号塔"的搭建，从而在过程中感受"专注"的魅力，收获搭建"高塔"的"成就感"与"意义感"。		

四、延展思考

幸福感是指人类基于自身的满足感与安全感而主观产生的一系列欣喜和愉悦的情感，英国莱斯特大学的社会心理学家们发现，中国人幸福感下降的原因有七个方面：喜欢比较、缺乏信念、不善于发现阳光面、不知道奉献、不知足、互相不信任和过于焦虑。本次团辅活动显然不能顾及所有方面，而是从几个角度去促进参与者幸福感的提升。幸福感是一种长久的、内在的、坚定的心理状态，并非短暂的情绪体验。在本次活动中，我们通过采取一系列有趣的小游戏，旨在游戏中让参与者察觉幸福，短暂提升幸福感。但是真正的幸福感提升还应落在现实生活中个体的认知思维方式和习惯等，由此引起参与者进行启发性思考。另外，关于幸福感的测量，心理学家和社会学家们积极探索，却仍未有一种测量工具得到普遍认同，但是在本次活动中，我们可以简单对参与者进行幸福感自评，可能对达成本次团辅目的更有帮助。

五、参加者可能的反应与问题

在热身活动"幸福粘粘胶"中，参与者可能会因为过于激动速度过快，在此过程要注意强调安全，并且需有本组成员时刻注意现场环境安全和参与者心理场的安全；在主题活动"幸福大爆炸"中，在此环节，现场氛围比较舒缓，参与者情绪比较平静，实施人可以搭配轻柔舒缓的音乐做背景音乐，实施者尽量声音轻柔，缓慢，掌握好游戏节奏。在主题活动"幸福信号塔"中，可能存在由于方法掌握不到位，成员在搭建"信号塔"的过程中不断失败，从而感到倦怠、产生放弃的念头，实施者与其他活动观察者可以及时关注各小组情况，一旦出现该类状况，可给予适当鼓励与提示。

六、行动作业：每日问好

高质量的人际关系、自信和健康等都与个人的主观幸福感息息相关，通过增强自信心，改善或者提高人际关系，可以让我们提升自己的幸福感。

"每日问好"作业，要求参与者每天醒来后第一件事，就是先对自己进行问好，告诉自己今天很棒，并且一整天都会发生好事。此外，向不少于 3 个人问好，并且对他人进行赞美。坚持一个月左右，养成习惯，你将会习惯性鼓励自己，相信自己能够面对困难，人际关系也会得到极大的改善。简单的问候语有时能够带来积极的情绪反应，让人感到被关心和重视，这对于个人的情绪健康非常有益。每日问好可以帮助人们感受到社交的温暖和亲近，这对于提高生活质量非常重要。

主题五　积极人格训练

　　积极人格是积极心理学研究的一个重要内容和概念。积极人格特质是任何事情成功的基本要素。这类灵性资产包括乐观、专注力、毅力、诚实、勇气、真诚、勤奋以及许多其他的特质。在积极心理学中，提倡研究积极人格特质，强调人格形成过程中内在因素、外部行为、社会文化环境等各因素的交互作用。这些因素包括生物遗传因素、自然物理因素（生态环境、气候空间、拥挤程度）、社会文化、家庭环境（父母教养方式、家庭结构、家庭气氛、出生顺序等）、学校环境、自我调控等。强调人的能力和潜力在人格形成过程中的作用，而良好的外部环境是人格形成的一个重要来源，要建构良好的外部环境，可以通过发展人的主动积极行为能力。一个人的现实能力（包括人对自己行为的评价能力、指定目标的能力、实现目标的计划能力等）就被纳入人格的建构之中，并且成为影响人格的一个重要力量。[①]

　　当代人正处于社会经济发展时期，面对来自自身、家庭、学校及社会各界的压力，个体需要不断地自我提升和成长。积极人格有利于个体对事件采取积极的应对策略，对个体的发展和成长尤为重要。

一、理论基础

（一）积极人格优势理论

　　Peterson 和 Seligman 全面提出了积极人格优势理论。该理论基于文献综述，依照美国心理学会编制《精神障碍诊断与统计手册》关于心理疾病的分类方式，将很多积极心理学家集中到一起，使用头脑风暴法提出了 6 种广泛存在的美德，又为各种美德提出了相关的共 24 种积极人格优势，从而构成完整的积极人格理论。[②]

　　① 卡尔. 积极心理学 ［M］. 丁丹，等译. 北京：中国轻工业出版社，2013
　　② 郑雪. 积极心理学 ［M］. 北京：北京师范大学出版社，2014.

其中，智慧包括好奇心、好学、思维开阔、创造力、洞察力；勇气包括勇敢、恒心、正直和活力；仁慈包括友善、爱和社会智力；正义包括公德心、公正和领导才能；节制包括虚心、自我节制、谨慎、宽容和审美能力；卓越包括感恩之心、希望和幽默。

（二）自我决定理论（Self-Determination Theory，SDT）

自我决定理论由 Edward Deci 和 Richard Ryan 于 1985 年提出。该理论强调人类天生具有探索和发展自身潜力的内在动机，满足三种基本的心理需求——自主性、相关性和能力感——对于个体的积极心理健康至关重要。在积极的人格训练中，SDT 指导着帮助个体找到内在动机，培养自我驱动力，从而更好地实现自我提升和成长。

（三）正向心理学（Positive Psychology）

正向心理学由 Martin Seligman 于 1998 年提出。该理论致力于研究个体的优点、幸福感和生活满意度，强调积极情感、积极性格和积极体验的重要性。积极人格训练常基于正向心理学的理论基础，通过培养感恩、乐观、希望等积极情感和态度来提升个体的幸福感。

（四）流畅理论（Flow Theory）

流畅理论由 Mihaly Csikszentmihalyi 提出。流畅理论认为，当个体在具有挑战性但又与自身技能相匹配的活动中投入并全神贯注时，会经历到一种称为"心流"的状态，这种状态带来深度的投入感和满足感。积极人格训练可通过提供适当的活动创造出挑战和支持，推动个体在团体中专注投入其中，帮助个体培养心流的情绪体验，促进个体的成长和发展。

（五）人本主义心理学（Humanistic Psychology）

由 Abraham Maslow 和 Carl Rogers 等提出。人本主义心理学认为，每个人都有实现自我潜能和追求幸福的内在动机。在积极人格训练中，人本主义心理学的理论帮助个体探索自我，发现内在的需求和价值，并通过自我实现来达到个人成长和幸福感。

这些理论和相关作者的工作为积极人格训练提供了理论基础和指导，帮助个体实现更高水平的幸福感、生活满意度和个人成长。

二、热身活动

热身活动在整个团体辅导活动过程中主要起破冰和暖场的作用，通过参与度高的小游戏，团体能够迅速被调动参与课程的积极性，将参加人群的注意力集中在活动之中。在热身活动的选择上，选择与主题相符合的热身活动，同时也能对主题活动的引入起到促进作用。

本主题为积极人格训练，以下为大家介绍热身活动"滚雪球"。这个游戏以依次叠加自我介绍的形式展开，团体成员在参与过程中，能够更加深入地了解彼此的兴趣爱好、性格特点等。这不仅对大家感受情绪有着很好的带入作用，而且作为一项具有普适性的活动，它还能充分调动团体成员的积极性，激发大家的热情，唤起积极情绪，从而达到训练积极人格的目的。

以下为该热身活动的具体操作流程。

积极人格热身活动示例

活动名称	活动流程	活动时长
滚雪球	1. 报数分组，一组人数控制在6~8人。 2. 组内成员选定一位成员开始进行自我介绍。 3. 接下来按照顺时针或逆时针的方向，成员进行自我介绍，自我介绍的组成部分为：爱好＋在24种积极人格优势中的自己最看重或是最想提升的一个方面＋姓名。但需注意的是，第二位进行自我介绍的成员需要以第一位成员自我介绍的内容为自己自我介绍句子的引入，第三位成员则需要以第二位成员的自我介绍为开头，进行自我介绍，以此类推。 例如：第一位成员："我是喜欢读书、最希望提升自己的创造力的赵一。" 第二位成员："我是'喜欢读书、最希望提升创造力的赵一'旁边的喜欢打篮球、正直的钱二。" 第三位成员："我是'喜欢读书、最希望提升创造力的赵一旁边的喜欢打篮球、正直的钱二'旁边的喜欢看电影、希望自己更有恒心的孙三。" …… 以此类推。	10分钟

三、主题活动

主题活动是整个团体辅导活动的核心内容。本主题主要针对积极的人格培养而展开，根据主题内容设计两项主题活动："不说'你我他'"和"猜猜我是谁"。"不说'你我他'"主要是大家围绕着"我的身上有24种积极人格优势中的哪些并举出1~2个例子"展开讨论，同时在游戏过程中不能说出"你我他"三字，违反规则的人将接受一个小小的挑战。该游戏能够通过围绕积极人格主题进行小组间对话讨论的方式让自己和他人更深入地了解团体中各自的兴趣爱好和性格特点等，并且能够在游戏中发掘自身的积极人格优势。"猜猜我是谁"对大家感受情绪具有带入作用，其活动是大家将个人品质特征写在纸条上，互相抽取，猜测纸条上对应的人是谁，以此来对自我以及小组中的他人有更深入的了解。这个活动旨在推进团队成员之间的有效沟通，建立开放且尊重的团队氛围，为后续团队成员之间的合作与理解奠定良好的环境基础。

以下为两项主题活动的具体操作流程。

积极人格主题活动示例一

活动名称	活动流程	活动时长
不说"你我他"	1. 报数分组，一组人数控制在6~8人。 2. 在开始后进行围绕"积极人格优势"主题聊天或自我介绍，可以以自己的性格、兴趣爱好、生活习惯，或是上一轮游戏中每位成员对自己的自我介绍等为切入点。组内每个成员选定一位同学开始，接下来按顺时针方向依次发言。 3. 在一位成员发言时，其他成员可以提出疑问，但同样不可以使用"你我他"。 4. 说出"你我他"的成员接受在十五秒内说出十个不重复的积极词汇的挑战。	20分钟
	分享总结：尽量在每组都选一位成员起来分享在聊天过程中的发现、感悟与启发。	

积极人格主题活动示例二

活动名称	活动流程	活动道具	活动时长
猜猜我是谁	1. 按照热身活动的分组，每组6~8人。 2. 每位成员一张A4纸，需要用黑色签字笔不记名在纸上写下2~3件与24种积极人格优势有关的自己在面临困境或处理某一件事时的做法，与自己的一个性格特点。 3. 当所有成员写完后，将写好的纸条折叠按大致相同的方式对折同样的次数，打乱顺序丢在团体围成的圈子里。 4. 每人捡起一张纸条（如果有人捡到自己的需要再次扔出），并且依次读出纸条上的内容。 5. 当所有成员依次读完自己手中纸条上的内容时，所有成员需要用彩笔以24种积极人格优势为参照用1~2个词语对纸上的内容进行点评，当一位成员写完后需要按顺时针或逆时针方向依次评价。 5. 所有成员完成对所有纸条上内容的评价后，大家依次根据纸条上内容猜测纸条上对应的是哪位小组成员，每位成员仅有一次猜的机会，如若猜错，则需要等这一轮其他成员都结束后再猜。 6. 猜完后，将纸条归还至对应的成员手中。	每位成员一张A4纸，数量与参加人数一致；黑色签字笔，数量与参加人数一致；彩色笔，数量与参加人人数一致。	30分钟

活动名称	活动流程	活动道具	活动时长
	分享总结：在成员对纸条内容进行积极评价的同时，自身也会看见与学习到其他人的处理事件的方式方法，给自己以新的启发；在根据处理问题的方式去猜测是哪位成员的时候，也会带给团体成员一种新鲜与刺激感；当写满对自己积极评价或鼓励的纸条拿在自己手中时，个体也会得到他人对自己所拥有的人格优势肯定，感受积极情绪，从而逐渐肯定自我，积极人格得到训练。		

四、延展思考

积极心理学和情绪心理学的知识为我们提供了一种全面而深入的视角，帮助我们更好地理解人们的心理状态和行为模式。因此，在设计心理团辅活动时，这些理论知识可以被巧妙地融入其中，使活动更加丰富、有趣且富有成效。

首先，积极心理学的理念可以贯穿整个活动设计过程。我们可以通过引导参与者关注自身的优点和成就，激发他们的内在动力和自信心。这样的做法不仅能够增强参与者的积极情绪，还能促进团队成员之间的相互了解和信任。例如本次团辅中的游戏"猜猜我是谁"，能够帮助参与者从他人的角度发掘自身优势与特点，从而形成更加客观、全面和积极的自我认知。

其次，情绪心理学的知识可以帮助我们更好地应对活动中可能出现的情绪问题。例如，在游戏环节中，如果有人因为失败而感到沮丧或愤怒，我们可以运用情绪调节技巧来帮助他们平复情绪，重新投入活动中。同时，我们还可以教授参与者一些基本的情绪管理方法，如深呼吸、冥想和积极思考等，以便他们在未来的学习和生活中更好地应对各种情绪挑战。

此外，我们还可以结合 PERMA 模型①的各个要素来设计活动内容。例如，为了增强参与者的参与感，在日后的团辅中，可以设计一些需要团队协作的游戏或挑战任务；为了促进参与者间的关系，可以安排一些互动环节，让参与者有机会深入交流和了解彼此；为了提升意义感和成就感，可以鼓励参与者在活动结束后制订一个个小目标，并在未来的一段时间内付诸实践。

总之，将积极心理学和情绪心理学的知识自然地融入心理团辅活动设计中，不仅可以使活动更加符合参与者的需求和期望，还能有效提升参与者的积极人格特质，从而帮助其建立更加健康、积极的心态，达到积极人格训练的目的，以此更好

---

① 吴洁琼，樊富珉. 基于 PERMA 模型的积极心理品质团体辅导：过程及效果［C］//中国心理学会. 第二十三届全国心理学学术会议摘要集（上）.［出版者不详］，2021：2.

地应对未来的挑战和机遇。

五、参加者可能的反应与问题

在热身游戏"滚雪球"中，越往后的参与者可能会因为无法准确全面地记住在自己之前成员的信息而感到困惑或沮丧，因此可以在活动开始前提醒全体成员可在组内成员稍有忘记的情况下做适当的提醒等；在主题活动"不说'你我他'"中，可能会出现有成员连续触犯规则的情况，从而需要说多次多个积极词汇，可以允许积极词汇在不同轮次中重复，同时实施人也需要及时去鼓励大家互相帮助，共同完成交流分享；在主题活动"猜猜我是谁"中，可能会出现由于部分参与者因为过于害羞，且参与者之间互不熟悉，气氛陷入尴尬，此时需要实施人及时适度地鼓励参与者，并引导活动继续，如带动其他参与者，对猜测者的猜测结果给予适当的反馈和评价。

六、行动作业

在实践过程中发现，部分学生在自信、自尊、自爱、自我认知、自我接纳等方面所受到的教育相对匮乏，因此，将积极自我模块嵌入实践模型会有助于提升其他模块的培养效果。清华大学社会科学学院积极心理学中心总结了中国的积极教育实践经验，参考 PERMA 理论（积极情绪 Positive emotion、投入 Engagement、人际关系 Relationship、意义 Meaning 及成就 Accomplishment），研发出了"六大模块、两大系统"的积极教育模型。六大模块包括积极自我、积极情绪、积极投入、积极关系、积极意义、积极成就，两大系统包含身心健康调节系统以及品格优势与美德培育系统。

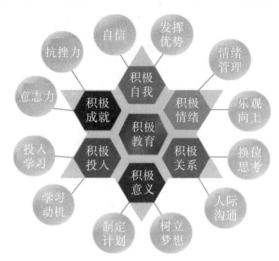

那么就积极人格特质训练来说具体实践步骤如下：

第一步，运用"优势行动价值问卷"（清华大学积极心理学中心《品格与优势》量表）对大学生个体和群体的性格优势进行评估以及识别，问卷中涉及的六大美德、24项品格优势如下：

计分方式：很不符合＝1/较不符合＝2/不确定＝3/较为符合＝4/很符合＝5。

结果评估：根据自测评分的高低不同，可得出自身最大的性格优势。

第二步，在训练过程中帮助大学生进行优势性格展示，可以采用在团体中去采用小组优势讨论的方式，一起分享自身有哪些优势，曾用哪些优势帮助过别人，比如××利用团队精神这类型的优势，成功地建立了良好的人际关系。

第三步，将性格优势广泛落实在大学生平时的实际生活之中，比如设置高难度的团队任务，或发挥团队优势才能克服的挑战（类似于团体辅导中移形换影/交通堵塞的游戏）。任务完成前，小组成员先行讨论出一个团队优势，任务完成后每个人写下自己在活动中所感悟出的"挑战中的优势"故事，并进行集体交流与分享。

问卷链接：https://www.viacharacter.org/survey/pro/upositive/account/register。

主题六　积极应对训练

　　积极应对是指个体通过认知调控或是行为努力来适应周围对自己不利的环境，从而达到掌控周围环境，减少消极情绪的过程。它可以分为情绪指向应对和问题指向应对，前者是指通过一定的方法来调节、减缓我们的情绪，从而实现积极的情绪，而后者是指通过实实在在的措施来解决问题。而积极应对训练则需要我们对不同环境下的个人掌控力具有一定的认知，通过积极有效的应对措施对不利环境下自我失衡情绪进行适当调节，使自己减少消极情绪、进行理性分析，并逐步掌控周围环境，达到应对训练的效果。

　　由于在大部分情况下，我们在困难来临时不会立刻找到解决问题的办法，所以只能通过一定的措施来暂时缓解不安的情绪，从而更理性地对问题进行分析，故而有效的积极应对训练可以帮助我们知道如何通过情绪来应对和掌控自我与环境。

一、理论基础

（一）塞利格曼心理韧性理论（逆境应对）

　　美国心理学家马丁·塞利格曼提出了心理韧性理论。心理韧性是指一个人在面对困境、挫折和压力时所拥有的抵抗力和适应力，并能够从困境中恢复并重新建立起正常的生活。他认为，积极心理学就是我们通往心理韧性的桥梁。通过学习和实践积极心理学的理论和方法，我们可以更好地认识自己，激发内在潜能，从而在面对困难时具备克服的力量。

（二）Folkman 应对方式

　　Folkman 应对方式是由 Folkman 和 Lazarus 于 1980 年提出的，是一种测量应对方式量表，简称 WOC。它有 8 种基本类型：面对、远离、自我控制、寻求支持、接受责任、逃避、有计划地解决以及积极回应。

应对方式（copingstyle）被诠释为"当个体觉察到自己与外界环境进行交换资源会提高自己的压力水平，并且会超出自己能完成的活动时，所进行的改善，这种改善包括思维和行动"。这种应对方式处在应激源与应激结果之间，个体在面对问题时先通过自己选择的应对方式来调节自己的认知，然后进一步地融入外界环境中，从而可以使得自己内心达到一种平衡的状态。在 Folkman 应对方式中，个体可以根据应对策略的性质分为问题中心应对和情绪中心应对。问题中心应对关注的是解决可以解决的问题，包括产生一些选择，给选择排序等；而情绪中心应对关注的是处理无法解决的问题，包括说句幽默的，放低重要性，转移注意力等。对于无法解决的问题，情绪中心应对可能更加有效。例如，在面对高考压力时，可以降低其重要性，相信自己，不要焦虑。

二、热身活动

热身活动在整个团体辅导活动过程中主要起破冰和暖场的作用，通过参与度高的小游戏，能够迅速调动参加人的课程参与积极性，将参加人的注意力集中在活动之中来。在热身活动的选择上，与主题相符合的热身活动，同时也能对主题活动的引入起到促进作用。

本主题为积极应对训练，根据主题内容，提供"挑战纸牌塔"和"晋级游戏"两项热身活动以供选择。其中，"挑战纸牌塔"需要大家动手动脑共同协作完成挑战，其主要目的是给参与者带来挑战与面对困难的勇气，考验参与者应对困难的方法和能力，适合以加强团队协助、积极应对挫折、树立积极心态为目标的活动；"晋级游戏"氛围更为热烈，其主要目的是调动参加人积极性，抬高热情，让参与者体验成功和失败的感觉，适合以积极应对训练、提升积极能量为目标的活动。

两项热身活动都需要在一个较为空旷的场地完成，其中"挑战纸牌塔"每个组需要适量的纸牌作为道具。以下两项热身活动的具体操作流程。

积极应对训练热身活动示例一

活动名称	活动流程	活动时长
挑战纸牌塔	1. 给每个小组分发一副纸牌。 2. 实施人指定一名小组成员作为起点。 3. 每个小组成员轮流放置一张纸牌（可折叠），尝试建立可能高的纸牌塔。 4. 设置计时器，在规定时间内建立最高的纸牌塔。 5. 规定时间结束后，评估每个小组的成绩，由部分小组分享他们在建立纸牌塔过程中遇到的挫折和应对策略。	10 分钟

积极应对训练热身活动示例二

活动名称	活动流程	活动时长
晋级游戏	1. 所有成员蹲在地上，扮装鸡蛋。 2. 一对一，采用猜拳的方式进行 PK，决出胜负，胜者晋升一级，即为小鸡，做半蹲状，并与其他胜者的小鸡进行猜拳 PK，争取下一次晋升；负者仍为"鸡蛋"，继续寻找其他负者的鸡蛋进行猜拳 PK，争取晋升机会。如此进行，直至绝大部分成员都成功晋升为人为止。（晋级顺序：鸡蛋—小鸡—母鸡—人） 3. 实施者请若干成功晋升为人的成员分享自己的蜕变过程，特别是猜拳胜出时的感受体会，并请若干蜕变不成功的成员讲述自己的故事，分享感谢。	10 分钟

三、主题活动

主题活动作为整个心理辅导活动的核心内容。本主题我们将围绕积极应对训练展开实施，并通过两项主题活动作为辅助，分别是"同舟共济"和"大家来援助"。其中，"同舟共济"是通过多次折叠大报纸，让所有成员都能出现在报纸范围内，让参加的人能够集思广益，进行组内交流讨论；"大家来援助"是将自己的小问题写在小纸片上，由组内其他人员随机抽选并提出解决方案，最后分享。

从具体实施方法上看，这是两种不同的主题活动可以作为积极应对的系列课程同时开展。主题活动一以"同舟共济"为主题，能使成员创造性地发挥智慧，让成员充分体会团结合作的力量，增强团队凝聚力；主题活动二以"大家来援助"为主题，让参加人学会调节自身情绪，从不同人的角度解决问题，从而学会管理情绪。

以下为两项主题活动的具体操作流程。

积极应对训练主题活动示例一

活动名称	活动流程	活动道具	活动时长
同舟共济	1. 报数法分组，每组 5~6 人。 2. 给每组发 1 张大报纸，该活动要求学生将报纸铺在地上，代表汪洋中的一条船。 3. 学生同时站在船上，一个也不能少，必须"同生死、共命运"。 4. 当成功完成第一次任务后，将报纸折叠使面积减小，继续进行活动，直到报纸无法站满所有人时，活动结束。	每组一张一样大的大报纸。	10 分钟
	分享总结：抽取小组内成员对游戏效果进行点评。		

积极应对训练主题活动示例二

活动名称	活动流程	活动道具	活动时长
大家来援助	1. 领导者在活动开始之前，给每人发若干张白纸，每位成员要在白纸上匿名写出当下困扰自己的问题。 2. 例如"考试成绩不好怎么告诉父母""一到考试就紧张怎么办""上新课跟不上老师"等。 3. 把写好的纸条折叠好，放在一起再由组长随机抽取。 4. 组内成员对抽取到的问题要进行设身处地地思考，当自己遇到这样的问题会怎么做，然后说出自己的真实感受和解决问题的方法。	1. 每人一张纸。 2. 中性笔。	15分钟
	分享总结：抽取小组进行展示，并对游戏效果进行点评。		

四、延伸思考

在热身活动"挑战纸牌塔"中，刚开始也许大家会表现得很兴奋，这时需要活动实施者给予一定的提醒，这并不是一项简单的活动，所以当群体中由兴奋转到较低迷状态时也需要活动实施者给予一定的鼓励。后续的活动也是如此，其目的是引导大家在遭遇挫折时如何能够培养出积极情绪以应对挫折，避免消极情绪在各个组内蔓延。

五、参加者可能的反应与问题

在热身活动"晋级游戏"中，由于处于竞技环境，可能会造成组内过于亢奋和气氛尖锐，所以需要活动实施者引导大家，营造一个和谐的氛围，而播放的音频也可以用来营造良好的氛围，需要活动实施者先引导大家敞开心扉，否则会让大家无法很快地进入状态，不能把自己的困扰分享给大家解决。

六、行动作业

关于MBSR（正念减压项目）之简单的觉知练习。

（一）身体扫描练习

每天一次（15~20 分钟），每次做完后进行记录，内容包括感受、情绪、感知（五感）、想法。这个方法旨在帮助我们学习带着正念关照身体，进而深化我们洞察自己内心反应的能力。身体就像是敏锐的情绪雷达，因此最好能细致地观照到发出信息的身体各个部位。

具体方法：躺下或坐着，让身体在最为放松自在的环境里，先从注意呼吸开始安静身心，将注意力集中在鼻尖，留意吸入时身体因呼吸变化，接着主导正念的医事人员，由口语引导（或播放引导语录音）学员从口鼻、脸部五官、肩颈、躯干、四肢等，把注意力放在身体各个部位的感受上，最后留意全身的体会。在这个过程中若有分心，产生杂念，都没有关系，只要将念头再拉回来即可。

（二）当下练习

在进行日常生活的时候有意识地把注意放到正在做的事情上，如走路、洗碗、等公交车、吃饭等。

举例：盲眼食物静观，找一个食物（最典型的是葡萄干），透过手指的触感，鼻子的嗅觉，耳朵的听觉，试着感受这个食物的特性特色，最后放入口中，由舌头和味觉的体察下，感受到放入口中的食物是什么。可以通过下列问题来帮助自己觉察：

（1）现在的状况环境是什么？

（2）我在哪？我正在做什么？

（3）我在体验某件事情或者行为之前的感受，想法，感知是什么？

（4）我在体验某件事情或者行为之中的感受，想法，感知是什么？

（5）我从中学习到了什么？

主题七　自我探索训练

（一）团体名称

"向幸福出发"——自我探索训练营。

（二）团体性质

结构式发展性团体。

（三）团体规模

10～20人。

（四）参加对象

在校全体学生。

（五）团体活动时间、活动地点

活动地点：室内团辅活动室。
活动时间：每周三下午一次，为期三周。

（六）团体目标

通过游戏式、体验式、互动式的团体沟通帮助成员更深层次地了解自己的兴趣、性格、气质和价值观等人格特质，探索自己的情绪及行为模式，增进自我觉察能力和沟通技巧，提升自信，发现自我、悦纳自我，培养积极的心态，增强幸福感，获得心灵的成长。

（七）理论依据

美国著名心理学家马丁·塞利格曼认为，积极心理学从关注人类的疾病和弱点转向关注人类的优秀品质，它有三个层面的含义：第一，从主观体验上看，它关心人的积极的主观体验，主要探讨人类的幸福感、满意感和快乐感，建构未来的乐观主义态度和对生活的忠诚；第二，对个人成长而言，积极的心理学主要提供积极的心理特征，如爱的能力，工作的能力，积极地看待世界的方法，创造的勇气，积极的人际关系，审美体验，宽容和智慧灵性等；第三，积极的心理品质包括一个人的社会性，作为公民的美德，利他行为，对待别人的宽容和职业道德，社会责任感，成为一个健康的家庭成员。幸福与财富无关。幸福的人不一定是富人，一个穷人也可以是很快乐的。积极状态的人不一定富有，但一定是幸福、快乐和乐观的。

根据塞利格曼的理论，乐观主义者更倾向于解释发生在自己身上的好事情，他们经常认为这些事情的发生是经常的、持久的、更多的与内在因素相关；而一个消极主义者则会认为自己总不可能碰上好事情，而且不好的事情发生往往与自身有关。

积极心理学认为，积极人格特质通过激发和强化个人各种现实和潜在能力，从而使某种现实或潜在能力变成一种习惯性的工作方式时，个人的发展也就形成了。从积极人格理论来看，幸福感是一种主观感受（Subjective Well-Being，简称SWB，也称主观幸福感），因人而异，不完全由生活本身的客观质量所决定。不同的人对同一种生活会产生明显不同的主观幸福感，同一个人在不同的生活中也可能产生同样的主观幸福感。事实上心理学的研究表明，乐观是后天形成的人格特质，大部分人都可以通过学习而形成"习得性乐观"。乐观的人会把面临的困难都归因于暂时性的、外在的因素，在任何环境条件下，他都会朝最好的结果去努力。

积极心理学认为，要想拥有积极的心态，需要做到以下几点：

第一，接受自己，无论是优点还是缺点。人们总是要面对恐惧、悲伤、焦虑等各种或积极或负面的情绪，但抵制自己的情绪会导致挫败感，或者让人不快乐。

第二，快乐需要意义。无论在工作中还是生活中，人们所参与的活动最好既愉快又有意义。如果这一点难以实现，一定要帮助自己寻找一些这样"鱼和熊掌兼得"的"快乐推进器"。

第三，头脑说了算。要记住一点，快乐与否在大多数情况下取决于人们的主观意识。比如，人们将失败视为灾难还是一次学习的机会，态度不同，心情自然也不同。

第四，越简单越好。人们往往希望在越来越短的时间里完成越来越多的事务，却忽视了"数量会影响质量",人们可能会因参与过多而牺牲掉自己的快乐。

第五,身体也重要。不要忘记一点,身心需要和谐发展,因而坚持锻炼、充足睡眠、健康饮食习惯都会对身体和精神健康大有裨益。

第六,感激要说出来。人们总是拥有太多"理所当然"。事实上,学会欣赏和感激生活中美好的事物相当重要——不论是人还是事,是美丽景色还是一个微笑。

(八) 团体方案

单元	单元目标	活动流程及内容
单元一 组建探索团队 知你知我	1. 组员相互认识并初步了解。 2. 介绍团体性质、情况。 3. 建立团体规范,签订契约。 4. 增进成员们信任感。 5. 促进成员开放。	1. 自我介绍、滚雪球(30分钟)或用内外圈齿轮状转动(内圈不动,外圈转动,相互握手认识,各自介绍自己的姓名、专业、性格特征和爱好等)。 2. 建立信任关系活动(信任之旅,2个人一组,1人扮演盲人,1人扮演聋哑人(是盲人的眼睛,不能用语言提醒,只能用肢体暗示和引导),开始一段有一定障碍的旅行,可以互换角色,然后风向感受和表达对对方的信任和谢意。(40分钟) 3. 介绍团队契约、书写和签订誓言。(5分钟) 5. 信任跌倒。(10分钟) 6. 活动感言与下次活动期待。(5分钟) 7. 活动作业:在团体中默默关注一位同学,并积极给予支持,在活动结束时给同学写下希望或寄语。
单元二 积极自我 初步探索阶段	1. 增强团体凝聚力。 2. 促进成员建立自我认识和自信。 3. 鼓励成员讨论并彼此尊重。	1. 老师介绍幸福的"5根"支柱(积极情绪、良性人际互动、投入、意义、成就),介绍积极情绪的概念和功能。 你了解自己的情绪吗?情绪小测试。(30分钟) 2. 写出自己常用的20个积极词汇,然后用这些词给你最欣赏的人写一段话,小组分享。(40分钟) 3. 介绍积极情绪营造和分享的作用(传递爱和提升积极情绪)。(10分钟) 4. 幸福通道测试,老师介绍测试的目的,发挥优势通道,提升(9分)以下通道。(10分钟) 5. 活动练习:尝试每天晚上休息前,在心里想1~2件当天发生的让自己感到愉快、幸福或感动的事。

续表

单元	单元目标	活动流程及内容
单元三 发展积极 自我阶段	1. 人格优势探索。 2. 整理团队经验所得。 3. 友好、安全地结束团体。 本次活动前：①师生一起聆听队员分享让自己开心或愉悦或满足或幸福的1～2件事情；②介绍人格优势的创建理论及图示。（10分钟）	1. 写出自己成长经历中，最满意或者最自豪或者最幸福的时刻和事情，分享当时的心情和感受。 2. 感受此刻的心情和感受。（30分钟） 3. 领导者介绍突出人格优势（标志性）的概念，引出发挥优势的意义和价值。（10分钟） 4. 给未来的自己写一段寄语，小组分享。领导者抽2人在全体成员前分享并点评。（30分钟） 5. 总结活动，鼓励同学们在四年大学生活中，主动探索和发展积极自我，在发展中感受成长的魅力。 6. 互赠寄语：拍照（集体开心合影，留下幸福的回忆）。（10分钟）

主题八　积极环境适应训练

积极环境适应是指个体在面对环境变化时，能够有效调整自身心态、行为和情感，以适应新的环境要求。这种适应能力不仅关乎个体的心理健康，更是决定其生活质量和社会适应性的关键因素。在当前社会快速发展、环境变化多端的背景下，积极环境适应能力的培养显得尤为重要。

一、理论基础

（一）社会认知理论

社会认知理论是由心理学家班杜拉提出的，旨在探讨人类如何通过观察社会环境中的他人行为与经验来学习和适应。社会认知理论认为，个体通过观察和模仿他人来学习和适应环境。在积极环境适应训练中，通过观察他人的适应策略和行为，提供积极角色模型以及鼓励分享学习经验，我们便能学习并模仿有效的适应方式，从而提高自己的适应能力。

（二）自我调节学习理论

自我调节学习理论认为学习是一个自我调节的过程，个体通过设定目标、监控学习过程、调节学习策略来提高学习效果。这种自主性学习与适应的方式有助于个体在不断变化的环境中灵活、高效地适应并取得成功。在积极环境适应训练中，我们通过培养自我调节能力，能够帮助参与者更好地适应学习和生活环境。

（三）积极心态理论

积极心态理论认为积极心态和积极态度对个体的适应能力和幸福感具有重要影

响。借此可以帮助个体树立积极心态、培养解决问题的能力、强调自我成长和发展以及促进情绪调节，以便提升个体的适应能力，更好地适应变化多端的环境与挑战。通过培养积极的心态和态度，帮助参与者更好地面对生活中的挑战和压力，提升适应能力。

（四）心理韧性理论

心理韧性理论认为个体应通过积极的心理特征和行为来应对生活中的挑战与压力，以实现健康、成功和幸福。在这种理论下，个体将会培养出适应性思维、发展自我调节能力，从而树立目标导向性，促进社会支持及交往，在环境的变化中不断成长，不断强大自身。通过积极环境适应的训练，培养个体的心理韧性，同样能够帮助参与者更好地适应环境变化和挑战。

二、热身活动

热身活动在整个团体辅导活动过程中主要起破冰和暖场的作用，通过参与度高的小游戏，能够迅速调动参加人的课程参与积极性，将参加人的注意力集中在活动之中来。在热身活动的选择上，选择与主题相符合的热身活动，同时也能对主题活动的引入起到促进作用。

本主题为积极环境适应，根据主题内容，提供"我们都是好朋友"热身活动，该活动有助于队内成员凝聚力的增强，有利于本次主题积极环境适应的开展。

该活动需要在空旷的场地完成，不需要任何道具，以下为该热身活动的具体操作流程。

积极环境适应热身活动示例

活动名称	活动流程	活动时长
我们都是好朋友	1. 实施人指定一句话"我们都是好朋友"，各个团队需要按照要求说出指定语句。 2. 各小组成员需要在拍第一次手时说出"我"，并转向左边拍一下左边同学的肩膀并同时说出"我"，再转向右边拍一下右边同学的肩膀并同时说出"我"。 3. 各小组成员再进行拍两次手并说出"我们"，并转向左边拍两下左边同学的肩膀并同时说出"我们"，再转向右边拍两下右边同学的肩膀并同时说出"我们"。 4. 每次只能增加一次拍手和一个字。 5. 重复这种动作直到把"我们都是好朋友"这句话说完整。 6. 完成整句话的小组需要举手示意实施人，并给予每个小组成员分发空白纸一张。	

三、主题活动

主题活动是整个团体辅导活动的核心内容，本章从积极环境资源方向，推荐一项对应的主题活动是"我的抗逆力资源圈"。活动目的是整理自己的抗逆力资源，通过对自己可用资源的澄清，明白从挫折中反弹的力量来自自身。

以下为该主题活动的具体操作流程。

积极环境资源主题活动示例

活动名称	活动流程		活动道具	活动时长
我的抗逆力资源圈①	制作抗逆力资源圈	1. 取一张白纸，在白纸的中央画一个实心圆点代表自己。 2. 以这个实心圆点为中心，画三个半径不等的同心圆，代表三种资源圈。同心圆内任意一点到中心的距离表示你利用资源的优先程度。 3. 将你可利用的资源名称写在图上，越靠近中心点，表明你在遇到挫折压力时候越愿意使用该资源，或者越愿意向其求助，以帮助自己走出困境。 4. 写在最小同心圆内的是属于你的"一级抗逆力资源"，在你遇到困境的时候，你首先想到的是向其求助，这些资源能够给你最大程度的心灵支持。这样的资源不多，却是你最大的心灵慰藉，也是你生命中最重要的成长力量。利用这些资源，你能够迅速地从困境中反弹，并顺利地解决问题。 5. 写在第二大同心圆内的是你的"二级抗逆力资源"，在你遇到困境的时候，这些资源虽然不是你的首选，但是对于你来说仍然重要，来自他们的支持和帮助能让你时常感到人生的温馨。 6. 写在最大一个同心圆内的是属于你的"三级抗逆力资源"，这些资源平时不怎么想得起来，可一旦你需要帮助，他们愿意尽力提供帮助。 7. 同心圆外的空白处代表你的"潜在抗逆力资源"。尽量搜索你的记忆系统，把那些虽然比较疏远但你仍可利用的抗逆力资源写下来。	1. 若干张白纸；数量与参加人数一致。 2. 黑色签字笔：数量与参加人数一致。	30分钟
	思考与分享	1. 你认为自己的抗逆力资源圈如何？ 2. 你还有哪些扩展抗逆力资源的方法？ 3. 你最能掌控的抗逆力资源是什么？		
	分享总结：实施人根据参加人课程效果进行点评，引导参加人认识到自己所拥有的资源，并学会适应不同的社会环境。			

---

① 阳志平. 积极心理学团体活动课操作指南［M］. 北京：机械工业出版社，2016.

四、延展思考

人们所拥有资源的种类是多样的，有人，也有物品，我们对抗逆力资源的认识，并非仅仅突出强调资源，同时需要引导参加人积极思考并整合自己所拥有的资源。在活动设计过程中，建议活动实施者根据参加人的具体情况进行选择。如果参加人群体积极性较低，对活动缺乏热情和主动，建议侧重于对于资源的情感联结，以此调动参加人学习、生活的积极性；如果参加人群体整体状态良好，活动配合度高，表现出较强的积极性和热情，建议尝试消极环境中的体验和认识，用接纳承诺疗法，让参加人认识到消极环境的出现是正常现象，引导参加人接纳自己的消极环境，并指导参加人利用积极有效的方法进行情绪调试，避免消极环境刺激自身做出不当的行为反应，从而走向积极。

五、参加者可能的反应与问题

在热身活动"我们都是好朋友"中，所有人员都需要拍手并喊出指定口号，现场环境会较嘈杂，需要小组内成员配合默契，共同控制好整个氛围；在主题活动"我的抗逆力资源圈"中，写资源的过程相对比较长，可能有参加人不太投入，因此，在此环节，实施人可以搭配轻柔舒缓的音乐做背景音乐，让参与者能够轻柔缓慢地充分整理自己的抗逆力资源圈，从而进入团辅心理场内。

六、行动作业

（一）独特性需求测量

首先，通过简单的独特性需求测验，让参加人了解和区分集体主义与个人主义，通过自查自评，识别自己的偏好；其次，要求参加人分析自己的《独特性需求量表》测量结果，分析自己偏好出现的原因是什么？这种偏好对生活、学习、工作等方面带来哪些影响？参加人通过分析自己偏好对生活、学习、工作等方面带来的影响，可以判断哪些时候对自身有促进作用，哪些时候会对自己有不好的影响，有了判断后，在生活中就可以有意识地避免这类情绪的出现。以下是《独特性需求量表》。

独特性需求量表

指导语：下列语句考察的是在不同情境中你对自己的看法。根据你对每句话的同意程度进行选择，其中1表示非常不同意5表示非常同意，2、3、4表示居中判断。请在每句话前面的横线上写下1到5中的一个数字：

1　　　　2　　　　3　　　　4　　　　5
非常同意　　　　　　　　　　　　　　非常不同意

答案没有对错之分，所以请为每句话选择最能反映你的真实想法的数字。别着急，仔细考虑每句话。

1. 在一群陌生人中，我不愿意公开表达我的观点。
2. 我发现别人的批评会影响我的自尊。
3. 有时我会因为害怕我的想法不切实际而犹豫不决。
4. 我认为，社会应该明智地抛弃旧习惯和纯粹的传统，形成新风俗。
5. 别人很容易影响我的观点。
6. 我有时觉得，践踏老师、法官和"文明"人的尊严是很有趣的事。
7. 我喜欢穿制服，因为作为它所代表的组织中的一员是件自豪的事。
8. 有时人们会说我"自大"。
9. 别人的反对会让我觉得不舒服。
10. 我不需要总是按照社会的规则和标准来生活。
11. 如果会引起不愉快的结果，我就无法表达自己的感受。
12. 事业有成意味着做出了别人没有做出的贡献。
13. 如果人们认为我不合传统，我会很烦恼。
14. 我总是努力遵守规则。
15. 如果我不同意上级的观点，我通常会说出来。
16. 在会议中，我会无保留地发言，反对那些我觉得错的观点。
17. 在人群中感觉"不一样"会让我觉得不舒服。
18. 如果我必须死，我希望是不同寻常地死，而不是平凡地死在床上。
19. 我宁愿跟别人一样，也不愿意被人叫作"怪人"。
20. 我觉得在严格的规章制度下很难工作。
21. 我宁愿被别人认为是总在尝试新方法的人，而不愿意被认为是采用保险方法的人。
22. 赞同别人的观点好过被认为是难相处的人。
23. 我不喜欢跟别人说不同寻常的事。
24. 不管别人怎么说，我都要公开表达我的观点。
25. 通常，我都会强烈捍卫自己的观点。
26. 我不喜欢按自己的意愿行事。

27. 当我与一群人在一起的时候，为了避免争执，我通常同意他们的观点。

28. 在地位和经验高于我的人面前，我通常保持沉默。

29. 我已经完全独立，不再受家庭的约束。

30. 每当参加集体活动时，我都有些不遵循常规。

31. 生活中大多数的事，我都只求稳妥，不愿冒险。

32. 打破常规要比总是迎合没有人情味的社会好。

1. 计分方式

要计算独特性需求量表的总分，首先把第 2、3、5、7、9、11、13、14、17、19、22、23、26、27、28、31 题反向计分。也就是说，在这些项目上，得分这样转换：1→5；2→4；3→3；4→2；5→1。最后，把 32 道题的总分加起来。

2. 结果解释

高分说明独特性需求高，反之亦然。

（二）积极（和消极）老师的力量

这里，我们要求你考虑一下坏老师和好老师对你生活的影响。

1. 消除坏老师的影响

回想你在小学、初中、高中、大学甚至研究生阶段的那些岁月，想想某位使你强烈厌恶上学和学习的老师。取出一张白纸，看你能够回忆起多少关于这位老师的信息。写出他看起来如何，并写出你遇到这位老师的年级和地方。描述一下这位老师是如何管理班级的。对于这位老师，你记起的最糟糕的事情是什么？这位老师在其他同学面前取笑过你吗？这位老师嘲笑过你的言语和穿着吗？这位老师是否给你留下这样一种印象——他一点也不在乎你和你的人生能否成功？

一旦你写好了有关这个消极老师的完整总结，那么将纸翻过来，写下你从那个班级和那个老师那里学到了什么，对你后来的生活仍有影响。始于那个班级的信息至今是否仍在你头脑中萦绕盘旋？你是否至今还因那个老师所做的事而对自己有某些想法？当你回答了这些问题，那么对自己说，"我现在要忘记这位老师对我的思考方式造成的任何影响。"接下来，重复若干遍，"我要停止那位老师（老师的名字）给我的不良教导！"随意说一些你想说的其他任何话语，一如这个老教师就坐在你对面。

若你完成了对这个坏老师的陈述，拿出一个铲子，走到外面，挖个坑。对了，就是挖个坑！现在，放下铲子，对你从这个老师身上学到的坏东西说再见。接着，拿起你写的有关这个老师的那张纸，撕碎它。然后，把碎纸扔进坑里，用土填好那个坑。走开（别忘记拿铲子），向自己发誓说这个糟糕透顶的老师再也影响不到你的生活了。最后，犒赏自己一顿美食以庆贺此仪式的完成。

2. 对一位好老师说感谢

我们再次要求你回溯过去的学校时光。但这次是回忆那些特棒的老师。这些老师很好，你特别期盼能进入其班级学习。你享受从这些老师那儿学东西。现在，拿出一张白纸，在上方写下老师的名字。然后，写下你能想起来的与该老师有关的每件事。写出这位老师看起来怎样，你遇见他的年级和地点，他是如何管理班级的。对于该老师所做的事情，你能记住的最积极的事情有哪些？

一旦你完成了对这位好老师的完整总结，将纸翻过来，写下你从那位老师那里得到了什么，它们对你后来的生活仍有影响。那个老师的班级所培育的信息至今是否仍在你头脑中萦绕盘旋？你是否至今还因那个老师所做的事而对自己持有某些积极看法？或许这位老师让你觉得自己很伶俐或很聪明。当你表现好时，他是否给予了你充分的重视和表扬？这位老师真的关心你生活的成功吗？你从与该老师的交往中学到的某些积极的言谈举止，现在是否仍依例惯行？

一旦你完成了这份有关某个老师或某些老师的作业，那么请试着想想如何找到他们。一些老师可能仍在教书育人；一些或许已经退休。借助于 E-mail，你会很容易联系到以往所遇之人。现在，请继续，给每一位好老师写一条致谢短信。当做完这些你会感觉棒极了，我们还确信，那些接到你短信的老师将因你所写的内容而倍感振奋。对于一位老师来说，没有比被告知她或他对一位曾教过的学生的一生产生积极影响更心满意足的事了。我们常常想不到去感谢那些曾对我们做过很多益事的真正重要的人。若你能够具体描述你以前的老师在哪些地方帮助了你，这些老师更会将你的短信视若珍宝。他们也特别想知道你一生中的成功与成就。

主题九　积极治疗辅导

　　纵观心理治疗的理论体系，许多理论以存在心理异常的个体为研究对象而形成自己的治疗和干预的理论与技术。而积极心理治疗转换了研究的视角，以"性善论"为基调，突出了人类共有的特点，以挖掘潜能、凸显积极力量为出发点，形成了富有创意的思路与技术，这些对于心理治疗体系而言，都是有益的补充。当今社会是一个信息高速发展而开放的社会，随着经济的发展，人类也越发关注自己的生活质量。在满足了基本物质需求之外，许多人开始反观自己的内心世界，重视聆听自己的声音。在这种大时代背景下，积极心理治疗强调"助人自助"的理念，引领个体通过挖掘自己固有的积极力量，解决"人的问题"。①

一、理论基础

（一）积极心理治疗

　　积极心理治疗理念由 Nossrat Peseschkian 于 1968 年的德国提出并创建，在积极心理治疗的理念中，核心概念是"积极"。Peseschkian 关于"积极心理治疗"的基本内涵可概括为：每一个来访者同时具备了生病的能力与保持健康的能力，而治疗应把注意力集中在增进和培养来访者自身的积极力量，通过挖掘或发展这些积极力量帮助来访者摆脱心理问题或者是抑制心理问题的产生。②

（二）积极治疗辅导的核心原则

　　优势和美德的培养：积极治疗辅导认为，每个人都有独特的优势和美德，如勇

---

① 郑雪. 积极心理学 [M]. 北京：北京师范大学出版社，2014.
② 郑雪. 积极心理学 [M]. 北京：北京师范大学出版社，2014.

气、智慧、公正、爱、乐观等。通过识别和培养这些优势，个体能够更好地应对生活中的挑战，提升心理健康水平。

积极情感的体验：积极情感，如快乐、感激、希望和爱，对于个体的心理健康至关重要。积极治疗辅导通过各种方法帮助个体增加积极情感的体验，从而提升整体的幸福感。

意义和目的的追求：积极治疗辅导鼓励个体探索和追求生活中的意义和目的，认为这是提升幸福感和心理健康的关键因素。通过设定目标和实现成就，个体能够感受到生活的充实和满足感。

积极关系的构建：良好的人际关系对于个体的心理健康有着深远的影响。积极治疗辅导强调建立和维护积极的人际关系，通过支持和互助，帮助个体在社交环境中获得成长和发展。

积极认知的重塑：积极治疗辅导认为，个体的认知模式对其情绪和行为有着显著的影响。通过改变消极的思维模式，培养积极的认知习惯，个体能够更好地应对压力和挑战。

（三）积极治疗辅导的实施

积极治疗辅导的实施通常包括评估、干预和维护三个阶段。在评估阶段，辅导员会通过访谈、问卷等工具了解个体的心理状况、优势和挑战。在干预阶段，辅导员会根据评估结果制订个性化的辅导计划，运用各种技术和方法帮助个体提升心理健康水平。在维持阶段，辅导员会定期跟进，确保个体能够持续运用所学的技能和策略，保持积极的心理状态。

二、热身活动

热身活动在整个团体辅导活动过程中主要起破冰和暖场的作用，通过参与度高的小游戏，能够迅速调动参加人的课程参与积极性，将参加人的注意力集中在活动之中来。在热身活动的选择上，与主题相符合的热身活动，同时也能对主题活动的引入起到促进作用。

本主题为积极治疗辅导，根据主题内容，其主要目的是调动参加人积极性，提高热情，唤起积极情绪，适合主题活动以体验积极情绪，调适消极情绪，树立积极心态为目标的活动。

以下为该活动具体操作流程。

青少年心理教育研究与辅导探索

积极治疗辅导热身活动示例

活动名称	活动流程	活动时长
雨点 变奏曲	1. 全体成员围成大圈。 2. 实施者阐述规则：不同的声音代表不同的天气，如搓手代表微风、双手拍打肩膀代表小雨、双手拍打大腿代表中雨、鼓掌代表大雨、踩脚代表狂风暴雨。参与者需要根据实施者提出的具体"天气"用相应的动作与声音进行表示。	10分钟

三、主题活动

主题活动是整个团体辅导活动的核心内容。本主题通过绘画疗愈，引导参与者积极认知绘画内容、促发其积极情绪，推荐主题活动"白纸上的黑点"。该活动让参与人对有黑点的纸张进行观察描述，然后进行处理，并进行组内交流讨论。

以下为该主题活动具体操作流程。

积极治疗辅导主题活动示例

活动名称		活动流程	活动道具	活动时长
白纸上的黑点	处理白纸上的黑点	1. 每组8~12人，小组围成小圈。 2. 分发纸、笔、剪刀、美工刀、胶水：每位同学纸一张、笔一支。 3. 每张纸中间有一个大小不同、形状不同的黑点。 4. 实施人先对纸张进行观察和描述记录，然后在纸上对黑点进行加工或处理（如揉成团、涂黑、剪切等）。	1. 带有不同黑点的纸与笔：数量与参加人数一致。 2. 剪刀或美工刀：数量与小组数一致。	20分钟
	讨论处理方法	1. 小组内进行交流和讨论。 2. 实施人引导参加人对同学们处理纸张的处理方式的思考。 3. 参加人小组内分享自己的情绪，每位成员都需要向其他组员展示自己的纸张，并解释为什么这样处理？自己是如何联想到处理方式的？小组其他成员出谋划策讨论有什么更好的处理方式。		
	分享总结：问大家"当看到白纸上的黑点时，你的感觉是什么""你觉得哪组的处理方法最好"等问题，并根据大家的回答进行总结。			

四、延伸思考

活动内容的扩展：可以适当根据团辅时的氛围对游戏规则进行变换，如在"白纸上的黑点"中为每人准备 2 张纸，大家在其中 1 张纸上写下自己的缺点，在另 1 张纸上根据自己写的缺点的数量在白纸上画相同的黑点，位置随意，画好后再次运用工具对白纸上的黑点进行处理，比较两次的处理有何不同。

积极治疗辅导重点在于积极的方面、积极的态度、积极的认识、积极地对待不完美的事物，悦纳接受生活中可能存在的问题。

五、参加者可能的反应与问题

在主题活动"白纸上的黑点"中，由于材料中有剪刀、美工刀等危险工具，提醒大家注意安全；同时个别团辅对象会由于绘画技能水平的差异而感到为难或者影响其本身的表达，要提醒大家专注绘画本身以及其对于自我的反映，并接受不完美本身。

六、行动作业

"我是养花达人"活动，首先要求参加人先思考自己应该如何种植自己喜欢的花朵（如选择什么样的花，选择什么样的花盆，应该放多少土，每天应该浇多少水等等）；其次，这些方法具体应该怎么实现，当自己遇到困难时应该找谁寻求帮助；最后，开始行动，种植自己喜欢的花朵，一个月后和大家分享。这个活动不仅能培养我们的路径思维和动力思维，提高我们的希望水平，种植出喜欢的花朵的成就感也会成为我们幸福的支柱，给我们带来许多积极情绪。

主题十　坚持不懈与团队合作

（一）活动时长

1 小时。

（二）活动规模

20~30 人，分小组开展，每组由 6~8 名同学组成。

（三）参加对象

（1）小组成员为 10~30 岁青少年。

（2）尽量平衡成员的性别，性别比例可以允许有一定不平衡，但年龄跨度上不能太大。

（3）需有比较强烈的认识自我的意愿，能认真对待小组活动，并且性格友善和坦诚，能与他人和睦相处。

（4）不选择刚刚经历了重大事件或性情过于极端的组员。

（四）活动道具

安全的空场地

（五）团体目标

团队合作，建立在团队的基础之上。当团队合作是出于自觉和自愿时，它必将会产生一股强大且持久的力量。坚持是指坚决保持、维护或进行，常常与信念、耐挫力挂钩。在团队合作中的坚持，更能显示个人的意志和集体荣誉感。因此，本次活动希望能让学生在团体中相互合作，完成任务，使他们不论是个人还是在团体中，都能更好地处理学习、生活中遇到的困难。

（六）理论根据

1. 坚毅性人格的影响

在学业表现方面，个体坚毅性越高，越有可能坚持长期的学业目标，进而越有可能收获较高的学业成就。坚毅性更高的学生，其高中顺利毕业的概率更大，他们在学习成绩、学业责任心、学习动机以及学校归属感等方面表现更为出色，对学校的满意度也更高，并且能感受到来自教师、父母与同伴更多的支持。持续的努力能够积极地预示自我调节学习过程中的价值感、自我效能感、认知水平、元认知能力、学习动机、时间管理以及学习环境管理策略等方面的情况，而且会借助自我调节学习中的投入程度对最终的学业表现产生作用。

在教师绩效领域，针对教育资源匮乏、低收入地区学校的新任教师展开的研究表明，兼具高坚毅性与乐观态度的教师，在学年中的留任状况以及教学绩效显著优于坚毅性较低的教师，并且坚毅性完全能够在乐观心态对教学绩效的影响中起到中介作用。坚毅性水平超出平均数一个标准差的教师，其教学绩效优于坚毅性程度较低教师的可能性达到60%～64%。

2. 团队的人格构成及其作用

在一个设计团队中，合理的分工是最为关键的要素之一。一个成功的设计团队通常涵盖以下四种角色：领导者、组织者、技术者和狂想者。这四种角色在团队里各司其职，发挥着截然不同的作用。领导者的地位举足轻重。一位出色的领导者不但要拥有卓越的业务能力，还得有顾全大局的视野，能够精准洞察当下形势，从而能做出对团队长远利益最为有利的正确决策。组织者的工作在对外层面有着相对广泛的涉及面。这一团队角色需要对整个团队的思维进行全面整合，把所有分散的创作灵感与想法，借助完善的策划落实到实际操作当中。技术者承担着将团队中各种零散的灵感与理念凭借技术手段予以实现的重任，堪称整个团队的技术核心与支柱。狂想者则需具备异于常人的感性思维，以及敏锐的感受力与观察力，要能够把持续涌现的灵感加以整合并完整表述，为整个设计团队持续不断地输送自己最为大胆的设想以及极具创新意识的理念。

（七）团体活动具体安排

第一单元　团队构建

单元目标	1. 根据人数构建合理的团队规模。 2. 让组员之间相互认识，产生交流。
活动道具	无
活动时长	10 分钟
操作流程	1. 老师根据具体人数分组，6~8 人较为适宜。 2. 老师组织组内进行组长选拔。 3. 老师设立总的组规，组长和组员共同设计组内组规。
注意事项	1. 组长选拔过程应公开透明民主，鼓励自荐。 2. 分组成型后，在本次团体辅导中尽量不要产生人员变动。 3. 老师鼓励学生在构建团队文化时创新。

第二单元　破冰热身：船长来了

单元目标	让同学们先形成一个集体，体验集体感和团队力量。
活动道具	安全的空场地
活动时长	10 分钟
操作流程	1. 以老师为中心围成一个圆（此时老师在圆心位置）当所有人都站好 2. 指令：当老师说出"船长来了"，大家面向圈内向老师敬礼；当老师说出"瞭望塔"时，大家要两两组合，其中一人蹲下，另一人做瞭望的动作；当老师出"切切菜"时，每三个人一组，一人俯身，另外两个人在背上做切菜的动作；当老师说出"海浪来了"，则要四个人抱在一起。 3. 示范 老师：现在我们试着来一次，注意听我的口令。 老师：船长来了。 学员：（面向圈内向老师敬礼）。 老师：瞭望塔 学员：（两人组合，一人蹲下，一人做瞭望动作） （可重复 3~5 次）
注意事项	1. 介绍规则时注意讲解与演示并行，语速放慢。 2. 介绍规则的时候还可找几个同学做示范，活动中教练可调换口令顺序并加快速度，出错给个小惩罚。

第三单元　主题活动　木头人

单元目标	让成员们在团队合作体会到坚持。
活动道具	安全的空场地
活动时长	20 分钟

单元目标	让成员们在团队合作体会到坚持。
操作流程	1. 老师发布指令：请同学们围成一个圈然后右转将自己的双手放在前面一位同学的肩上。 学员：（按培训师指令做） 老师发布指令：现在缓缓地坐在身后同学的大腿上。 （所有同学坐下后） 老师：接下来大家维持这个状态坚持15秒。 （15秒后） 2. 老师：现在大家站起来调整一下各自的位置，再坐下去，我们这次挑战坚持30秒。 老师：（按教练的指令做好调整，重新坐下，教练继续计时） （30秒后） 老师：30秒到啦，大家都很棒，接下来我们再做一下调整，挑战一分钟。
注意事项	1. 选择一个空旷的场地，地面平坦。 2. 天气晴朗，温度适宜。 3. 随时注意各小组状况，避免发生安全事故。 4. 教练可根据现场情况适当调节时间，同时可以让大家一起保持坐下的姿势唱一首歌。 5. 注意适时地进行鼓励。

第四单元——交流分享

单元目标	在老师的带领下引导组员们准确，及时地分享自己的感受。
活动道具	无
活动时长	10分钟
操作流程	1. 老师提示主题活动游戏环节已结束。 2. 小组围成圆圈坐下。 3. 老师提出问题： （1）在游戏过程中，自己的精神状态是否发生变化？ （2）身体和声音是否也相继出现变化？ （3）在发现自己出现以上变化时是如何加以调整？ （4）你认为是哪些因素帮助你和小组完成了挑战？ 4. 小组内讨论，最后通过自愿＋每组推举两位同学的方式进行分享。
注意事项	1. 若学生记不住问题，可发放纸笔，将问题和讨论结果写下来。 2. 注意尊重每一同学的发言内容。 3. 在问问题之前可以将老师在活动过程中发现的问题提出来，问对应的同学。

后　记

　　本书是受四川省精神文明办与绵阳市精神文明办资助而编写，旨在面向未成年人开展心理教育与辅导，可作为相关教学或自学参考用书。其编写工作由四川省未成年人心理健康研究与辅导中心主任翟瑞主持，参与编写者皆为该中心一线从事心理教育和辅导的"心"教师团队成员。

　　本书主要内容分为上、中、下三篇。上篇呈现的是中心近几年若干委托项目的研究成果，通过本书予以公开，以便家长、教师以及社会各界能借此深入了解青少年心理健康现状及其相关成因分析，进而推动全社会高度重视青少年心理健康教育，携手守护青少年健康成长。中篇为案例部分，依据青少年心理教育的热点议题，结合作者团队在长期青少年心理教育与咨询工作中所积累的素材，从人际关系、情绪管理、学习压力、神经症、自我认知、性心理教育以及校园心理危机管理等维度划分为8章，每章包含2～3个案例。每个案例均选取自青少年个体咨询过程中所遇的典型实例，先以个案介绍（着重阐述个案背景、主要问题以及咨询过程）引入，随后对咨询过程中运用的心理辅导技术展开科普性介绍（涵盖咨询方法说明、咨询过程剖析），再对咨询历程以及来访者的成长变化予以分析与点评，最后基于个案情形，从父母、学校、社会等视角提出有助于积极养育、促进青少年心理成长与转变的教育策略。参与中篇编写的人员包括翟瑞、赵文、陈幼平、左果果、雷于佳、高雪梅、周欣、陈君、张成秀、吴丘云等。下篇则是基于积极心理学理论所设计的青少年心理素质拓展活动。参与下篇编写的有左果果、雷于佳、武莹敏等。

　　本书所选案例源自长期积累的青少年心理咨询与辅导中的代表性个案，均为青少年成长过程中常见问题，无论是家长、教师还是青少年自身都有必要了解并应对。相信广大读者在阅读之际，能够透过文字深切体会当事人的成长历程，并从中汲取有益知识，掌握心理健康的基础理论以及呵护心灵的基本方法。

本书的编写得到了四川省精神文明办和绵阳市精神文明办的大力支持，从创意到经费都给予一定支持，同时得到西南科技大学心理系、绵阳城市学院大学生心理教育与发展服务中心老师的大力支持和积极参与，在此向以上单位及领导致以诚挚的谢意，并借此机会向收录在册的研究报告作者及团队表示衷心的感谢。

本书的编写得到绵阳城市学院科研项目 2023XJKY12 专项、绵阳市社科联科研项目 SCWCN2022YB03 支持，一并致谢。

编者
2024 年 9 月